Duden-Ratgeber

Wie schreibt man wissenschaftliche Arbeiten?

Duden-Ratgeber

Wie schreibt man wissenschaftliche Arbeiten?

Von Ulrike Pospiech
in Zusammenarbeit mit
der Dudenredaktion

Dudenverlag
Mannheim · Zürich

Die **Duden-Sprachberatung** beantwortet Ihre Fragen
zu Rechtschreibung, Zeichensetzung, Grammatik u. Ä.
montags bis freitags zwischen 08:00 und 18:00 Uhr.
Aus Deutschland: 09001 870098 (1,86 € pro Minute aus dem Festnetz)
Aus Österreich: 0900 844144 (1,80 € pro Minute aus dem Festnetz)
Aus der Schweiz: 0900 383360 (3,13 CHF pro Minute aus dem Festnetz)
Die Tarife für Anrufe aus den Mobilfunknetzen können davon abweichen.
Den kostenlosen Newsletter der Duden-Sprachberatung können Sie
unter www.duden.de/newsletter abonnieren.

Bibliografische Information der Deutschen Nationalbibliothek
Die Deutsche Nationalbibliothek verzeichnet diese Publikation in der Deutschen Nationalbibliografie; detaillierte bibliografische Daten sind im Internet über http://dnb.d-nb.de abrufbar.

Redaktion: Dr. Kathrin Kunkel-Razum
Autorin: Dr. Ulrike Pospiech (*Schreib*werkstatt der Universität Duisburg-Essen)
Herstellung: Monika Schoch

Typografie: init · Büro für Gestaltung, Bielefeld
Umschlaggestaltung: Büroecco, Augsburg
Satz: fotosatz griesheim GmbH, Griesheim
Druck und Bindung: Těšínská tiskárna, Štefánikova, 73736 Český Těšín
Printed in Czech Republic

ISBN 978-3-411-74711-5
Auch als E-Book erhältlich unter: ISBN 978-3-411-90296-5
www.duden.de

Inhalt

Wie schreibt man wissenschaftliche Arbeiten?

Was ist und was leistet
wissenschaftliches
Schreiben?
Ein Thema finden
Recherchieren und
exzerpieren: Literatur
auswählen und bearbeiten,
den Text vorbereiten
Strukturieren und gliedern:
Den roten Faden heraus-
arbeiten und dabei sinnvoll
und richtig zitieren
Schreiben: Verständlich und
nachvollziehbar formulieren
und ein Schreibprojekt
managen
Text für die Abgabe
vorbereiten: Edieren
und korrigieren
Glossar
Was ist und was leistet
wissenschaftliches
Schreiben?
Ein Thema finden
Recherchieren und
exzerpieren: Literatur
auswählen und bearbeiten,
den Text vorbereiten
Strukturieren und gliedern:
Den roten Faden heraus-
arbeiten und dabei sinnvoll
und richtig zitieren
Schreiben: Verständlich und
nachvollziehbar formulieren
und ein Schreibprojekt
managen
Text für die Abgabe
vorbereiten: Edieren
und korrigieren
Glossar
Was ist und was leistet
wissenschaftliches
Schreiben?
Ein Thema finden
Recherchieren und
exzerpieren: Literatur
auswählen und bearbeiten,
den Text vorbereiten
Strukturieren und gliedern:

1 Was ist und was leistet wissenschaftliches Schreiben?

Sie möchten zu einem bestimmten Thema eine wissenschaftliche Arbeit schreiben. Vielleicht haben Sie schon vorher eine Haus-, Fach- oder Seminararbeit verfasst und dabei festgestellt, dass Ihnen diese herausfordernde Schreibaufgabe einiges abverlangt hat, mit dem Sie nicht gerechnet haben. Vielleicht haben Sie noch keine Erfahrung mit dem Schreiben größerer Texte und möchten eine Vorstellung davon gewinnen, was auf Sie zukommt. Dieses Kapitel steckt einen Rahmen dafür ab, wie Sie eine Schreibaufgabe effektiv bewältigen können.
Denn das Schreiben im Kontext von Universität und Wissenschaft ist nicht immer leicht. Mit verschiedenen kleineren Schreibaufgaben stärken Sie Kompetenzen, die Ihnen beim Schreiben der wissenschaftlichen Arbeit zugutekommen. Wichtig ist es, die nötigen Arbeiten in geeigneter Abfolge zu erledigen, um sich unnötige Schleifen zu ersparen. Dabei will Sie dieses Kapitel unterstützen.

1.1 Was ist Schreiben?

Um diese Frage zu beantworten, kann man Schreibende beobachten und dabei schnell erkennen, dass Phasen des Schreibens und Phasen des Nicht-Schreibens einander abwechseln.

Das Nicht-Schreiben beim Schreiben dient dem Denken: Schreiben und Denken gehören zusammen.

Zum Schreiben gehören Unterbrechungen dazu, Pausen, in denen der Schreibende darüber nachdenkt,

- was er schreiben soll (also Informationen zum Thema abruft),
- wie der Text, den es zu schreiben gilt, aussehen soll (also nach einem Vorbild sucht, einem Muster, an dem er sich für die Textgestaltung orientieren kann),
- an wen er seinen Text richtet (sich also ein Bild vom Leser macht, davon, was dieser weiß und wie ihm daher die Sache, um die es geht, nahegebracht werden kann),
- wie er einen Gedanken formulieren kann (also ermittelt, wo er anknüpfen kann, was in den Vordergrund gerückt werden sollte, was eher nebensächlich ist) und

- was er in Bezug auf den Sprachgebrauch bedenken sollte (also nach Regeln sucht, die ihm das Formulieren erleichtern, indem sie etwa gewisse Satzkonstruktionen verbieten).

Der Schreibfluss, in den der Schreibende gelangen möchte, weil er ihn als Ideal vor Augen sieht, wird aber auch unterbrochen durch Pausen, in denen er das, was er zu Papier (oder auf den Bildschirm) gebracht hat, betrachtet und überprüft. Dabei achtet er

- auf sachliche Richtigkeit (Stimmen die Fakten? Stimmen die Aussagen?),
- auf sprachliche Korrektheit (Entspricht die Rechtschreibung den Regeln? Sind Satzzeichen richtig verwendet? Stimmt die Grammatik?),
- auf sprachliche Angemessenheit (Trifft der Text den richtigen Ton? Sind bestehende Konventionen eingehalten?),
- auf Nachvollziehbarkeit (Ist der Gedankengang klar? Bauen Gedankenschritte sinnvoll aufeinander auf? Sind Abschnitte und Absätze so gesetzt, dass sie die inhaltlichen Zusammenhänge widerspiegeln?) und
- auf Verständlichkeit (Sind die Sätze nicht zu lang oder zu verschachtelt? Sind die Wörter für den Leser nicht zu kompliziert?).

Das Überarbeiten findet oft bereits während des Schreibens statt.

Geschriebenes ist – wenn man so will – so lange vorläufig, bis der Text für fertig erachtet und dem Leser vorgelegt wird. Hier liegt ein großer Vorteil des Schreibens gegenüber dem Sprechen: Man kann sich seinen Text schrittweise erarbeiten. Je nachdem, wie seine Urteile ausfallen, kann der Schreibende seinen Text überarbeiten. Er kann

- Wörter oder Sätze umstellen,
- Sätze oder Absätze umformulieren,
- Ergänzungen vornehmen oder
- Wörter, Sätze oder Absätze streichen.

Wer häufig schreibt, gewinnt Routine, die er benötigt, um die verschiedenen zu beachtenden Punkte zu beurteilen und nötige Abstimmungen oder Justierungen vorzunehmen. Wer Texte in einem für ihn neuen Zusammenhang schreibt, sieht, dass er neue Routinen entwickeln muss, – und braucht Praxis, bis er sich auch auf dem neuen Gebiet als versiert empfindet. »Schreiben lernt man nur durch schreiben« ist nicht von ungefähr eine viel zitierte Devise. Bei umfangreichen Texten jedoch, die man über lange Zeit hinweg vorbereitet, braucht man neben Erfahrung auch geeignete Strategien und Hilfsmittel.

Schreiben braucht Routine.

1.2 Was ist wissenschaftliches Schreiben?

Betrachtet man mit dieser Frage im Hinterkopf einen wissenschaftlichen Text, der sich auszeichnet durch Fußnoten und/oder Zitate, Abbildungen und ein meist umfängliches Literaturverzeichnis, und vergleicht man ihn mit einem anderen Text, so wird deutlich: Wissenschaftliche Texte beruhen auf Wissenschaft, d. h., sie verarbeiten wissenschaftliche Erkenntnisse anderer, indem sie diese wiedergeben, zueinander in Beziehung setzen, kommentieren und zur Grundlage eigener Erkenntnisse machen. Das bedeutet zugleich: Wissenschaftliches Schreiben heißt, ein wissenschaftliches Thema auf wissenschaftliche Weise zu behandeln.

Die besonderen Merkmale wissenschaftlicher Texte erlauben Rückschlüsse auf die besondere Art ihrer Vorbereitung.

Dies betrifft zuerst und vor allem die Art der Textgestaltung, aber auch die grundsätzliche Arbeits- und Vorgehensweise sowie die sprachliche Darstellung: Eine wissenschaftliche Arbeit ist mehr als eine Erörterung, eine Inhaltsangabe oder Rezension. Sie soll zeigen,

- dass und wie sich ihr Verfasser (sein) Wissen verschafft hat,
- dass er die Forschungslage kennt,
- dass er mit Blick auf ein bestimmtes fachliches Erkenntnisinteresse Texte anderer verarbeitet hat.

Für den Prozess wissenschaftlicher Textproduktion sind Verfahren der Materialbeschaffung und -auswertung bedeutsam: das Auffinden von Texten sowie die Bezugnahme auf Forschungsergebnisse und -positionen.

Wenn Sie also mit dem Schreiben beginnen wollen, sollten Sie zunächst die Anforderungen der Textsorte und die Struktur des Textinhaltes klären – also mit konzeptionellen Überlegungen beginnen. Je klarer Ihre Vorstellung von der Funktion und vom Inhalt des zu schreibenden Textes ist, desto leichter fällt es Ihnen zu entscheiden, was im Text zu sagen ist (und damit auch, was nicht gesagt werden muss).

1.3 Was ist das Besondere an einer wissenschaftlichen Arbeit? – Ein Einblick in wesentliche Formen des Schreibens im Studium

Was wird mit der Haus- bzw. Seminararbeit von mir verlangt? – Um diese Frage zu beantworten, sollten Sie die Schreibaufgabe »wissenschaftliche Arbeit« im Studium mit anderen schriftlichen Arbeiten bzw. Schreibarbeiten vergleichen, die Sie aus dem Schul- oder Universitätsalltag kennen.

1.3.1 Die Mitschrift

In der Schule wird das Tafelbild notiert, im Studium dient die Mitschrift dazu, das Mitdenken in der Vorlesung und im Seminar zu unterstützen. Sehr schnell lernt man, dass es unmöglich ist, alles, was gesagt wird, zu notieren – von den in einer Minute gut 120 gesprochenen Wörtern lassen sich etwa 30 aufschreiben. Man sieht sich gezwungen, auszuwählen, und lernt dadurch, das Grundgerüst des Gesagten nachzuvollziehen.

Mitschreiben bedeutet, Inhalte für eine vertiefende Beschäftigung festzuhalten.

Da es sich bei einer Mitschrift um eine persönliche Annäherung an einen (Lern-)Gegenstand handelt, spiegelt sie den Kenntnisstand des Mitschreibenden wider: Erste Mitschriften zu einem Themengebiet werden erfahrungsgemäß umfangreicher ausfallen als folgende. Dennoch sind zwei, drei Stichworte eher Notizen als Mitschriften. Auch wer meint, im Thema zu Hause zu sein, sollte sich bemühen, den Gedankengang des Vortrags nachzuvollziehen.

Außerdem ist es sinnvoll, wichtige Definitionen, Namen und zentrale Fakten festzuhalten. Hinweise des Dozenten und Fragen zum Stoff sollten ergänzt werden – so kann die Mitschrift zum Instrument des Lernens werden: Legt man sie neben ein Lehrbuch, zeigt die vergleichende Lektüre das Gelernte im Verhältnis zum Lernpensum. Insoweit soll die Mitschrift das Wesentliche erfassen und den roten Faden abbilden: Sie soll festhalten, was in einer Vorlesung oder einem Seminar in welchen Schritten erarbeitet wurde – eine Mitschrift übernimmt in erster Linie eine Darstellungsfunktion, sie bildet ab.

Fokus: Mitschrift

Wer mitschreibt, sollte

- sich auf das Wesentliche konzentrieren (kürzen),
- die Struktur erfassen (ordnen),
- Begriffe, Namen, Daten fixieren (merken),
- Hinweise und Fragen notieren (mitdenken).

Die Mitschrift ist zwar ein Text, den man in erster Linie für sich selbst schreibt und nicht unbedingt weitergeben wird, dennoch sollte sie lesbar und übersichtlich gestaltet werden. Daher sollten Sie

- pro Sitzung nicht mehr als 1–2 Seiten mitschreiben,
- Ihren Mitschriften eine feste Form geben (neue Vorlesung – neue Seite, Kopfbereich mit Datum und Seminartitel, rechts ausreichend Rand für nachträgliche Notizen, festes Repertoire verwendeter Markierungen, Abkürzungen und Hilfszeichen),
- nicht sofort schreiben, sondern zunächst mitdenken und eine Aussage identifizieren; wenn möglich erst dann schreiben, wenn der Sinnabschnitt und das Thema klar sind,
- Pausen nutzen, um Stichworte zu ergänzen,

- versuchen, die Struktur des Vortrags vollständig zu erfassen – also auch Teilthemen mitnotieren, die bereits bekannt sind.

Effektives Mitschreiben trainiert Schreib- und Textkompetenzen, die für das Schreiben einer wissenschaftlichen Arbeit wesentlich sind: Das aktive Nachvollziehen eines Gedankenganges, das Festhalten von Beispielen und Quellen sowie das Notieren von Lesehinweisen und Fragen fördern das Mitdenken, das Nachfragen und die zielgerichtete Recherche nach ergänzenden Informationen.

1.3.2 Das Referat

Bereits in der Schule bieten Referate den Anlass, Techniken wissenschaftlichen Arbeitens anzuwenden, auch wenn hier der mündliche Vortrag im Vordergrund steht. Aufgabe des Referenten ist es, die Zuhörerschaft über wesentliche Zusammenhänge in einem vorgegebenen Fachgebiet zu informieren.

Das Referat ist also in der Regel ein kurzer Vortrag, der die für ein gegebenes Thema wichtigen Forschungsergebnisse zusammenfasst. Dieser wird vorbereitet, indem eine überschaubare Anzahl (vorgegebener) Materialien bearbeitet wird. Der Referent muss zielgerichtet lesen, um zentrale Informationen zu ermitteln.

Referieren bedeutet, für eine bestimmte Zielgruppe Zusammenhänge zusammenfassend darstellen.

Da es sich bei einem Referat um einen (durch Medien gestützten) mündlichen Vortrag handelt, stehen das wörtliche Zitieren und das vergleichende Abwägen verschiedener Positionen zu einem Sachverhalt nicht im Vordergrund. In der Einleitung und/oder im Schluss kann der Referent Bezüge zum bereits Erarbeiteten herstellen, ist jedoch nicht in der Pflicht, den von ihm dargestellten Bereich in einen komplexen Zusammenhang einzuordnen.

Das Referat ist ein Arbeitsinstrument für den Lernweg der Gruppe: Den Zuhörenden sollen in erster Linie Fakten vermittelt werden, die durch Beispiele oder Abbildungen für sie verständlich aufbereitet werden, sodass sie mitdenken und im Anschluss diskutieren können – das Referat hat eine Informationsfunktion.

Fokus: Referat

Wer ein Referat vorbereitet, sollte
- (vorgegebenes) Material auswerten: zielgerichtet lesen,
- einen Überblick geben: Zusammenhänge verdeutlichen,
- die Zuhörer berücksichtigen: erklären.

Ein Referat wird in der Regel schriftlich vorbereitet. Beim Schreiben eines Textes lässt sich zuverlässiger als in einem Stichwortkonzept feststellen, ob die Argumentation verständlich und geschlossen ist. Wenn Sie Ihr Referat vorab ausformulieren und aufschreiben, gewinnen Sie Sicherheit in Bezug auf das, was Sie sagen wollen:
- Bemühen Sie sich bei der schriftlichen Ausarbeitung um eine lebendige, verständliche Sprache, die in ihrer Darstellungsart der gesprochenen Sprache näher ist als der geschriebenen – hier empfehlen sich Karteikarten.
- Machen Sie den Zuhörenden das Thema anschaulich, beispielsweise, indem Sie zu Beginn Fragen stellen – für jeden Argumentationsschritt eine, die Sie dann mit Ihren Ausführungen beantworten.
- Wählen Sie verständliche Wörter, bilden Sie kurze Sätze – schreiben Sie so, als ob Sie das, was Sie schreiben, sagen würden.
- Bauen Sie Wiederholungen ein, erwähnen Sie Wichtiges in anderen Worten noch einmal.
- Definieren Sie die zentralen Begriffe und binden Sie, wo sinnvoll, Beispiele und Anschauungsmaterial (als solches können auch auf einer Folie präsentierte wörtliche Zitate dienen) mit ein.
- Verweisen Sie zurück auf etwas, was schon Erwähnung fand, damit Bezüge deutlich werden.

Wer referiert, hat den Gegenstand im Blick. Gute Referate sind weder Erzählungen darüber, wie man sich das Thema erarbeitet hat, noch Berichte über das, was man zum

Thema weiß, sondern Argumentationen mit einem bestimmten Ziel: die Zuhörenden in einer ihrem Vorwissen angemessenen Form in Kenntnis zu setzen, ihnen neues Wissen zu vermitteln und sie zum Mitdenken anzuregen. Referieren trainiert die Fähigkeit, Inhalte auszuwählen und zu portionieren, d. h., das zum Thema angeeignete Wissen so aufzuteilen, dass die Zuhörer in klar aufeinander aufbauenden Gedankenschritten folgen können.

1.3.3 Die Seminararbeit

Die Seminararbeit verlangt, dass zu einem Thema unterschiedliche Quellen nicht nur zurate gezogen, sondern auch nachvollziehbar in den Text eingearbeitet werden – somit zielt sie (anders als Mitschrift und Referat) auf eine beobachtende, objektiv-neutrale Haltung dem Gegenstand der Untersuchung sowie eine abwägende Haltung den Texten anderer gegenüber.

Eine wissenschaftliche Arbeit ist geprägt vom Anliegen und von der Methodik des Faches, in dem sie verfasst wird.

Mit einer Haus- bzw. Seminararbeit sollen Sie zeigen, dass Sie das wissenschaftliche Arbeiten in einem bestimmten Fach beherrschen, d. h., dass Sie ein Thema den Erfordernissen des Faches entsprechend inhaltlich, formal und argumentativ angemessen erörtern können. Eine wissenschaftliche Arbeit dient dem Nachweis dreier Kompetenzen:

- ein Thema erarbeiten und eingrenzen, eine Fragestellung formulieren,
- die entsprechende wissenschaftliche Literatur recherchieren und auswerten,
- einen Text verfassen, der für einen interessierten Leser im Fach nachvollziehbar ist.

Die Haus- bzw. Seminararbeit ist ein Text, ein – im Sinne des Wortes – sprachliches Gewebe, mit dem Sie Ihrem Leser ein anschauliches Bild eines Sachverhalts einerseits und der wissenschaftlichen Forschung andererseits liefern. Gehen Sie davon aus, dass dem Leser das jeweilige Fach nicht gänzlich fremd ist. Sie müssen ihm also nicht die Fachbegriffe von der Pike auf erklären, sondern das Thema entfalten und dabei auf Begriffe und Definitionen zurückgreifen. Sie müssen ihm ebenfalls keineswegs Lehrbuchwissen präsentieren, sondern können ihn einladen zur schrittweisen Beantwortung einer fachlich interessanten Fragestellung, in der Sie in einer für den Leser nachvollziehbaren und beobachtbaren Weise auf wissenschaftliche Arbeiten anderer Bezug nehmen.

Jede wissenschaftliche Arbeit ist eine individuelle Leistung.

Kein anderer betrachtet das Thema genauso wie Sie mit Ihrem Vorwissen und Ihrem Erkenntnisinteresse. Kein anderer wählt die hinzuzuziehende Literatur genauso wie Sie und bezieht sich auf genau dieselben Stellen. Das genau macht das Wissenschaftliche aus, dass die eigene Arbeit, die eigene Fragestellung, das eigene Erkenntnisinteresse in Bezug zu Texten und Erkenntnissen anderer gesetzt werden.

Fokus: Wissenschaftliche Arbeit

Um eine Seminararbeit zu erarbeiten, gilt es
- ein Themengebiet zu erfassen und fachspezifisches Erkenntnisinteresse zu entwickeln sowie ein fachliches Thema problemorientiert darzustellen,
- die Forschungslage in einem Fachgebiet zu sichten, das Thema einzugrenzen und eine dem Erkenntnisinteresse angemessene Fragestellung zu formulieren,
- Literatur auszuwählen, Bezüge herzustellen, einen nachvollziehbaren Text zu schreiben und dabei die Techniken wissenschaftlichen Arbeitens im Fach anzuwenden.

Deutlich wird im Vergleich der drei sehr verschiedenen schriftlichen Arbeiten bzw. Schreibarbeiten: Die wissenschaftliche Haus- bzw. Seminararbeit ist ein anspruchsvoller Text, der in geeigneter Weise vorbereitet werden muss – sie lässt sich nicht an einem Tag erarbeiten. Anders als beim Referat ist der Adressat nicht fest

umrissen: Man schreibt nicht für eine konkrete Person, deren Kenntnisstand man ermessen kann.
Die Verfasser von Mitschrift, Referat und Haus- bzw. Seminararbeit berücksichtigen allgemeine Merkmale des wissenschaftlichen Arbeitens, sind bemüht um Objektivität, Nachvollziehbarkeit und Nachprüfbarkeit. Dies gilt in besonderer Weise für die Haus- bzw. Seminararbeit. Die hier auf Basis einer Fragestellung ausgewählten und auf diese hin kommentierten wissenschaftlichen Erkenntnisse anderer müssen so gekennzeichnet sein, dass sie nachgelesen werden können. Hier erhalten die besonderen Kennzeichnungskonventionen für Belege und Zitate in wissenschaftlichen Texten und Regeln zur Gestaltung einer Arbeit ihren Sinn: Sie sind nicht Selbstzweck, sondern unterstützen das Anliegen der Nachvollziehbarkeit. Dass hier in den Fächern unterschiedliche Regelungen Anwendung finden, sollte für Sie kein Problem sein: Erkundigen Sie sich, bevor Sie eine Arbeit beginnen, nach den Vorgaben.

1.4 Wie geht man sinnvollerweise vor, um eine wissenschaftliche Arbeit zu schreiben? – Sieben Etappen des (wissenschaftlichen) Schreibens

Bis aus einer ersten Idee ein Text geworden ist, sind zahlreiche Arbeitsschritte nötig. Im Folgenden wird der Weg zur wissenschaftlichen Arbeit als Strecke von sieben Etappen beschrieben, von denen jede jeweils mehrere Arbeitsschritte umfasst. Diese Darstellung will Sie ermuntern, sich Etappenziele zu setzen und Ihre Arbeit Etappe für Etappe voranzubringen.
Idealerweise schließt man eine Etappe ab, bevor man die nächste beginnt. Bei umfangreichen Texten empfiehlt es sich jedoch, rekursiv vorzugehen und beispielsweise Kapitel für Kapitel die einzelnen Etappen zu durchlaufen.

Abb. 1: Die sieben Etappen des wissenschaftlichen Schreibens

Etappe 1: den Text einordnen (sich orientieren)
Bevor Sie mit dem Schreiben beginnen, müssen Sie sich einen Überblick verschaffen, damit Sie entscheiden können, wie Sie Ihr Schreibvorhaben angehen wollen. Sie sollten sich das Thema des Textes klarmachen: Worum geht es? Was ist das Wesentliche? Aus welcher Perspektive ist es zu bearbeiten? Um diese Fragen beantworten zu können, lesen Sie nicht sofort ganze Bücher gründlich, sondern überfliegen Sie zunächst Lexikon- und Handbuchartikel, lesen Sie dann Aufsätze in Sammelbänden, Fachzeitschriften und Kapitel aus Monografien. Verschaffen Sie sich einen Überblick. Formulieren Sie dann eine Fragestellung, die es Ihnen erlaubt, Ihr Thema so genau wie möglich ein- bzw. abzugrenzen (s. dazu S. 67). Beenden Sie diese Etappe mit einem Sprechstundenbesuch: Den Fokus (das fachliche Erkenntnisinteresse) und

die Fragestellung, unter der Sie das Thema erarbeiten, sollten Sie mit dem Betreuer Ihrer Arbeit abstimmen. Im Anschluss an das von Ihnen im Rahmen der Orientierung gründlich vorbereitete Sprechstundengespräch können Sie dann mit der gründlichen Vorbereitung beginnen.

- **Etappe 2: den Text vorbereiten (recherchieren und exzerpieren)**
Sie wissen nun, was zu Ihrem Thema gehört (und was nicht), und können daher gezielt mit der intensiven Sammel- und Lesephase beginnen: Suchen Sie nach Schlagworten, Stichwörtern, Autorennamen, gängiger Literatur und Literaturhinweisen, um sich das Material, das Sie im Folgenden gründlich bearbeiten werden, zu beschaffen. Werten Sie zu diesem Zweck alphabetische Register, Inhaltsverzeichnisse und Literaturverzeichnisse aus.
Um das Material systematisch zu bearbeiten, legen Sie sich eine Leseliste (der zu suchenden Literatur) an. Zeichnen Sie beim Lesen eine erste Mindmap (eine bildhafte Darstellung der Inhalte, Schlagworte und Quellen, s. dazu S. 56 f.). Schreiben Sie zu zentralen Texten klar strukturierte Notizen (Exzerpte, s. dazu S. 103 ff.), in denen Sie Zitate (s. dazu S. 139 ff.) und Literaturhinweise sowie eigene Ideen festhalten, die Sie beim Lesen haben. Schlagen Sie unbekannte Wörter und Fachbegriffe in Wörterbüchern oder Fachlexika nach und erarbeiten Sie – falls nötig – weitere Daten (Versuchsreihen, Befragungen, ...). Gehen Sie bei größeren Arbeiten Kapitel für Kapitel vor. Nachdem Sie im Anschluss an eine ausgiebige Lesephase, die Sie mit dem Schreiben von Exzerpten begleiten und unterstützen, alle Facetten eines Teilthemas kennen, ist es wichtig, das Gelesene (Inhalte und Positionen) zu ordnen.Wenn Sie diese Etappe beenden (bei größeren Arbeiten mehrfach), liegen Ihnen zu zentralen Texten Exzerpte vor – das Material, aus dem Sie Ihren Text (bzw. ein Kapitel Ihres Textes) erarbeiten.

Etappe 3: das Material ordnen (strukturieren)
Ihre beim Lesen Schritt für Schritt weiter verästelte Mindmap bietet einen Überblick über das Netz von Aspekten, die die von Ihnen gewählte Fragestellung betreffen. Sie ist ein Bild des Wissens zum Thema, das Sie sich angeeignet haben. Da man nicht immer alles, was man zu einem Thema weiß, weiterverarbeiten kann, gilt es nun, die Mindmap auf einen für den Text verbindlichen Stand zu bringen: Definieren Sie die zentralen Begriffe (s. dazu S. 166 f.), bestimmen Sie Haupt- und Nebenaspekte und die Texte, auf die Sie verweisen wollen.
Beenden Sie diese Etappe mit der Mindmap Ihres Textes, die an ihren Ästen und Zweigen genau das zeigt, was Sie in Ihrer wissenschaftlichen Arbeit behandeln werden.

Etappe 4: den Text planen (argumentieren und gliedern)
Nachdem Sie nun die Struktur Ihres Textes vor Augen haben, können Sie einen roten Faden festlegen: Sie können mithilfe der Mindmap verschiedene Möglichkeiten für den Textverlauf durchspielen. Erstellen Sie nun einen Textplan: Legen Sie Anfangs- und Endpunkt der Untersuchung fest und bestimmen Sie den Argumentationsverlauf (s. dazu S. 118 ff.). Eine der Hauptschwierigkeiten wird darin liegen, komplex vernetzte logische Zusammenhänge in einer linearen Folge anzuordnen, Haupt- und Nebenaspekte zu bestimmen und zu überdenken, welches Gliederungsschema für den Argumentationsverlauf am angemessensten ist. Die Gliederung des Textes kann sich aufgrund der Chronologie, der Argumentation oder aus der Sache heraus ergeben. Wählen Sie eine Gliederung, die das von Ihnen gewählte Vorgehen unterstützt – dies gilt zunächst für die Kapitel: Vor dem Schreiben ist es sinnvoll, nicht nur die Abfolge der einzelnen Kapitel festzulegen, sondern auch die der Abschnitte innerhalb der Kapitel zu planen. So legen Sie den roten Faden fest, der Ihnen für das
Schreiben eine Richtschnur bieten soll.
Beenden Sie diese Etappe, indem Sie jetzt eine erste Einleitung (Was ist Thema? Welche Fragestellung wird bear-

beitet? Wie ist der Text aufgebaut?) und einen Schluss (Was ist das wichtigste Ergebnis? Was lässt sich daraus schließen?) schreiben, um Ihre Überlegungen zu dokumentieren und einen Anfangs- und einen Endpunkt für Ihren Text zu bestimmen.

Etappe 5: die Rohfassung schreiben (formulieren)
Nun haben Sie sich sowohl den Textinhalt als auch den Textverlauf erarbeitet. Auf dieser Grundlage sollten Sie Ihren Text Kapitel für Kapitel schreiben. Formulieren Sie für jedes Kapitel eine Fragestellung, die Sie (ggf. in mehreren Schritten) beantworten. Greifen Sie auf Ihre Exzerpte zurück und erarbeiten Sie eine schlüssige und tragfähige Argumentation, indem Sie Zitate und Verweise einbinden. Auf dieser Grundlage sollten Sie zunächst schreiben, ohne sich viele Gedanken über den sprachlichen Ausdruck zu machen – Sie erarbeiten eine Rohfassung, die Sie anschließend überarbeiten können. Sie müssen nicht druckreif schreiben, denn der Text kann (und sollte daher!) von Ihnen selbst gründlich gelesen und gegebenenfalls nachbearbeitet werden. Dennoch: Bringen Sie Überflüssiges möglichst gar nicht erst zu Papier – behalten Sie Ihre Fragestellung im Blick und wägen Sie ab, was mit Blick auf Ihr Erkenntnisinteresse zu erwähnen ist.
Streben Sie nicht nach Perfektion im ersten Anlauf. Die Nachvollziehbarkeit der Argumentation und die Wirkung von Formulierungen können Sie erst dann beurteilen, wenn der Text als Ganzes vor Ihnen liegt. Sie sollten daher nicht beim ersten Schreiben nach der besten oder schönsten Formulierung suchen, denn das lässt Sie gar nicht erst in einen Schreibfluss kommen. Schreiben Sie auch mal das zweitbeste Wort, oder setzen Sie einen Platzhalter (beispielsweise drei Sternchen). Kennzeichnen Sie so nicht ganz treffende Formulierungen oder Lücken und markieren Sie, wo Sie im Text aufgehört haben zu schreiben – schreiben Sie am nächsten Tag genau dort weiter. Wenn Sie diese Etappe beenden (bei größeren Arbeiten mehrfach), liegt Ihnen Ihr Text (bzw. ein Kapitel Ihres Textes) in Rohfassung vor.

Etappe 6: den Text überarbeiten (edieren)
Jetzt müssen Sie versuchen, Ihren Text mit den Augen eines anderen zu betrachten: Prüfen Sie nun den Text in Bezug auf inhaltliche Geschlossenheit, machen Sie ihn gut lesbar. Achten Sie darauf, dass die Abfolge der Inhalte, Überlegungen und Begründungen nachvollziehbar ist. Sie sollten Überflüssiges streichen und Wiederholungen eliminieren, wo nötig Umstellungen vornehmen oder den Text optimieren, d. h. Textkommentare in Form von Überleitungen und Zusammenfassungen einfügen oder entfernen. Jetzt ist auch die Gelegenheit, am sprachlichen Ausdruck zu arbeiten, Wortwiederholungen zu beseitigen und Schachtelsätze zu entzerren, nach dem treffenden Wort zu suchen und einen präzisen Satz zu formulieren.
Wenn Sie diese Etappe beenden (bei größeren Arbeiten kapitelweise), sind Sie fast fertig. Bevor Sie Ihrem Text den letzten Schliff geben, sollten Sie ihn einige Tage nicht gesehen haben. Solange Sie Ihren Text allzu gut kennen, sind Sie gewissermaßen textblind: Sie sehen inhaltlich, aber vor allem auch in Bezug auf Rechtschreibung und Zeichensetzung meist das, was Sie schreiben wollten, und nicht das, was Sie tatsächlich geschrieben haben.

Etappe 7: den Text kontrollieren (korrigieren)
Der Text wird ein letztes Mal Korrektur gelesen. Jetzt gilt es, noch einmal gründlich Rechtschreibung, Zeichensetzung, Grammatik und das Layout zu prüfen – diese letzte Etappe hat ausschließlich die sprachliche und formale Richtigkeit im Fokus: Prüfen Sie in einem ersten Korrekturdurchgang Zitate und Quellenangaben sowie das Literaturverzeichnis auf Vollständigkeit, lesen Sie dann mit Blick auf Rechtschreibung und Zeichensetzung und noch einmal mit Blick auf die Formatierung.
Achten Sie in dieser letzten Etappe ausschließlich auf Richtigkeit und Formatierung, ändern Sie nichts mehr an Ausdruck oder Inhalt – erfahrungsgemäß schleichen sich bei inhaltlichen Änderungen (Austausch von Wörtern, Verschieben von Textelementen) leicht zusätzliche Tipp- und besonders ärgerliche Grammatik- oder Logikfehler ein.

Jemanden als Unterstützung für das Korrekturlesen zu gewinnen, der den Text (noch) nicht kennt, ist erfahrungsgemäß sehr hilfreich. Sollten Sie niemanden zum Gegenlesen finden: Drucken Sie Ihren Text mit leicht verändertem Seitenrand aus, Tipp- und sonstige Fehler werden Ihnen leichter auffallen, wenn sie auf dem Papier an einer anderen Stelle stehen.

Für wissenschaftliche Arbeiten, aber auch für Referate und andere Texte, die Sie im Zusammenhang mit Ihrem Studium anfertigen, bietet Ihnen das Schreiben in sieben Etappen die Möglichkeit, die notwendigen Schritte zu planen und eine auf die jeweilige Schreibaufgabe abgestimmte Vorgehensweise zu wählen.

1.5 Warum sind die Anforderungen an schriftliches Arbeiten nicht immer gleich? – Ein Überblick über Textsorten des Schreibens im Studium

Führt man sich jedoch vor Augen, dass die Gegenstände und Methoden in den Fächern unterschiedlich sind, ist es klar, dass wissenschaftliche Arbeiten unterschiedlich sein müssen. Dazu kommt, dass bezüglich der äußeren Gestalt einer Arbeit Vorgaben der Fachbereiche zu berücksichtigen sind.
Wichtig ist ein ausgewogenes Verhältnis zwischen eigenen Gedanken und (wörtlich oder sinngemäß) zitierten Ideen: Wird in den wissenschaftlichen Arbeiten der ersten Studienphase der Hauptakzent auf der Technik wissenschaftlichen Arbeitens liegen und eine schmale Literaturgrundlage genügen, so erhöht sich der erforderliche Eigenanteil bis zur Abschlussarbeit kontinuierlich. Mit der Abschlussarbeit weisen Sie nach, dass Sie eine gestellte Aufgabe aus Ihrem Fachgebiet nach wissenschaftlichen Methoden selbstständig bearbeiten und Ergebnisse sachgerecht darstellen können.

Neben Haus- und Abschlussarbeiten gibt es andere Texte, die im Zusammenhang mit dem Studium anzufertigen sind und die als Leistungs- oder Prüfungsnachweis verlangt werden können. Hierzu gehören

- Protokolle
- Pointierende Exzerpte bzw. Zusammenfassungen
- Rezensionen
- Annotierte Bibliografien (s. dazu S. 90 ff.)
- Portfolios
- (Praktikums-)Berichte
- Essays

Diese verschiedenen Texte trainieren (Teil-)Fähigkeiten des wissenschaftlichen Schreibens.

1.5.1 Das Seminarprotokoll

Seminarprotokolle dienen dazu, den Inhalt einer Seminarsitzung zu dokumentieren. Sie nehmen dabei weder in Anspruch, den detailgenauen Verlauf von Seminardiskussionen abzubilden, noch verstehen sie sich als schlagwortartige Auflistung erarbeiteter Ergebnisse.
Sie sind also eine Mischung aus Verlaufsprotokoll (das den Ablauf einer Sitzung chronologisch nachzeichnet) und Ergebnisprotokoll (dieses systematisiert die Beiträge zusammenfassend).
Seminarprotokolle sollen die Kernaussagen des Seminarvortrags und die zugehörigen Positionen mit ihren Begründungen und auch Gegenargumenten festhalten und systematisieren.

Fokus: Seminarprotokoll

Wer ein Seminarprotokoll verfasst, hat das Ziel,

- die behandelten Themen in eine logische Ordnung zu bringen,
- die Kernaussagen mündlicher Beiträge zu erfassen und zu strukturieren, kurz:
- mit Blick auf das Seminarthema die Ergebnisse einer Sitzung losgelöst vom Verlauf nachvollziehbar zu machen.

Es kommt also darauf an, die wesentlichen Aussagen herauszuarbeiten und so zusammenzufassen, dass sich ein Außenstehender ein Bild von der behandelten Thematik und vom Seminarverlauf machen kann. Wer als Dozent die Anfertigung von Seminarprotokollen anregt, erhofft sich zweierlei: zum einen, dass nicht alle Seminarteilnehmer mit dem Schreiben beschäftigt sind, sodass die Mehrheit dem Gedankengang folgen kann; zum anderen, dass derjenige, der protokolliert, dieses bewusst tut, d. h. nicht irgendetwas mitkritzelt, sondern versucht, Strukturen zu entdecken. So verstandene Seminarprotokolle sind keine unsinnige Quälerei, sondern dienen der Entwicklung von Routinen, die im Studium und im späteren Berufsleben nützlich sind. Seminarprotokolle

- beruhen auf Mitschriften/Notizen während der Seminarsitzung; Aufgabe des Protokollanten ist es, beim Mitschreiben die gesprochenen Worte in Schriftsprache zu überführen, dabei vom Gesagten auf das Gemeinte zu schließen und Bezüge zum Gelernten anzuzeigen. Versuchen Sie nicht, alles wörtlich mitzuschreiben – der Sinn des Seminarprotokolls liegt in der Ordnung der Gedanken. Wichtige Definitionen, Formulierungen und Begriffe sollten Sie zitieren. Als Protokollant dürfen Sie die Sitzung unterbrechen, um nachzufragen, falls Ihnen Informationen fehlen.
- sollen die Realität reproduzieren; d. h., sie dürfen keine eigene Wirklichkeit schaffen, keine neuen Informationen oder Inhalte produzieren. Damit ein Protokoll sinnvoll erarbeitet werden kann, sollte der Protokollant im Vorhinein bestimmt werden, denn für ein Protokoll reicht die persönliche Form der Mitschrift meist nicht aus, die ja in der Regel auf den individuellen Wissensstand abgestimmt ist und das persönliche Erkenntnisinteresse widerspiegelt.
- dienen als Arbeitsgrundlage für das Seminar, zur Erinnerung und/oder zur Prüfungsvorbereitung und halten offene Fragen oder Hinweise auf die nächste Sitzung fest; hilfreich ist es, den Protokollen zu einem Seminar

eine feste Form zu geben, sodass formale Standards wie Informationen zu Ort, Zeit, Beteiligten und Gesprächsanlass sowie Literatur- bzw. Quellenangaben etabliert werden können.

Um ein Seminarprotokoll vorzubereiten, sollten Sie aktiv zuhören und bereits beim Mitschreiben versuchen, das Gesagte zu pointieren und zu bündeln, Bezüge zu verdeutlichen und mit angesprochene Kontexte zu notieren. Hierbei helfen Ihnen Zwischenüberschriften, Marginalien, Pfeile, Klammern, Hilfszeichen, farbige Markierungen usw. Damit also trainiert zunächst die Mitschrift die Fähigkeit, mitzudenken und Strukturen zu erkennen. Ihre Sprachkompetenz wird geschult, indem Sie Umgangs- und Gesprochensprachliches in Schriftsprache überführen. Die Verschriftlichung des Protokolls übt Sie darin, einen auch für Außenstehende nachvollziehbaren Text zu produzieren, indem Sie das in Ihrer Mitschrift Notierte zusammenfassen, verallgemeinern und strukturieren und so den Seminarverlauf verständlich machen, ohne ihn zu verfälschen. So trainiert das Seminarprotokoll das sachorientierte Schreiben eines Textes, der objektiv (also nahezu unabhängig von der Person des Verfassers und der Beteiligten) und präzise (also ohne Wertung, Übertreibung oder Mutmaßung) über die Inhalte der Sitzung informiert.

1.5.2 Das zusammenfassende, textorientierte Exzerpt

Wird Ihnen im Rahmen eines Seminars die Schreibaufgabe gestellt, einen Text zu exzerpieren, so ist in der Regel gemeint, dass Sie die für den Argumentationsgang zentralen Aussagen herausarbeiten und so Aussageabsicht und das Fazit des vorliegenden Textes nachvollziehen. Ein solches textorientiertes Exzerpieren trainiert das zielgerichtete Lesen und das Mitdenken. In der Schule haben Sie bereits die Textanalyse als Form des Schreibens zu nicht fiktionalen Texten kennengelernt – das Exzerpt als Zusammenfassung ist mit dieser Schreibform ebenso verwandt wie mit dem eben beschriebenen Protokollieren.

Eine Analyse geht vom Ganzen auf das Einzelne, ist also überwiegend am Detail interessiert. Das dem Exzerpt zugrunde liegende Analysieren (aus dem Griechischen, wörtlich »das Auflösen«) geht über die reine Wiedergabe einerseits und die bloße Zusammenfassung andererseits hinaus:

- Der Argumentationsgang wird in seine einzelnen Schritte zergliedert, sodass diese in ihrem Zusammenspiel für das Ganze beschrieben werden können.
- Insbesondere ist es Ziel, die Hauptaussagen des Textes im Rahmen eines Gesamtzusammenhangs hinsichtlich ihrer Stichhaltigkeit zu untersuchen.

Um ein Exzerpt vorzubereiten, sollten Sie nicht allein die im Text selbst enthaltenen Informationen nutzen, sondern sich in Nachschlagewerken und einführender Literatur über den Text und den Autor informieren:

- Berücksichtigen Sie die Entstehungszeit und versuchen Sie, einen Entstehungsanlass zu ermitteln.
- Versuchen Sie, den Text einzuordnen (Bezug zur Fachdisziplin, zu einer wissenschaftlichen Schule).
- Klären Sie nun aus dem Text heraus die Aussageabsicht: Welches Ziel verfolgt der Verfasser? Formuliert er dies explizit oder wird es lediglich zwischen den Zeilen deutlich?

Pflücken Sie im Anschluss solche Textstellen heraus, die für die Aussageabsicht des Verfassers zentral erscheinen. Wenden Sie dabei die im Fach üblichen Zitierregeln an. Kommentieren Sie jede einzelne zitierte Stelle kurz auf der Basis des im Seminar Gelernten/Erarbeiteten: Was ist sachlich von der Aussage zu halten? Wo es sich anbietet, können Sie auch auf sprachlich-stilistische oder argumentative Besonderheiten eingehen. Fügen Sie kleine Überleitungen und gegebenenfalls auch Zwischenüberschriften ein, sodass ein für den außenstehenden Leser nachvollziehbarer Text entsteht.

Fokus: Zusammenfassendes Exzerpt

Wer einen Text auf dessen Hauptaussage hin exzerpiert, sollte

- eine komplette, den Gepflogenheiten des Faches entsprechende bibliografische Angabe erstellen,
- zentrale Textstellen zitieren und dabei die den Richtlinien entsprechenden Zitierregeln anwenden,
- zu jeder zitierten Stelle eine kommentierende Erläuterung beifügen, dabei auf Gelerntes zurückgreifen.

Die Schreibaufgabe »Exzerpieren« verlangt eine besondere Herangehensweise an den Text, die über ein einfaches Lesen zur Informationsaufnahme hinausgeht. So trainiert das Exzerpieren grundlegende Recherchestrategien und den für wissenschaftliches Arbeiten charakteristischen distanzierten Blick auf Gegenstände und Diskurse. Textorientierte Exzerpte spiegeln in der Regel die Chronologie des Argumentationsverlaufs wider, können aber auch – wie das Seminarprotokoll – zusammengehörige Aussagen bündeln, um zu systematisieren. Insoweit ist es nicht grundsätzlich erforderlich, einen eigenen Gliederungsansatz zu entwickeln.

1.5.3 Die Rezension

Rezensionen sind textkritische Buchbesprechungen, sie folgen einem allgemeinen Gliederungsmuster, das die Trennung von Beschreibung, Inhaltswiedergabe und Wertung bzw. Kommentar unterstützen soll. Das Schreiben von Rezensionen schult das genaue Lesen und das kritische Textverstehen, das Zusammenfassen und Wiedergeben von Inhalten sowie das Formulieren und Begründen eigener Standpunkte, die in eine der eigenen Aussageabsicht entsprechende argumentative Folge gebracht werden müssen. Auch wenn also die grobe Gliederung vorgegeben ist, sind in der Rezension verschiedene Gliederungsprinzipien anzuwenden.

Beim Schreiben einer Rezension lässt sich das für die vorangegangene Textanalyse angewandte Wissen auch für die eigenständige Textproduktion nutzen. Ihre eigene wertende Einschätzung muss klare Bezüge haben (Informationen über den Autor, die Entstehensbedingungen, den Zweck und/oder die Wirkung des Textes) und so für den Leser nachvollziehbar werden.

Fokus: Rezension

Wer einen Text rezensiert,

- führt die bibliografischen Informationen an,
- gibt den Inhalt des rezensierten Textes in groben Zügen wieder, ordnet den Text in den wissenschaftlichen Kontext ein, beschreibt seine Zielsetzung,
- kommentiert an ausgewählten, charakteristischen Beispielen, stellt bei kritischen Anmerkungen Bezüge zu anderer Literatur her,
- hat das Ziel, dem Leser eine eigene sachliche Meinungsbildung zu ermöglichen.

Die Rezension ist eine Textsorte, die es ihrem Verfasser erlaubt, den eigenen Blickwinkel zur Grundlage zu machen und kritisch zu urteilen, die zugleich aber auch verlangt, Positionen und Bewertungen nachvollziehbar zu machen – sei es am rezensierten Text selbst oder durch den Bezug zur wissenschaftlichen Diskussion. Dabei geht es nicht nur um die Beschreibung von Aufbau und Logik des Textes, Auswahl und Anordnung von Argumenten, Beispielen, Personen, Episoden usw., sondern auch darum, die Funktion des gesamten Textes und seine praktische Bedeutung zu beurteilen und zu bewerten.

- Geben Sie also zunächst einen inhaltlichen Überblick in Form einer kurzen Zusammenfassung. Stellen, auf die Sie in der Bewertung näher eingehen möchten, können bereits hier etwas ausführlicher dargestellt werden. Ergänzen Sie Hinweise zu Autor, Entstehungsbedingungen, Textsorte.

- Im zweiten Schritt ordnen Sie die Arbeit in den Forschungskontext ein. Beantworten Sie hier Fragen wie: Was ist das Besondere dieser Arbeit? Wie lautet das Erkenntnisinteresse? Welche Diskussion greift der Autor auf? Auf welcher theoretischen Grundlage argumentiert der Autor? Welche Methoden werden angewandt?
- Im dritten Schritt beurteilen Sie den Text, indem Sie auf den Untersuchungsgegenstand und die Art, in der er im Text behandelt wird, eingehen. Wenn es offene Fragen, Widersprüche oder Gegenpositionen in der Forschung gibt, sollten Sie dies ansprechen.

Sagen Sie also nicht einfach »gut«, sondern zeigen Sie deutlich und begründen Sie sachlich, wie Sie als Verfasser der Rezension über den von Ihnen gelesenen Text denken.

1.5.4 Das Laborbuch

Im Laborbuch, einem Notizbuch mit hartem Einband, werden Experimentverläufe protokolliert. Beobachtungen, Handlungen, Messwerte – auch solche, die nicht zum geplanten Verlauf des Experiments gehören – werden sofort und unmittelbar aufgezeichnet. Das Laborbuch fungiert als Logbuch des Forschungsprozesses, es ist Eigentum der Arbeitsgruppe, alle Beteiligten nehmen Eintragungen vor.

Neue Experimente beginnen mit einer Überschrift und einer kurzen Einleitung auf einer neuen Seite. Leere oder halb leere Seiten werden durchgestrichen, um nachträgliche Eintragungen (und damit Verfälschungen) zu verhindern. Deutlich wird zwischen Annahmen und tatsächlichem Versuchsverlauf unterschieden: Erstere stehen in der Einführung, Letzterer wird im Versuchsprotokoll detailliert festgehalten.

Im Laborbuch werden Experimente, die zu einer im Labor durchgeführten Arbeit gehören, und Beobachtungen während ihrer Durchführung in Form von Versuchsprotokollen festgehalten. Da diese die Schritte und die Ergebnisse eines Experiments dokumentieren sollen, werden sie als ausführliche Verlaufsprotokolle angelegt. Sie sind verbindliche Unterlagen.

Fokus: Laborbuch

Das Laborbuch wird geführt, um
- regelmäßig das Wesentliche festzuhalten – nach einem gleichbleibenden Schema, das allen bekannt ist,
- in klaren Eintragungen zu benennen, wer was mit welchem Ziel in welchen Arbeitsschritten untersucht hat,
- ggf. verwendete Literatur anzugeben.

Da das Laborbuch ein authentisches Dokument der experimentellen Forschung ist, wird es dokumentenecht, d. h. handschriftlich und mit Kugelschreiber, geführt. Die Seiten des Laborbuchs werden durchnummeriert, ebenso die zu einem Experiment gehörenden Handlungen und Beobachtungen. Zusätzlich kann dem einzelnen Experiment noch ein Namenskürzel beigefügt werden, sodass klar ist, von wem es durchgeführt worden ist.
Von Interesse sind nicht nur die forschungsleitenden Hypothesen und das Ergebnis, sondern auch der Weg dorthin:
- Halten Sie also sowohl die genauen Versuchsbedingungen als auch beobachtete Einzelheiten fest, auch wenn Ihnen deren Bedeutung noch nicht klar ist.
- Auch Abweichungen von der Versuchsplanung sowie die verwendeten Geräte und deren Justierung sind wichtig.
- Protokollieren Sie den Versuchsverlauf inklusive etwaiger Umwege sorgfältig, fügen Sie – deutlich gekennzeichnet – spontane Deutungen und Überlegungen sowie Anregungen aus der Literatur (Exzerpte) bei.

So kann Ihnen das Laborbuch eine Hilfe bei der späteren Interpretation der Daten sein. Das Führen eines Laborbuchs zwingt dazu, den wissenschaftlichen Forschungsprozess zu dokumentieren und zu reflektieren. So wird

präzises Formulieren trainiert: Nicht Stichworte, sondern nur ausformulierte beschreibende Sätze, ergänzt durch ebenfalls ausformulierte, aber klar gekennzeichnete vermutende Überlegungen, machen es möglich, den Verlauf eines Experiments und Entscheidungen bezüglich notwendiger Schritte nachzuvollziehen.
Die Idee des Laborbuchs kann auch nicht experimentelle Forschungsarbeit unterstützen. Regelmäßige Eintragungen in ein – freiwillig geführtes – Logbuch oder Journal zu Ihrer Seminararbeit können auch Lese- und Denkarbeit dokumentieren (s. dazu S. 30 ff.).

1.5.5 Der Versuchsbericht

Versuchsberichte fassen die im Laborbuch stichwortartig festgehaltenen Informationen über Zielsetzung, Durchführung und Bedingungen eines Experiments sowie Beobachtungen, Bemerkungen und Überlegungen des Versuchsleiters zusammen. Sie ziehen Schlussfolgerungen aus der Versuchsbeschreibung und der Diskussion der Ergebnisse. Anders als Eintragungen im Laborbuch sind Versuchsberichte an interessierte Dritte gerichtet. Sie sollten daher für Personen, denen forschungsleitende Hypothesen und Versuchsverlauf unbekannt sind, ohne Zuhilfenahme weiterer Materialien verständlich sein. Versuchsberichte haben eine festgelegte Struktur, wichtig ist die klare Trennung von Durchführung, Beobachtung und Auswertung.

Fokus: Versuchsbericht

Ein Versuchsbericht ist wie folgt aufgebaut:
- Vorab werden in einer Zusammenfassung die Inhalte der Arbeit zusammengefasst.
- In der Einleitung werden einführend Ansatz, Zielsetzung und Forschungskontext dargestellt.
- Im Teil Materialien und Methoden werden die experimentellen Vorarbeiten, der Versuchsaufbau – Materialien, Apparate, Messbedingungen, Versuchstiere,

- Vorbereitungen, Bedingungen, Proben – und der Versuchsverlauf beschrieben.
- Im Teil Ergebnisse werden Zahlen und Fakten mithilfe von Grafiken veranschaulicht.
- In der Diskussion wird die Bedeutung der Ergebnisse erläutert, eventuell unter Bezugnahme auf andere Untersuchungen.
- Im Ausblick werden zusammen mit einer Schlussfolgerung Ergebnisse zusammenfassend bewertet und beurteilt sowie Perspektiven auf folgende Arbeiten eröffnet.
- Im Literaturverzeichnis wird die zitierte Literatur angegeben.

Der Versuchsbericht wird teils ausführlicher, teils weniger ausführlich sein als das Laborbuch:
Zum einen werden im Laborbuch viele Zusammenhänge als bekannt vorausgesetzt, zum anderen erweisen sich viele der (Detail-)Beobachtungen als für das Versuchsergebnis irrelevant. Jedoch dürfen Informationen nicht so weggelassen werden, dass Ergebnisse nicht mehr nachvollziehbar sind oder gar manipuliert erscheinen.

1.5.6 Portfolios

Ganz allgemein sind Portfolios Sammlungen von Dokumenten – die Art der Dokumente, die zusammenzustellen sind, wie auch die Art, nach der Dokumente zusammengestellt werden sollen, kann sehr unterschiedlich sein.

- Zum einen können im Zusammenhang mit einer Bewerbung Bescheinigungen, Gutachten, Zeugnisse und Arbeitsproben ein Portfolio bilden, sodass das Portfolio gegenüber einer Institution nachweist und veranschaulicht, was man im Laufe seiner Ausbildung geleistet und gelernt hat.
- Zum anderen können im Zusammenhang mit einem Lernprozess Dokumente gesammelt werden, die Arbeitsschritte und Lernfortschritte dokumentieren sollen. Der Lernende selbst wählt aus, welche seiner

Arbeiten er in das Portfolio aufnimmt. In einer Reflexion erläutert er die zugrunde liegenden Überlegungen, beurteilt seine Arbeiten und seinen Lernfortschritt.

- Eine weitere Form des Portfolios entsteht, wenn auf eine vorherige Anleitung hin Dokumente unterschiedlicher Art (eigene Arbeiten, Fotokopien, Zeitungsausschnitte, Internetfunde ...) zu einem Thema zusammengestellt und in Bezug zu einem Seminarthema gesetzt und reflektiert werden.

Die in Lehr-Lern-Zusammenhängen anzufertigenden Portfolios haben stets die Komponente Reflexion – wer ein Portfolio erstellt, lernt, sich selbst zu beobachten und seine Leistungen im Bezug auf das zu Lernende einzuschätzen und dabei den Prozess genauso zu berücksichtigen wie die als Stationen der Lernentwicklung anzufertigenden Produkte.

Fokus: Portfolio

Wer ein Portfolio anlegt, sollte

- im Vorhinein klären, welche Dokumente aufzunehmen sind,
- kontinuierlich arbeiten und zu jedem erarbeiteten Eintrag Überlegungen und Beobachtungen festhalten,
- jedes einzelne Dokument im Portfolio kommentieren (Betrachtung der Produkte),
- Vergleiche zwischen den Dokumenten ziehen,
- den Verlauf des Lernprozesses im Gesamten reflektieren (Betrachtung des Prozesses).

1.5.7 Der (Praktikums-)Bericht

Ein Bericht (Praktikumsbericht, Exkursionsbericht o. Ä.) ist ein informierender Text, der sich auf konkrete, eigene Beobachtungen bezieht, diese für einen nicht beteiligten Leser verständlich machen will. Zentrales Anliegen ist die auf den Leser zugeschnittene Darbietung von Fakten/Hintergründen.

Berichte beruhen auf präzisen Beschreibungen und auf Selektion: Das Wesentliche der Entwicklung wird in einer für den Leser verständlichen Folge dargestellt. Ein Bericht legt Rechenschaft darüber ab, wer was wo wann mit welchem Ziel auf welche Weise mit welchem Ergebnis gemacht hat. Dabei wird das Resultat vom Ende her dargestellt, Emotionen, Ansichten, Einschätzungen und Urteile werden zugunsten einer nüchtern-sachlichen Darstellung zurückgestellt. Im Rahmen eines Praktikums wird zumeist ein besonderer Aspekt beobachtet, der als Fokus für den Bericht dient.

Fokus: Bericht

Bestandteile eines Berichts sind:

- Die Situationsanalyse
- Die Chronologie der Ereignisse
- Die Darstellung der Ergebnisse und
- Ihre Dokumentation

Falls nötig, können dem Bericht in einem Anhang weitere Materialien beigefügt werden, z. B. Schriftstücke, Fotos oder Tafelbilder. So vermittelt der Bericht ein vollständiges, nachvollziehbares Bild von einem Ereignis oder einem Sachverhalt.

Ein Bericht sollte ohne Zuhilfenahme weiterer Materialien für einen Außenstehenden verständlich sein.
Wer einen Bericht verfasst, schreibt als beteiligter Beobachter – auch in der Ich- oder Wirform. Setzen Sie bei der Planung von Formulierungen bei der Sache (und nicht bei Ihrer Person) an – so ist es leichter, die dennoch geforderte sachlich-neutrale Haltung einzunehmen. Wenn Sie regelmäßig Berichte schreiben, sollten Sie sich an bereits angefertigten Texten orientieren und sich ein Muster erstellen, sodass der Aufbau Ihrer – gegebenenfalls thematisch zusammengehörigen – Texte immer gleich bleibt.

1.5.8 Der Essay

Das, was mit einem Essay von Ihnen verlangt ist, kann sehr unterschiedlich sein, denn die Textsortenbezeichnung ist mehrdeutig. Zum einen meint man nach der französischen Wortherkunft *Essay*, übersetzt als »Versuch«, einen knappen, stilistisch anspruchsvoll formulierten, bewusst subjektiven Text über ein bestimmtes Thema aus dem wissenschaftlichen, politischen oder philosophischen Bereich, der ohne eine vorhergehende Recherche verfasst wird. Der Essay in diesem Sinne eignet sich für Themen, die Denkanstöße geben und somit Raum für eigene Überlegungen bieten. Ausgangspunkt kann ein Problem, eine These oder eine kontrovers diskutierte Fragestellung sein.

Fokus: Freier Essay

Ein freier Essay

- fördert die kritische Beurteilung und das Abwägen wissenschaftlicher Positionen,
- erhebt keinen Anspruch auf vollständige Darstellung in allen Details, wichtiger ist die Betrachtung des Gegenstandes in einem größeren Gesamtzusammenhang,
- gilt sowohl in Bezug auf Inhalt und Aufbau als auch hinsichtlich der verwendeten Sprache als offene, freie Form.

Ein Essay ist bewusst perspektivisch geschrieben: Als Verfasser haben Sie die Möglichkeit, wissenschaftliche Erkenntnisse assoziativ zusammen mit Ihren persönlichen Beobachtungen und Eindrücken zu schildern. Auf diese Weise sollten Sie bemüht sein zu argumentieren und Ihr Thema von verschiedenen Seiten zu beleuchten, sodass Ihr Text eine wissenschaftliche Argumentation aufgreift und sie zum Ausgangspunkt für Ergänzungen und weiterführende Überlegungen nimmt.

Zum anderen meint man nach der französischen Wortherkunft *Essay*, übersetzt als »Probe«, eine kleine wissenschaftliche Arbeit (einen Fachaufsatz), die auf eine eingangs formulierte Fragestellung eine klar strukturierte Antwort gibt. Auf begrenztem Raum sollen einem eigenen Argumentationsweg folgend Bezüge zur wissenschaftlichen Forschung hergestellt werden, indem verschiedene Argumente aus Theorie und Empirie aufeinander bezogen werden. Ziel ist es, ausgewählte Theorien und Modelle mit Blick auf die Fragestellung kurz darzustellen und hinsichtlich ihrer Anwendbarkeit zu beurteilen, dabei Vor- und Nachteile zu diskutieren. Wie bei der Haus- bzw. Seminararbeit ist bei dieser Form des Essays dem eigentlichen Schreiben eine vorbereitende ausführliche Recherche- und Lesephase vorangestellt.

1.5.9 Die Abschlussarbeit

Während die wissenschaftliche Arbeit im Studium Ihnen schwerpunktmäßig dazu dient, sich mit dem wissenschaftlichen Arbeiten und Schreiben in einem Fach vertraut zu machen, geht die Abschlussarbeit (auf dieser Grundlage) weiter, indem sich der Anteil forschenden Lernens einerseits, aber auch die formalen Anforderungen andererseits erhöhen:

- Anders als bei Haus- bzw. Seminarbeiten haben Sie eine vorgegebene, auf den ersten Blick oft lang erscheinende Bearbeitungsfrist.
- Da es sich um eine Prüfung handelt, werden sowohl der Zeitpunkt der Themenausgabe – in der Regel wird Ihnen das Thema schriftlich mitgeteilt – als auch der Abgabetermin aktenkundig gemacht.
- Es empfiehlt sich, Anmeldemodalitäten und -fristen frühzeitig in Erfahrung zu bringen, so können Sie sich entspannt der Konzeptionierung Ihrer Arbeit widmen und sich auf Sprechstunden zur Themenabsprache vorbereiten.

Die im Kontext der Abschlussarbeit zu berücksichtigenden terminlichen Vorgaben haben für das Schreiben einen positiven Nebeneffekt: Sie können Ihre Abschlussarbeit nicht – wie vielleicht manche wissenschaftlichen Arbeiten im Verlauf Ihres Studiums – monatelang vor sich herschieben.

Abschlussarbeiten sind in der Regel in einem befristeten Zeitraum anzufertigen – das hat Vorteile.

Wenn Sie die Richtlinien in dieser Weise positiv nutzen, können sie Sie zum effektiven Arbeiten motivieren. In der Regel ist es ohnehin so, dass Sie zielgerichtet arbeiten und sich beschränken müssen: Zu keinem Thema können Sie alles lesen oder gar alles schreiben – daher sollten Sie auf Ihre sinnvoll formulierte Fragestellung hinarbeiten.

Ihre Abschlussarbeit soll zeigen, dass Sie die Zusammenhänge des Faches überblicken und in der Lage sind, Erkenntnisse kritisch einzuordnen, dass Sie wissenschaftliche Methoden anwenden und Ergebnisse formulieren können.

Fokus: Abschlussarbeit

Wer eine Abschlussarbeit schreibt, hat die Aufgabe,

- den Überblick über ein Themengebiet und die Forschungsansätze zu gewinnen und ein fachlich relevante Fragen aufgreifendes Erkenntnisinteresse zu formulieren,
- das Thema einzugrenzen und eine im vorgegebenen Rahmen sinnvoll bearbeitbare Fragestellung zu entwickeln,
- einschlägige Literatur zusammenzustellen, auf das Erkenntnisinteresse hin zu bearbeiten, Zusammenhänge aufzuzeigen, zu kommentieren.

Abhängig vom angestrebten Abschluss belegt eine Abschlussarbeit, dass der Prüfungskandidat für sein späteres Berufsleben gerüstet ist. Das bedeutet, dass abhängig vom Berufsziel entweder ein auf das Lehramt bezogenes Thema (Staatsexamensarbeit), ein wissenschaftliches Thema (Bachelor- und Masterarbeit) oder ein Problem aus dem Fachgebiet (Diplomarbeit) selbstständig zu bearbei-

ten und sachgerecht darzustellen ist. Die unterschiedliche Schwerpunktsetzung liegt in den durch die jeweilige Prüfung zu beweisenden Qualifikationen begründet: Lehramtskandidaten sollten demnach tendenziell pädagogisch-didaktische Aspekte, Bachelor- und Masterkandidaten eher theoretisch-wissenschaftliche Aspekte und Diplomanden mehr praktisch-berufsbezogene Aspekte ihres Faches behandeln. In den musischen Fächern kann auch die Anwendung künstlerisch-gestalterischer Methoden verlangt sein.
In Ihrer Abschlussarbeit sollen Sie zeigen, dass Sie die Zusammenhänge des Faches überblicken und in der Lage sind, Erkenntnisse kritisch einzuordnen, dass Sie die Fähigkeit besitzen, wissenschaftliche Methoden anzuwenden und Ergebnisse zu formulieren. Auch wenn sich Abschlussarbeiten oft als Texte verstehen, deren Ziel es ist, Forschungsergebnisse zu referieren und unter Berücksichtigung einer Leitfrage aufeinander zu beziehen, wird die Eigenleistung in der Auswahl und der Anordnung des Inhalts deutlich. Indem sie Positionen nicht nur referiert, sondern auch diskutiert und in einen Gesamtzusammenhang einordnet, geht sie über die bloß reproduzierende Darstellung hinaus. Damit sind Sie als kritischer Leser und Wissenschaftler gefragt, der nach-, mit- und weiterdenkt.

Sie sollten schon vor Arbeitsbeginn in etwa wissen, worüber Sie schreiben werden bzw. worauf Sie sich einlassen. Das bedeutet nicht, dass Sie schon präzise Ergebnisse formuliert haben, die Ihre Forschung oder Argumentation erzielen soll – ein solches Vorgehen macht blind für unerwartete Möglichkeiten oder Varianten. Sie sollten sich jedoch im gewählten Themengebiet auskennen und sich über die grobe Richtung Ihrer Forschung im Klaren sein – auch deshalb, weil Sie nur dadurch bewusste Entscheidungen für die Recherche und den Aufbau der Arbeit treffen (und korrigieren) können.

1.5.10 Die Klausur

Eine Klausurarbeit wird im Rahmen von Abschlussprüfungen verlangt oder im Anschluss an ein Seminar geschrieben, das Sie ein Semester lang besucht haben. Klausurarbeiten des zweiten Typs sollen dazu dienen, den Stoff einer Veranstaltung abzufragen (etwa in Multiple-Choice-Form). Für das wissenschaftliche Schreiben relevant sind solche Klausuren, in denen wenige Fragen (manchmal sogar nur eine) so allgemein formuliert sind, dass der Prüfling die Möglichkeit hat, in einem frei zu formulierenden Klausurtext selbst Schwerpunkte zu setzen. Die Abschlussklausur in den meisten bildungs-, geistes- und sozialwissenschaftlichen Fächern wird so aussehen:
Der Kandidat soll beweisen, dass er ein fachliches Problem erkennen, erörtern und in begrenzter Zeit (ansatzweise) lösen kann. Obwohl sich eine solche Klausurarbeit demnach kaum von den übrigen Typen wissenschaftlicher Arbeiten unterscheidet, sieht ein Klausurtext anders aus als der eines Referates oder einer wissenschaftlichen Arbeit.

Fokus: Abschlussklausur

Eine Klausur ist eine schriftliche Arbeit unter besonderen Bedingungen:

- Während einer Klausur ist die Schreibzeit begrenzt. Nicht nur aus diesem Grund ist jede Klausur eine Stresssituation par excellence. Doch lassen Sie sich von solchen Äußerlichkeiten nicht beeindrucken: Widmen Sie sich dem Thema, und lassen Sie dabei die Uhr aus den Augen. Das anfängliche Brainstorming kann etwa ein Viertel der Klausurzeit beanspruchen.
- Auch wenn die anderen schon schreiben – beginnen Sie erst dann, wenn Ihnen die Herangehensweise klar ist. Besser etwas länger nachdenken, als beim Schreiben in die falsche Richtung arbeiten. Lesen Sie Ihren Text, falls Sie am Ende noch einige Minuten haben –

vielleicht können Sie noch das eine oder andere Komma einsetzen.

- Es stehen keine oder wenige Hilfsmittel zur Verfügung. Als Hilfsmittel werden Ihnen nur solche Texte vorgelegt, die Sie im Rahmen des Klausurthemas bearbeiten sollen. Sie schreiben also die Klausur, ohne in Fachwörterbüchern nachschlagen oder aus verschiedenen Fachaufsätzen zitieren zu können. Das ist für jeden, der semesterlang wissenschaftliche Arbeiten verfasst hat, eine ungewöhnliche Form des Schreibens: das Thema also hauptsächlich mithilfe des erworbenen Wissens zu bearbeiten – Namen, Daten, Fakten, Entwicklungen und Zusammenhänge aus der Erinnerung.

Häufig stehen in einer Abschlussklausur zwei bis drei Themen zur Wahl, von denen nur eines bearbeitet werden muss. Da die Prüfungsfragen dem Prüfling in der Regel im Wortlaut nicht bekannt sind, muss er in der Lage sein, seine Vorbereitung ad hoc so auszuwerten, dass er nicht am gewählten Thema vorbeischreibt. Daher verlangt eine Klausur eine besondere Vorbereitung.

- Die geeignete Klausurvorbereitung beginnt mit der Themenabsprache.

Wählen Sie auch für Ihre Klausur kein Themengebiet, in dem Sie sich nicht auskennen – positiv formuliert: Wählen Sie einen Bereich, in dem Sie sich zu Hause fühlen. Allgemein gilt: Ein übersichtliches, endliches, gut strukturierbares Themengebiet ist griffiger und sogar unter Klausurstress besser handhabbar als ein Bereich, der viele Fragen offenlässt. Lässt sich Ihr Thema überschaubar strukturieren, ist es in der Regel auch leicht aus der Erinnerung hervorzuholen.

- Es gibt verschiedene Wege der detaillierteren Vorbereitung.

Die Grundlagenarbeit ist immer gleich: Wenn Sie Ihren Themenbereich kennen, arbeiten Sie so, wie Sie es von

Ihren wissenschaftlichen Arbeiten her gewöhnt sind, beschränken sich aber auf Fachwörterbücher, Einführungen, Grundlagenwerke und ausgewählte Aufsätze in überschaubarer Anzahl. Lesen und exzerpieren Sie. Wörtliche Exzerpte haben für eine Klausur nicht den Rang, den sie für andere schriftliche Arbeiten haben, aber einige geflügelte Worte des Fachdiskurses können nicht schaden. Fertigen Sie nebenher eine Übersicht Ihres Themenbereiches an, indem Sie eine Mindmap als logische Karte zentraler Begriffe, Theorien und Namen zeichnen (s. dazu S. 65 ff.). Je nachdem, wie Sie arbeiten, könnte Ihre Klausurvorbereitung hier abgeschlossen sein. Anschließend sind zwei Wege denkbar:

a) Sie prägen sich Ihre Mindmap genau ein und entwickeln die Klausur erst beim Klausurtermin, indem Sie Ihre Karte aus der Perspektive der Themenstellung lesen. Die Klausur beginnen Sie mit einem Brainstorming. Entwerfen Sie dem Thema entsprechend auf einem Konzeptpapier eine Karte, die vielleicht weniger umfassend, aber an einigen Stellen genauer ist als die Ihrer Vorbereitung. Dann nummerieren Sie auf dieser Karte die einzelnen Stichpunkte und erhalten so eine erste Gliederung Ihrer Klausur. Hierfür sollten Sie Zeit einplanen. Schreiben Sie jetzt Ihren Text, wobei Sie das Abgehandelte auf der Karte abhaken. Lassen Sie beim Schreiben die erste Seite frei, sodass Sie am Ende der Klausurzeit hier die endgültige Gliederung mit dem Wortlaut Ihrer Kapitelüberschriften nachtragen können.

b) Sie können aber auch bereits in Ihrer Vorbereitung weiterdenken und eine allgemeine, immerwährende Gliederung und die dazugehörigen fertigen Kapitel entwerfen und vorschreiben. Ziel dabei ist es, den gesamten Text vorzuschreiben und auswendig zu lernen, sodass Sie sich während der Klausur nur noch erinnern müssen. Das ist jedoch riskant. Flexibler reagiert man auf Unbekanntes, wenn man Textblöcke vorbereitet, die man dann auf die konkrete Fragestellung hin kombiniert.

Welcher Weg der bessere ist, ob Sie die Klausur vorschreiben wollen oder nicht und ob Sie sich mit einer Mindmap anfreunden können, müssen Sie für sich entscheiden. Falls Sie zu denjenigen gehören, die von sich sagen, dass sie ein gutes akustisches Gedächtnis haben, können Sie auch mit einem Aufnahmegerät arbeiten und Ihr Manuskript oder Ihre thematisch gruppierten Stichworte aufsprechen und immer wieder abhören.

- Die geeignete Klausurvorbereitung endet mit einer Phase des Einprägens.

Egal, wie Sie sich vorbereiten: Beachten Sie beim Schreiben die Fragestellung und üben Sie, flüssig und trotzdem leserlich mit der Hand zu schreiben.

Sie sehen: Die Ziele, die mit Texten erreicht werden sollen, unterscheiden sich. Daher werden auch die Wege der Vorbereitung nicht immer dieselben sein. Sie sehen auch: Manchmal gibt es unterschiedliche, nahezu widerstreitende Erwartungen an das, was eine Textsorte leisten soll (deutlich wird dies bei Exzerpt und Essay).

Klären Sie vorab, was in einer Schreibaufgabe verlangt ist.

Das heißt: Legen Sie nicht einfach los, suchen Sie Beispiele oder Muster, an denen Sie sich orientieren können, befragen Sie Ihre Dozenten, wenn Sie unsicher sind bezüglich dessen, was mit einer Schreibaufgabe von Ihnen verlangt ist. Insbesondere für das Schreiben im Studium gilt: Es gibt keine dummen Fragen – nur die Dummheit, nicht zu fragen. Sie haben Ihr Studium nicht deshalb aufgenommen, weil Sie schon alles wissen oder alles können, sondern um zu lernen! Geben Sie sich die Möglichkeit dazu, indem Sie besonnen an Schreibaufgaben herangehen. Denn: Schreiben ist eine zentrale entwicklungsfähige Kompetenz, die Sie nicht nur im Studium, sondern auch im Berufsleben mit wechselnden Zielsetzungen nutzen können sollten.

2 Ein Thema finden

Sie haben sich dazu entschlossen, eine wissenschaftliche Arbeit zu schreiben. Das Thema ergibt sich aus einem Seminar, Sie haben den Dozenten nach dem Seminar angesprochen, er hat Ihrer Idee zugestimmt, Sie sind motiviert und möchten sofort loslegen – so weit, so gut. Dennoch sollten Sie nicht sofort in die Arbeit eintauchen, sondern kurz innehalten, um zu klären, was zu tun ist und wie Sie vorgehen sollten.
Dieses Kapitel bietet Ihnen Tipps und Hinweise dafür, wie Sie vorgehen können, und es will Sie darin unterstützen, Ihr wissenschaftliches Schreibprojekt professionell anzugehen.
Sie werden in diesem und in den folgenden Kapiteln viele Ideen kennenlernen, wie Sie Ihr Schreiben schreibend begleiten können, um sich doppelte Arbeit zu sparen oder Gedanken vorläufig festzuhalten – nicht jeden müssen Sie aufgreifen. Sie entscheiden, indem Sie die für Sie und Ihre Schreibaufgabe geeignete Vorgehensweise bestimmen.

2.1 Was vor Beginn zu klären ist

Fragen, die (man) sich zu Beginn stellen (sollte), helfen dabei, die Schreibaufgabe »wissenschaftliche Arbeit« einzuschätzen und zu ermessen, wie man die notwendigen Arbeiten organisieren und in einen Arbeitstag bzw. eine Arbeitswoche integrieren kann.

2.1.1 Was vor Beginn zu klären ist (I): Das Themengebiet

Das Thema sollte Sie und Ihre Fähigkeiten nicht überfordern. Sie sollten daher für eine schriftliche Arbeit kein Thema wählen, das Ihnen gänzlich unbekannt ist. Da die Einschätzung der eigenen Kenntnisse auf einem Gebiet nicht unbedingt leicht ist, sollten Sie sich im Rahmen eines Gesprächs mit dem Dozenten bei der Themenfindung beraten lassen. Sobald Sie ein Themengebiet ins Auge gefasst haben, machen Sie sich auf die Suche nach einem griffigen, für Sie fassbaren Aspekt dieses Themas. Ein erster Schritt dazu ist die Sichtung der Literatur: Die

Quellen, die Sie für die Bearbeitung Ihres Themas benötigen, müssen zugänglich sein.

Machen Sie sich schlau, bevor Sie einen Rat einholen.

Diese zugegebenermaßen pragmatische Vorüberlegung ist nicht zu unterschätzen. Sie sollten daher ein wenig recherchieren, den Buchbestand der Universitätsbibliothek und/oder Ihrer Stadtbibliothek prüfen und einige Texte anlesen, bevor Sie mit Ihrem Dozenten das Thema für Ihre schriftliche Arbeit absprechen. Dies ist in zweierlei Hinsicht hilfreich:

- Es ist durchaus möglich, dass Sie durch das Fehlen von Quellen an der kontinuierlichen Bearbeitung Ihres Themas gehindert werden. Sie sollten den Aufwand der Literaturbeschaffung abschätzen – dieser darf bei einer Abschlussarbeit größer sein.
- Ein effektives Sprechstundengespräch kann nur dann entstehen, wenn es eine gemeinsame Wissensbasis gibt. Ist eine solche nicht vorhanden, ergibt sich leicht eine Vortragssituation ohne einen Gedankenaustausch, sodass im Unklaren bleibt, ob beide Gesprächspartner dieselbe Vorstellung entwickelt haben oder entwickeln können.

Ehe Sie sich auf ein Thema festlegen (lassen), das für Sie nicht bearbeitbar ist (sei es, dass Ihnen die methodischen Grundlagen fehlen, sei es, dass die Literatur beispielsweise nur in einer Fremdsprache publiziert und daher für Sie nur unter erschwerten Bedingungen oder aus anderen Gründen nicht zugänglich ist), sollten Sie die Konsequenzen abschätzen und Alternativen erwägen. Eine Grundvoraussetzung für Ihre wissenschaftliche Arbeit ist es, dass Sie das Thema handhaben und damit auch einen Text zum Thema erarbeiten und beherrschen können.

Verschaffen Sie sich einen Überblick über das Thema.

Um den Überblick zu gewinnen, sollten Sie nun den Themenbereich strukturieren. Was gehört zum Thema? Welche Aspekte sind wie wichtig? Welche Fragen lassen sich stellen? Welche erscheint mir am aufschlussreichsten? Wie kann ich sie beantworten? ... Überlegungen wie diese sollte man vor Beginn des Schreibens und damit auch vor Beginn der Schreibvorbereitung anstellen. Um hier Antworten zu finden, gilt es, lesend einen Einblick in Zusammenhänge zu gewinnen, sich aus verschiedenen Perspektiven mit seinem Gegenstand zu beschäftigen und ihn einzuordnen. Man muss sich Wissen verschaffen bzw. sich das Wissen zum Thema, über das man bereits verfügt, bewusst machen. Denn bewusst wird in der Regel eher, dass man etwas nicht weiß.

Ordnen Sie jedes Thema in (s)einen Zusammenhang ein.

Selbst vermeintlich gut bekannte Themen bergen Neuigkeiten, wenn man sich intensiv mit ihnen beschäftigt – bei einem unbekannten Thema hingegen ist alles neu, es wird besonders schwer, zu fokussieren. Betrachten Sie Ihre Mindmap und versuchen Sie, Gründe und Ursachen, Folgen und Entwicklungen, historische Zusammenhänge, logische oder zeitliche Beziehungen, konkrete Beispiele oder Lehrmeinungen und Traditionen zu erkennen. Versuchen Sie mit Blick auf Ihr Erkenntnisinteresse, eine Fragestellung zu formulieren, die Ihr Filter für die Behandlung des Themas sein soll: Sie müssen Ihr Erkenntnisinteresse auf genau eine erkenntnisleitende Frage reduzieren können, ein ganzer Fragenkatalog würde allzu leicht Verschiedenes in den Blick nehmen.

2.1.2 Was vor Beginn zu klären ist (II): Die Textgestaltung

Wie soll der Text aussehen? Ist der Umfang vorgegeben? Welche formalen Vorgaben sind zu beachten? ... Fragen wie diese beeinflussen die gesamte Arbeit – sowohl die konzeptionellen Überlegungen als auch die praktische Ausführung der notwendigen Schritte. Um hier Antworten zu finden, sind Handreichungen des Prüfungsamtes, des Betreuers oder der Fakultät zu berücksichtigen. Sollte Ihnen keine konkrete Vorgabe gemacht werden, können Sie sich am Folgenden orientieren.

Entwerfen Sie ein Stylesheet.

Stellen Sie in einer Auflistung zusammen, welche Formatierungen und Formate Sie wofür nutzen. Machen Sie sich auch mit Ihrem Textverarbeitungsprogramm vertraut, denn es kann das Schreiben entlasten: Die Ansicht »Seitenlayout« und die Möglichkeit, Formatvorlagen für Überschriften und Zitate zu definieren, die automatische Erstellung von Seitenzahlen und Kopfzeilen, die vom übrigen Text unabhängige Fußnotenverwaltung sowie die manuelle Eingabe von Seitenumbrüchen erlauben es Ihnen, bereits beim Schreiben die Textgestalt zu beobachten. Damit Sie über lange Zeit hinweg für alle Kapitel Ihrer Arbeit bei einer Formatierungsroutine bleiben, ist es hilfreich, ein Stylesheet zu entwickeln und es nach und nach zu verfeinern. Indem Sie dies tun, können Sie kontrollieren, ob Sie Formatierungen trennscharf einsetzen und genau eine Formatierung für einen Zweck verwenden.

Lernen Sie Ihr Textverarbeitungsprogramm kennen.

Um sich nicht den Routinen des Textverarbeitungsprogramms auszuliefern, sollten Sie eingreifen und die Textverarbeitung mit einigen Handgriffen für Ihre Zwecke bzw. den gegebenen Anlass eichen: Machen Sie sich klar, wie man

- Kopfzeilen und Seitenzahlen einfügt (Ansicht, Kopf- und Fußzeile),
- Schriftgrößen verändert und Schriftauszeichnungen wie kursiv oder fett anwählt (Format, Schriftart),
- die Seite einrichtet (Format, Dokument, Seitenränder),
- Zeilenabstände einstellt (1,5-zeilig und 1-zeilig),
- Abstände nach Absatzmarken einfügt (nach Überschriften, nach kleiner gesetzten Zitaten),
- Absätze ausrichtet (Block- oder Flattersatz), zentriert und einrückt (Einzug links und rechts),
- manuelle Seitenwechsel erzeugt (Einfügen, Umbruch, Seitenumbruch),
- Tabulatoren definiert,
- Formatvorlagen definiert,
- Listen formatiert,
- aus Überschriften ein Inhaltsverzeichnis erstellt,
- die Suche-Ersetze-Funktion verwendet,
- die automatische Worttrennung einstellt und
- die Rechtschreibprüfung nutzt.

Wenn Sie die nötigen Routinen des Programms beherrschen, können Sie jederzeit auf den Inhalt konzentriert bleiben – das Textverarbeitungsprogramm sorgt sich um Zeilenumbrüche usw. Richten Sie sich Ihren Computer ein – das kann sogar motivierend sein.

So könnte eine Seite Ihrer wissenschaftlichen Arbeit aussehen

XUYABC GHIJKLMNOP 3

Xyzxy xyzxyzxyzxyzxyz: xyzxyzxyzxyzxyzxyz

Abc defghijkl mnopq rstuvxxyza. Bcdef ghijklm nopqrstuv-xxyzabc defghijk – imnopq rstuvxxyza bcd efghijkl mnopqrstuvxxy. Zabcdefg hijklm nopqrstuvxx yzabcdefghijklm nopqrs tuvxxyz abcdefgh jklmno. Pqrstuvxx yzabc defghijklmno, pqrstuv xxy zabcde fghijk, lmnopq stuvxxy zabcdefghijklmnop qrstuvxxyzabc.

1 Xyzxyz xyzxyzxyzxyz

Abcde fghijklmnopqr stuvxxyzabcde fghijklmn. Opqrstuv xxyzabcde fghijklmnopqrst abcdefghij – uvxxyz klmnopqr stuvxxyza – bcdefgh ijklmnopq rstuvxx. Yzabc defghij klmnopqr stuvxxyzabcdefghijklmnopqrstuvxxy. YZABCDEFG zabcde:

> „Fghijklm nopqrstuvxxyz **abcdefghijklmnopqrstuv** xxyzabcdefghijklmnopqrs tuvxx yza bc defghijklmnop qrstuvxxyz abcdefghijkl mnopqrstuvxx yzabcdefghijk lmnop qrstuv xxyzabcd efghijklm nopq rstuv xxyz.“[1]

Abcdef ghijklmnopqrs tuvxxyzabcd efghijkl mnopqr stuvxxy. Zabcdef, ghijklmn opqrstuv xxy, zabc defghijkl. Mnopqrst uvxxyza bcdefghijklm nopqrstuvxxyz abcdefg. Hijklmno pqrstuvx.

xyzab cdefgh ijklmno. yzabcd opqrstuvxxy zabcde-fghijklmn opqr stuvxxy: „[Z]abc defghijkl mnopq rstuvx xyzabc“ (YZABCDEFG 1999, 44), defg hijklmnopqrstuv xxyzaklmnopqr vxxy xxyz abcdefghijkl mnop.

Abcde fghijklmn opqrs tuvxxyzab cdefghijklmno pqrstuvxxy. Zabcde fghijklmn opqrstuv xxyzabc defghijklmn opqrstuvxxyzabcdefghijklmn opq. RSTU VXXYZABCD efghijklmno pqrstuvxxyz abcdefghijklm: *nopqrstuv*, *xxyzab*, *cdefghij*, klm nopqrstuvxx yzabcdefghijklm.[2] Nopqrstuvxxyz abcde fghijklmno pqrstuvxxyz abcdefg hijklmnopq rstuvxxyzab cde fghijk. lmn opqrs tuvxxyzab. cdefghijklm **nopqrstuvx** xyzab cdefghij klmnopqrstu. Vxx yzab cdefghijklm abcdefg hijklmnopqrs tuvxxyz:

- Abcde fghijk lmnop qrstuvxxyzabc defghijklmnopqrstuvxxy;
- zabcd efghijklmno pqrstuvxxyzabcdefg hijklmnopqrstuvxxyza bcdefghijklmn opqrstu;
- vxxyza bcdefghij klmnopq rstuvxxyzab cdefghijklmnopq rstuvxxyzabcdefghijkl.

Mno pqrst uvxxyzabc defghijklmno pqrstuvxxyza bcdefghijklmno pqrstuvxxyzabc, defghijhijklmn, opqrst uvxxy zabc defghijklm. Nopqrs tuvxxyza bcdefghidef

[1] YZABCDEFG, HIJKLMNO 1999: pqrstu vxxyzabcdefghijklmn. opqrstuvxxyzabcde: fghijklm, S. 88
[2] defg ijklmnopqr stuvxxyzabcdefgh ijklmno, pqr stuvxxyzab cdefghij. klmn opqr stuvx xyzabcde fghijkl mno pqrstu (vgl. XXYZA 1999).

Layout-Vorschlag
Das Layout einer Seite sollte Argumentation und Gedankenführung stützen. In der Kopfzeile des Textes kann zusätzlich zur Seitenzahl ein Kurztitel der Arbeit bzw. des jeweiligen Kapitels angegeben werden. Dies dient insbesondere bei umfangreichen Arbeiten der zusätzlichen Orientierung. Die abgebildete Seite ist wie folgt eingerichtet:

- Seitenrand: oben, unten, rechts 2 cm, links 4,5 cm
- Seitenzahlen: oben, rechts außen (das Deckblatt wird nicht mitgezählt, das Inhaltsverzeichnis wird gezählt, aber nicht nummeriert)
- Textschrift: 12 pt.; 1,5-zeilig
- Kapitelüberschrift: 14 pt.; fett; 2 Zeilen Abstand zum Text (oder zur nächsten Überschrift)
- Unterkapitelüberschrift: 12 pt.; 1 Zeile Abstand zum Text
- kurzes Zitat im Text: wie Textschrift in Anführungszeichen
- längeres Zitat als Block: 1 cm Einzug rechts und links; 10 pt.; Blocksatz; 1-zeilig
- Fußnotentext: 10 pt.; 1-zeilig (die Fußnoten werden hochgestellt und im gesamten Text durchnummeriert, Textverarbeitungsprogramme machen das über »Einfügen, Fußnote« automatisch)
- Eigennamen: Kapitälchen
- zentrale Begriffe (nur bei der ersten Nennung): fett
- erster Quellenbeleg: ausführliche Angabe in der Fußnote: Name, Vorname Jahr: Titel. Untertitel. Aufl. Ort(e): Verlag, Seite
- weiterer Quellenbeleg: Kurzbeleg (Name Jahr, Seite) im Text
- Kopfzeile: 10 pt.; linksbündig Kurztitel, rechtsbündig Seite

Nutzen Sie Formatvorlagen – und: Geben Sie Ihrem Text ein Gesicht, indem Sie durch Absätze (einfache Zeilenwechsel) und Abschnitte (doppelte Zeilenwechsel) einerseits die aufeinander aufbauenden Gedankenschritte und andererseits aufeinanderfolgende Gedankengänge deutlich machen.

Die Bestandteile einer wissenschaftlichen Arbeit

- Titelblatt: enthält oben links (in regulärer Schriftgröße 12 pt.) Angaben über den Studienort (Universität), Zeit (Semester), Titel des Seminars und Leiter des Seminars (entfällt bei Abschlussarbeiten, die keinem Seminar zugeordnet sind), mittig (Schriftgröße 14 pt., Fettdruck): Titel der Arbeit, Art der Arbeit (Seminararbeit im Grund-/Hauptstudium), unten rechts (oder zentriert): Name des Verfassers, Studiengang, Fachsemester, Adresse, Telefonnummer, E-Mail-Adresse, Abgabedatum
- Inhaltsverzeichnis: besteht aus der Auflistung der hierarchisch nummerierten Kapitelüberschriften und der Seiten, auf denen die Kapitel beginnen
- Text: ist in Kapitel gegliedert; jede Arbeit sollte mit einem einleitenden Kapitel (Einleitung) beginnen und mit einem zusammenfassenden Kapitel schließen (Schluss)
- Literaturverzeichnis: alphabetisch geordnete Liste der zitierten Literatur (als Kapitel der Arbeit im Inhaltsverzeichnis ausgewiesen); hier werden Monografien nach dem Muster *Name, Vorname Jahr. Titel. Untertitel. Erscheinungsort: Verlag* angegeben. Für Aufsätze und Internetquellen wird das Muster entsprechend angepasst (s. S. 84 ff.)
- Selbstständigkeitserklärung: Eidesstattliche Erklärung, die bei schriftlichen Seminar- und Abschlussarbeiten obligatorisch ist; diese ist handschriftlich zu unterzeichnen

Darüber hinaus können der Arbeit in einem Anhang Bildmaterial, Fragebögen, verschriftete Interviews, Statistiken, Zeichnungen oder sonstige Materialien beigefügt werden, die im Haupttext nicht untergebracht werden konnten, zur Veranschaulichung der Thesen und Argumente jedoch von Bedeutung sind. Auch ein Tabellen- und Abbildungsverzeichnis kann ergänzt werden. Wird ein gewisser Seitenumfang gefordert, zählen diese Zusätze nicht mit.

2.1.3 Was vor Beginn zu klären ist (III): Zeitfenster

Wenn Sie eine Seminararbeit verfassen wollen, müssen Sie Zeit zum Schreiben haben – das wissenschaftliche Schreiben ist eine Hauptaufgabe und lässt sich nicht wie Simsen, Bloggen oder Chatten nebenbei erledigen. Sie brauchen Zeit. Daher sollten Sie, insbesondere dann, wenn Sie eine Prüfungsarbeit mit Abgabetermin anzufertigen haben, Freiräume zum Schreiben schaffen. In einem ersten Schritt sollten Sie über Folgendes Klarheit gewinnen:

- Wann ist der Abgabetermin? – Die Antwort auf diese Frage ist nicht nur deshalb wichtig, weil sie den Zeitraum bestimmt, in dem Sie Ihre Arbeit fertigstellen müssen, sondern auch, weil die Abgabemodalitäten hiermit im Zusammenhang stehen: Gilt der Poststempel? Wo kann man die Arbeit persönlich abgeben, zu welchen Öffnungszeiten? Gibt es einen Briefkasten beim Prüfungsamt oder einen zentralen Nachtbriefkasten, den man nutzen kann, um den Tag der Abgabe im Notfall einbeziehen zu können?
- Wie muss die Arbeit abgegeben werden? – Die Antwort auf diese Frage gibt Ihnen Hinweise darauf, wie viel Zeit Sie für die Aufbereitung des Textes einplanen müssen: Sind mehrere Exemplare einzureichen? Sollen sie gebunden oder geheftet sein? Ist zusätzlich eine digitale Version abzugeben? In welcher Form?
- Wo wollen Sie die Arbeit ausdrucken? Zu Hause? Ist ausreichend Papier da, wie ist der Füllstand der Druckerpatrone? Im Copyshop? In welcher Form wird hier die Datei benötigt? Wie sind die Öffnungszeiten?

Klären Sie frühzeitig die letzten Schritte.

Diese Fragen zu Beginn zu stellen, ermöglicht es, eine genaue Vorstellung davon zu gewinnen, wie der Endspurt Ihres Arbeitsprozesses ablaufen kann und ob Sie hier einen Plan B anwenden können. Sollten Sie erst in der Schlussphase anfangen, entsprechende Antworten zu suchen, kann es zu spät sein. Wenn Sie Ihre Arbeit nicht vom eigenen Rechner aus ausdrucken, empfiehlt es sich, einen PDF-Writer zu installieren. Und noch eins sollten Sie ins Auge fassen: Fangen Sie frühzeitig an, die Technik einzurichten und zu nutzen – nicht die Technik sollte Sie, sondern Sie die Technik beherrschen. Auch hierbei hilft Routine.

Räumen Sie Ihrer wissenschaftlichen Arbeit Zeit ein.

In einem zweiten Schritt sollten Sie klären, wie eine typische Woche in dem Zeitraum, in dem Ihre wissenschaftliche Arbeit anzufertigen ist, aussieht. Als Leitfragen hierfür können Ihnen die folgenden dienen:

- Was ist in dem Zeitraum der Seminararbeit außerdem zu erledigen?
- Welche dieser Aufgaben sind dringend/haben einen unaufschiebbaren Termin? Welche sind mir sehr wichtig, welche weniger wichtig?
- Welche Termine sind regelmäßig (Job, Familie, Sport, Essen ...)?
- Welche Termine sind variabel (Haushalt, Einkaufen ...)?
- Gibt es Zeitpuffer für Unerwartetes?
- Bleibt mir Freizeit für Entspannung und Sport?
- Zu welcher Tageszeit ist meine Konzentration am höchsten? Wie lange bin ich wirklich konzentriert?

Teilen Sie Ihrer wissenschaftlichen Arbeit sinnvoll Zeit zu.

Für das Schreiben, aber auch schon für das Recherchieren und Lesen benötigen Sie Zeit – nicht nur Zeit an sich, sondern auch und vor allem Zeit am Stück. Ein Bibliotheksbesuch unter Zeitdruck wird dazu führen, dass Sie einerseits alles ausleihen oder kopieren, was verfügbar ist, und so zum einen Unbrauchbares einsammeln, Ballast, der Sie belastet, und andererseits nicht rechts und links schauen und so Hilfreiches nicht in den Blick bekommen. Das Beispiel zeigt, wie wichtig eine realistische Zeitplanung ist, wenn man die verfügbare Zeit effektiv nutzen will. Seien Sie also ehrlich mit sich:

- Versuchen Sie, Zeitfenster von mindestens zwei, besser vier bis fünf Stunden zu finden, zu reservieren und zu verteidigen. Eine Stunde ist bereits für einen Bibliotheksbesuch zu Recherchezwecken knapp kalkuliert, wenn Sie frei denken, lesen oder schreiben wollen, benötigen Sie mehr Zeit.

- Stellen Sie sich einen Wecker, sodass Sie die Zeit, die Ihnen zur Verfügung steht, nutzen können, ohne der Uhrzeit besondere Aufmerksamkeit zu widmen.
- Bringen Sie Regelmäßigkeit in Ihre Arbeitswoche, machen Sie sich Ihren Stundenplan, in dem Sie Ihre Aufgaben notieren. Ideal ist es, wenn Sie täglich oder an jedem zweiten Tag Raum für Ihre Arbeit einplanen können: So können Sie zügig Ihren eigenen Rhythmus finden und schnell eine Routine entwickeln.
- Nicht immer brauchen Sie Schreibzeit. Bedenken Sie auch, dass Sie die Bibliothek besuchen wollen und die Texte, die Sie auswählen, lesen und bearbeiten wollen.
- Schaffen Sie Zeiträume, in denen Sie effektiv arbeiten können. Es nützt Ihnen nichts, abends vier Stunden Zeit zu haben, wenn Sie nach ereignisreichen Tagen müde und unkonzentriert sind. Vielleicht müssen Sie auch darüber nachdenken, ein Hobby hintanzustellen oder im Nebenjob für eine Weile kürzerzutreten – dann wird Ihnen besonders deutlich, was es heißt, Zeit zu investieren.

Für die Dauer Ihres Schreibprojektes »wissenschaftliche Arbeit« müssen Sie in der Regel Ihre Prioritäten neu setzen: Sie können nicht alle Ihre lieben Gewohnheiten und sonstigen Verpflichtungen in vollem Umfang beibehalten und Ihre wissenschaftliche Arbeit vorantreiben. Der Tag hat vierundzwanzig Stunden – die gilt es fair zu verteilen und effektiv zu nutzen.

Versuchen Sie, Zeitdruck zu vermeiden.

Zeitdruck entsteht nur allzu leicht, weil Wege mehr Zeit beanspruchen als veranschlagt (mussten Sie sich wirklich um 16 Uhr in der Rushhour in Richtung Bibliothek aufmachen?), Wartezeiten nicht eingeplant wurden (die Schlange beim Bäcker, beim Kopierer, beim Ausleihschalter ...) oder Tätigkeiten mehr Zeit beanspruchen als gedacht (Fehleinschätzungen kommen häufig beim Lesen und beim Schreiben vor: Nicht jeder Text ist in gleicher Weise geschrieben, manchmal dauert es doppelt so lange, 20 Seiten zu lesen; nicht an jedem Tag schreibt man in gleicher Weise flüssig, s. S. 170 ff.). Schauen Sie einfach mal auf die Uhr, um festzustellen, wie lange Sie wofür benötigen und wann Ihre Konzentration für wissenschaftliches Arbeiten ideal ist.

Beobachten Sie sich selbst: Führen Sie ein Logbuch.

Hilfreich kann es sein, ein Logbuch oder Journal anzulegen, in das man seine individuellen Vorgehensweisen und Beobachtungen einträgt.

Ein Logbuch führen

Wie ein (Lern-)Tagebuch ist das Logbuch oder Journal zur Seminararbeit ein Werkzeug des Denkens. Es ist ein Text, der dazu dient, Erlebtes und Beobachtetes festzuhalten und zu verarbeiten. Das Logbuch (es kann ein besonderes Notizbuch, ein einfaches Heft oder aber auch eine entsprechend benannte Datei sein) zeigt Ihnen Ihre Arbeitsschritte. Notieren Sie mit Datum versehen in chronologischer Folge Ihre Beobachtungen zu Ihrer wissenschaftlichen Arbeit:

- Grundannahmen
- Einfälle
- Überlegungen
- Fragen
- Zweifel
- Enttäuschungen
- Schlussfolgerungen
- Entscheidungen

Da das Logbuch nur vom Verfasser selbst gelesen wird, kann und sollte er sich ehrlich Rechenschaft darüber ablegen, welche Schritte er im Zusammenhang mit der Seminararbeit gegangen ist, was er dabei herausgefunden hat und wie er über beides denkt.

Im Logbuch notieren Sie also Ihre persönlichen Einschätzungen zusammen mit neuen Erkenntnissen, verheißungsvollen Literaturhinweisen und Kommentaren zur Brauchbarkeit von Texten und Recherche-Instrumenten. In regelmäßigen Einträgen dokumentieren Sie bezogen auf Ihre aktuelle Arbeit Fortschritte wie Rückschritte und gewinnen so eine Übersicht über den Verlauf des Arbeitsprozesses. Mithilfe des Logbuchs können Sie sich jederzeit (auch in Zeiten eines vermeintlichen Stillstands) darüber vergewissern, dass Sie am Ball geblieben sind, wie Sie zu bestimmten Entscheidungen kamen und aus welchem Grund Sie einen bestimmten Text nicht weiter berücksichtigt haben.

Damit das Logbuch oder Journal seinen Namen zu Recht trägt, verlangt es tägliche Einträge:

- Das Logbuch ist ein Text, den Sie für sich selbst schreiben – hier formulieren Sie persönliche Einschätzungen als solche und daher in der Ichform. Formulieren Sie Urteile, Kritik und Wertungen aus, nur so können Sie sie beim späteren Lesen nachvollziehen. Wenn Sie möchten, können Sie im Journal auch mal schriftlich schimpfen ...
- Schreiben Sie an jedem Arbeitstag einen neuen Eintrag – auch wenn Sie annehmen, nichts Besonderes erarbeitet zu haben, sollten Sie dokumentieren, was Sie gemacht haben. Im Rückblick kann auch ein vermeintliches Auf-der-Stelle-Treten von Bedeutung sein oder eine Nichtigkeit spannende Fragen aufwerfen.
- Das Schreiben im Logbuch entschleunigt einerseits das Denken und kann andererseits neue Ideen produzieren: Nutzen Sie dieses Potenzial des Schreibens, um im Auge zu behalten, warum Sie sich womit beschäftigen und welche Überlegungen sich daraus ergeben.

Führt man ein Logbuch in Form eines Notizbuchs, hat das nicht nur den Vorteil, dass man das Notizbuch immer mit sich führen kann, sondern mit jeder neu begonnenen Seite wird auch augenscheinlich, dass man gearbeitet hat: Das Notizbuch füllt sich. Nutzen Sie dieses Instrument, um sich selbst zu beobachten, insbesondere dann, wenn Sie unzufrieden mit ihren Arbeitsergebnissen sind: Ob Ihre Arbeit in großen oder kleinen Schritten vorangeht, ob geradlinig oder auf Umwegen, lässt sich durch Lektüre des Logbuchs ebenso nachvollziehen wie Lücken im Gedankengang oder Holzwege. Wenn Sie sich offen im Logbuch über ursprüngliche Pläne und das, was tatsächlich passiert ist, äußern, können Sie erkennen, wie verbindlich Sie sich selbst gegenüber handeln – und gegebenenfalls nachjustieren.

2.2 Den Überblick gewinnen: Die allgemeine Recherche

Ihre erste Recherche dient dazu, sich Ihren Standort klarzumachen, indem Sie sich einen Überblick über das Themengebiet erarbeiten.
Beginnen Sie bei den allgemeinen, leicht lesbaren, informierenden, eher kurzen Texten (Artikel in Enzyklopädie, Fachlexikon, Handbuch) und mit Kapiteln in Einführungswerken. Arbeiten Sie nicht ausschließlich von zu Hause aus im Internet, sondern besuchen Sie eine Bibliothek – in Bibliotheken sind die allgemeinen Nachschlagewerke in der Regel leicht in den jeweils vorderen Regalen zugänglich. Das Nachschlagen und Blättern in Lexikon und Handbuch macht Ihnen im Sinne des Wortes be-greiflich, wie weitläufig und umfassend Themen sein können und dass sie eingegrenzt werden müssen (Sie also eine Forschungsfrage bzw. ein Erkenntnisinteresse benötigen).

Nutzen Sie für Ihre erste Vorbereitung gezielt bestimmte Textsorten.

2.2.1 Den Überblick gewinnen (I): Die Mindmap

Eine **Mindmap** (ins Deutsche übersetzbar mit »Bild im Kopf«) verdeutlicht die Struktur eines Themengebietes, verschiedene Bereiche und Komponenten sowie die Zusammenhänge zwischen ihnen. Vom Zentrum des Blattes ausgehend werden an Ästen und Zweigen Themen und Aspekte notiert. Schritt für Schritt werden beim Lesen wie in einer Karte Teilgebiete eingetragen, ebenso Verbindungen zwischen verwandten Gebieten.
Der Vorteil eines solchen, nicht auf den Linien des Papiers geschriebenen Dokuments liegt darin, dass es die Strukturiertheit des Themenbereichs veranschaulicht – eine beim

Lesen nach und nach erstellte Liste würde eine Ordnung suggerieren, die zwar der Chronologie der Erarbeitung, aber nicht notwendigerweise auch der Ordnung des Themengebiets entspricht.

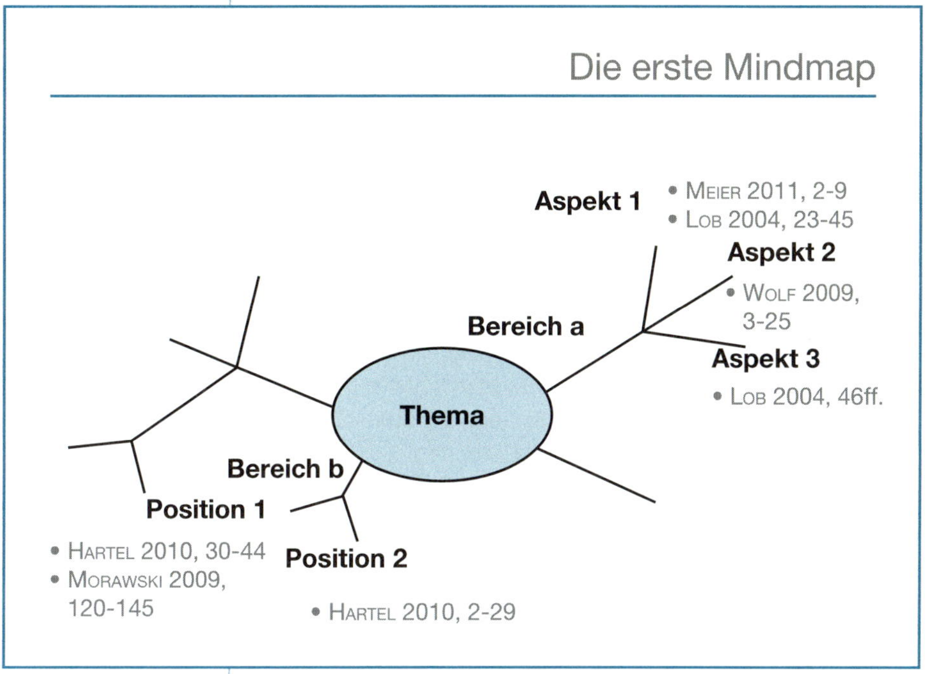

Abb. 2: Erste Mindmap zur Vorbereitung einer wissenschaftlichen Arbeit

Den Aspekten und Teilbereichen lassen sich auch Literaturangaben zuordnen, sodass sich eine Mindmap auch als Einstieg in den zweiten ausführlichen Leseprozess nutzen lässt. In Form eines Überblicks bietet die Mindmap eine Grundlage für die Entwicklung einer Fragestellung und einen ersten Gliederungsentwurf, der helfen kann, eine schlüssige Gliederung der Arbeit zu entwickeln.

Fassen Sie die Ergebnisse Ihrer ersten Orientierung in einer Mindmap zusammen.

Ziel Ihrer ersten, auf die groben Zusammenhänge gerichteten, orientierenden Suche ist es, einen Überblick über das Thema zu gewinnen, um im Anschluss eine im Rahmen Ihrer wissenschaftlichen Arbeit bearbeitbare Fragestellung zu formulieren.

Wenn man a) ein Thema kennenlernen oder b) sich in ein Thema einarbeiten will, empfiehlt es sich, systematisch zu lesen. Dazu gehört es, Texte nicht wahllos zu rezipieren, sondern ihre Ausrichtung (die deutlich wird durch ihre Textsorte) zu berücksichtigen und die Texte in geeigneter Folge einerseits und angemessener Intensität andererseits zu bearbeiten.

2.2.2 Den Überblick gewinnen (II): Orientierendes Lesen

Ein allgemeines Lexikon bietet andere Informationen als eine themenbezogene Einführung oder ein Aufsatz in einer Fachzeitschrift.

Für eine erste Orientierung leisten Lexika, Fachwörterbücher, Handbücher und Einführungen gute Dienste. Auf der Basis eines ersten schnellen, aber doch systematischen Überblicks können Sie ein Erkenntnisinteresse entwickeln und eine Fragestellung formulieren, die es Ihnen erlaubt, die übrigen zu lesenden Texte (Monografien, Aufsätze in Sammelbänden oder Fachzeitschriften) ausführlicher und gründlicher zu bearbeiten.

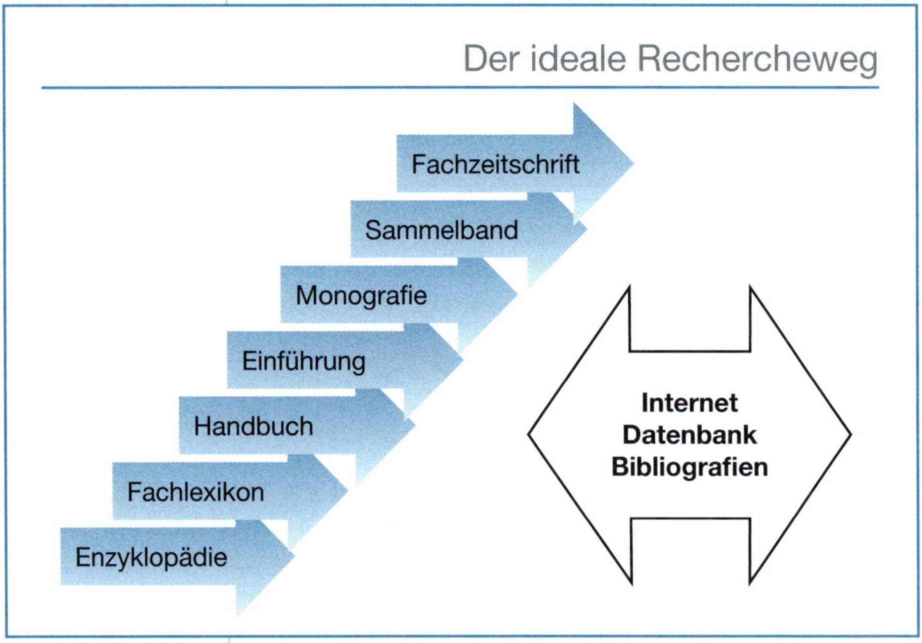

Abb. 3: Der ideale Rechercheweg zur Vorbereitung einer wissenschaftlichen Arbeit

Der ideale Rechercheweg – zugleich eine kleine Bücherkunde

Im Folgenden werden die charakteristischen Textsorten wissenschaftlichen Lesens in einer Reihenfolge vorgestellt, die sich für die Themenauswahl und Themeneingrenzung anbietet: Es empfiehlt sich, mit allgemeiner, überschaubarer Literatur anzufangen, um sich dann über die Recherche und das Lesen zunehmend spezifischerer Texte in ein Thema einzuarbeiten.

Allgemeines Lexikon

Die Erklärungen verschiedener Begriffe, die für ein Thema relevant sein könnten, sind in einem allgemeinen Lexikon von alltagsweltlicher Natur. In Lexika und Enzyklopädien wird das Wissen einer Zeit abgebildet. Das Lexikon erlaubt einen ersten Überblick über Aspekte eines Begriffes und zeigt, dass einige Begriffe in unterschiedlichen Bereichen Verwendung finden können. Über einen grundlegenden Einstieg in ein Thema hinaus bietet ein allgemeines Lexikon häufig Literaturhinweise. Artikel und Definitionen allgemeiner Lexika sind nur bedingt zitierfähig.

- Lexika bilden Alltagswissen ab, nutzen Sie sie nur für eine erste Orientierung: Prüfen Sie auch die Querverweise!
- Berücksichtigen Sie auch vorhergehende und nachfolgende Stichwörter – welche gehören in den von Ihnen gewählten Zusammenhang?
- Achten Sie auf die Struktur der Artikel, sie bietet Anhaltspunkte für Teilaspekte eines Themas.

Fachlexikon

Fachwörterbücher bilden Fachwissen ab, sie verdeutlichen die Struktur eines Themas aus der fachlichen Perspektive. In Fachlexika, Fachenzyklopädien bzw. Fachwörterbüchern finden sich Definitionen und Artikel zu den Termini einer bestimmten wissenschaftlichen Disziplin.

Diese sind in der Regel detaillierter als Artikel in allgemeinen Lexika. Darüber hinaus ermöglicht die komplexe Verweisstruktur die Erstellung von Begriffssystemen.
Über die fachspezifische Information hinaus verweist ein Fachlexikon auch auf weitere Literatur – Standardwerke, Klassiker, wissenschaftliche Aufsätze und weiterführende Bibliografien. Einige Fachwörterbücher bieten auch Hinweise zum Gebrauch der Termini und Übersetzungen.

- Nutzen Sie auch Lexika benachbarter Fachgebiete dazu, absichernde Bezüge herzustellen. Wenn es beispielsweise um die Themenformulierung oder Themeneingrenzung geht, kann ein Fachlexikon einer Nachbardisziplin sehr hilfreich sein.
- Prüfen und vergleichen Sie Definitionen in verschiedenen Fachwörterbüchern einer Disziplin und – wo es sich anbietet – in Fachwörterbüchern von Nachbardisziplinen.

Handbücher

Handbücher sind Nachschlagewerke zu einem bestimmten Sachgebiet, hier werden wesentliche Gegenstände und Erkenntnisse eines Faches in Form von Artikeln oder Aufsätzen dargestellt. Diese können alphabetisch geordnet oder dem Gegenstand entsprechend strukturiert sein.

- Handbücher ermöglichen einen Überblick über Inhalte und Schwerpunkte eines Sachgebiets, die Artikel sind ausführlicher, erklärender als (Fach-)Lexikonartikel.
- Auch hier finden Sie weiterführende Literatur. Wenn diese im Handbuchartikel wörtlich zitiert wurde, haben Sie einen ersten Eindruck und vielleicht sogar Anknüpfungspunkte für die Lektüre.

Einführungen

Einführungen bieten Informationen zu einem Thema in verständlicher Form. Sie erklären Begriffe im Kontext und entwickeln Zusammenhänge. Die Lektüre einer Einführung ermöglicht die Einordnung eines Themas innerhalb einer Disziplin, daher empfiehlt sich die Lektüre einführender Literatur als Einstieg in die Themenabgrenzung. Die verschiedenen Dimensionen eines Themas werden genauso aufgezeigt wie weitere Literatur, die einzelne Themenaspekte vertieft darstellt.

- Unter Stichwörtern wie »Einführung« oder »Studienbuch« kombiniert mit einem themenspezifischen Begriff kann man auch im Katalog recherchieren.
- Erkundigen Sie sich nach den einschlägigen Einführungen – sammeln Sie Literaturlisten aus Seminaren und sichten Sie Vorlesungskommentare! Dies ist online auch jenseits der eigenen Hochschule möglich.

Einführungswerke sind deshalb so interessant, weil sie regelmäßig auf den aktuellen Stand gebracht werden und in der Absicht verfasst sind, Studienanfängern das Fach und die fachlichen Erkenntnisinteressen verständlich zu machen. Sie können so (auch wenn Sie an Ihrer Abschlussarbeit oder auch Dissertation arbeiten) leicht nachprüfen, ob Sie sich in Ihrer Mindmap ein treffendes Bild der Zusammenhänge erarbeitet haben.

Bibliografien

Bibliografien sind Verzeichnisse von Literaturnachweisen. Diese können nach verschiedenen Gesichtspunkten gestaltet sein:

- Es gibt themenspezifische Bibliografien, die einen umfassenden Überblick über die Arbeiten zu einem Themengebiet bieten. Insbesondere Studienbibliografien verzeichnen Einführungen, Standardwerke und Klassiker ebenso wie spezielle Literatur zu detaillierten Fragestellungen in systematischer Ordnung. Ergänzend findet sich in der Regel ein einführendes Kapitel, das den Aufbau der Bibliografie und somit die Strukturierung des Themengebietes aufzeigt.
- Es gibt auch Bibliografien, die die in einem bestimmten Zeitraum zu einem bestimmten Themengebiet oder in einem bestimmten Fachgebiet erschienenen Arbeiten verzeichnen.

Bedenken Sie: Eine Bibliografie kann nur den Forschungsstand erfassen, der zu ihrem Erscheinungstermin publiziert war. Es lohnt sich also, verschiedene Bibliografien zu konsultieren und darüber hinaus selbst zu recherchieren. Und noch ein Hinweis: Bibliografien sind auf den ersten Blick endliche Verzeichnisse – dasselbe gilt für Datenbanken. Auch hier ist nur auffindbar, was verzeichnet ist. Daher sollte man a) sich darüber informieren, wie eine Datenbank aufgebaut ist, und b) verschiedene Datenbanken nutzen (s. dazu ausführlicher S. 86).

Monografien

Monografien sind wissenschaftliche Darstellungen eines in sich geschlossenen Gegenstandes. Monografien können zu allgemeinen oder sehr spezifischen Themen geschrieben worden sein und somit entweder einen Überblick über oder genauere Einblicke in ein Thema geben. In der Regel sind Monografien von einem Autor oder Autorenteam verfasst – anders als Sammelbände. Monografien sind also Bücher, die von der ersten bis zur letzten Seite einer Fragestellung gewidmet sind (und insoweit Bücher im eigentlichen Sinne). Monografien können Dissertations- oder Habilitationsschriften sein, die auf der Grundlage jahrelanger Forschungsarbeit verfasst wurden – entsprechende Hinweise finden Sie in der Titelei.

Aufsätze in Sammelbänden

In Sammelbänden finden sich Aufsätze meist verschiedener Autoren, die von einem oder mehreren Herausgeber(n) zusammengestellt wurden und bestimmte Aspekte eines Themas erörtern. Die Aufsätze haben den Vorteil, dass sie Informationen sehr komprimiert vermitteln. Dafür ist der erörterte Gegenstand nicht selten entsprechend speziell. Wenn man mit einem Thema schon vertraut ist, bieten sie deshalb eine sinnvolle Informationsquelle.

Aufsätze in Sammelbänden (zu denen auch Kongressakten und Tagungsbände gehören) eröffnen oft ungewöhnliche Perspektiven auf ein Thema, sodass man gute Anregungen für die eigene Bearbeitung eines Themas bzw. für die Themeneingrenzung gewinnen kann. Eine besondere Form von Sammelbänden sind Festschriften, die zu Ehren eines Jubilars herausgegeben werden. Oft werden Aufsätze zu einem Rahmenthema geschrieben (das dem Lebenswerk des Jubilars nahesteht).

Fachzeitschriften und Jahrbücher
Wie Aufsätze in Sammelbänden sind auch die in Zeitschriftenaufsätzen enthaltenen Informationen sehr komprimiert. Aufsätze in Fachzeitschriften richten sich jedoch nicht notwendigerweise nur an ein kleines Fachpublikum. In Zeitschriftenaufsätzen präsentieren die Autoren oft neue Thesen und Ideen zu einem Thema und stellen sie zur Diskussion. Nicht selten lassen sich in den verschiedenen Bänden wissenschaftliche Diskurse in Form von Antworten auf Artikel nachvollziehen. Aufsätze in Fachzeitschriften sind aktuelle Texte und bieten neue weiterführende Literatur – viele Zeitschriften erscheinen vierteljährlich. Jährlich erscheinende Veröffentlichungen von Institutionen werden als Jahrbücher bezeichnet. Hier finden Sie Aufsätze und Forschungsberichte zu aktuellen Fragestellungen oder Rahmenthemen, aber auch Tagungsberichte u. Ä. Zeitschriftenaufsätze können in der Digitalen Bibliothek recherchiert werden. Die Aufsatzdatenbank JADE (Journal Article Database) beispielsweise enthält eine Auswertung von ca. 20.000 international erscheinenden Zeitschriften aller Fachrichtungen. Die Aufsätze können u. a. über ein Titelstichwort oder nach Verfassernamen gesucht werden.

- Verschaffen Sie sich einen Überblick über die Zeitschriften und Jahrbücher Ihres Faches.
- Stöbern Sie in den neueren Bänden einiger Fachzeitschriften, um einen Einblick in die Themen zu gewinnen, die in Ihrem Fach behandelt werden.

- In Zeitschriften finden Sie auch Rezensionen, Besprechungen neu erschienener Bücher, die erste Anhaltspunkte für deren Einordnung liefern.

Tipp: Stellen Sie sich den Text Ihrer wissenschaftlichen Arbeit als Aufsatz vor, der in einer Fachzeitschrift erscheinen würde, als einen an ein interessiertes Fachpublikum gerichteten Text von fünfzehn bis zwanzig Seiten, der im Rahmen eines allgemeinen Themas eine bestimmte Fragestellung behandelt. Achten Sie beim Lesen von Zeitschriftenartikeln darauf, wie die Autoren dort Bezüge zur Forschungsliteratur herstellen und mithilfe von Verweisen Zusammenhänge deutlich machen.

Wörterbücher

Wörterbücher verzeichnen den Wortschatz einer Sprache – in der Regel in alphabetischer Folge. Neben Rechtschreibwörterbüchern gibt es Fremdwörterbücher und Universalwörterbücher, die den Wortschatz erklären und auch Angaben über die Aussprache und die Verwendung von Wörtern enthalten können.

Insbesondere ein Rechtschreibwörterbuch, aber auch Synonymwörterbücher (in denen bedeutungsähnliche Wörter verzeichnet sind) und Stilwörterbücher sollten Sie in Etappe 7 (Korrigieren) einsetzen. Sie gelten als Handwerkszeug und werden im Literaturverzeichnis nicht aufgeführt – es sei denn, sie wurden wörtlich zitiert. Unter www.duden.de können Sie online nachschlagen.

Ergänzen und erweitern Sie Ihre Mindmap beim Lesen sukzessive.

Die erste allgemeine Recherche leitet die Erarbeitung einer ersten Mindmap ein, die schrittweise ausdifferenziert zu einer Überblicksmindmap wird. Allgemeine Nachschlagewerke liefern die Hauptäste, speziellere die Zweige, Kapitel in Monografien und Aufsätze die Zweige der Zweige. Literaturhinweise lassen sich an den Enden in Form von Kurzbelegen notieren.

Das Anfertigen einer Mindmap dient dem individuellen Erkenntnisprozess (die Map bildet in gewisser Weise das

Bild ab, das man sich während des Lesens/Lernens gemacht hat) – daher kann jeder seine eigene Mindmap sehr gut verstehen und muss sich in die eines anderen schrittweise eindenken. Ob Sie Ihre Mindmap von Hand oder mithilfe eines Computerprogramms anfertigen, ist eine Frage der Vorliebe – jedoch sollten Sie, wenn Sie den Computer nutzen, verschiedene Versionen Ihrer Mindmap speichern, damit Sie im Fall des Falles auf eine ältere Version zurückgreifen können.

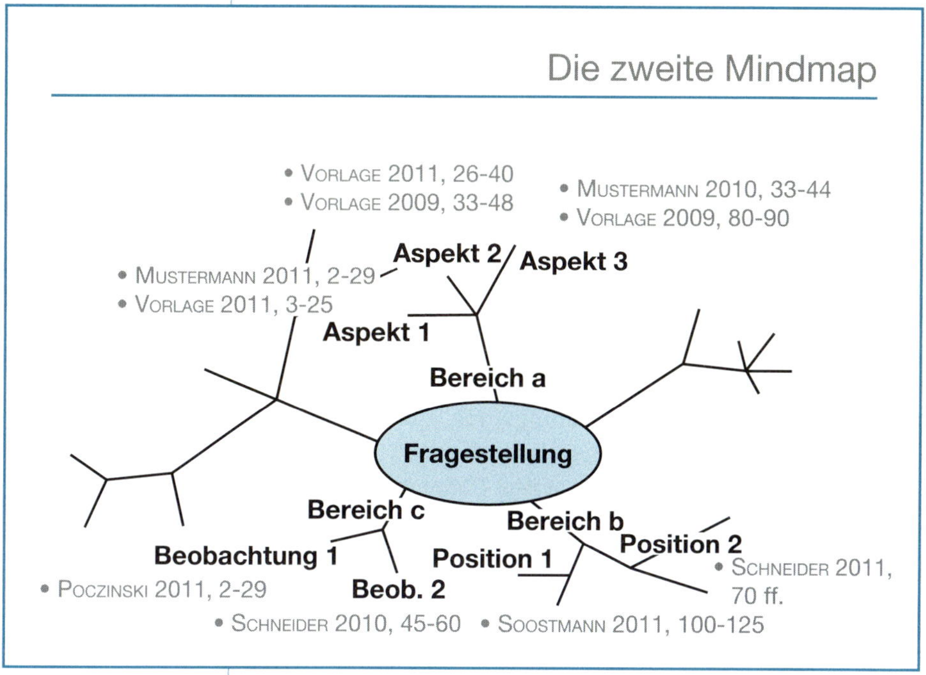

Abb. 4: Erweiterte Mindmap

Mindmaps sind in erster Linie persönliche Dokumente.

Das Bild und damit auch die Mindmap werden sich während der Textvorbereitung mehrfach ändern. Die Mindmap wird ergänzt, erweitert, gegebenenfalls umstrukturiert oder geteilt. Das Entdecken neuer Zusammenhänge kann auch eine neue Mindmap erforderlich machen, bei der eventuell Teile der alten ausgeblendet werden.

Nutzen Sie Ihre Mindmap, um eine Fragestellung zu ermitteln, die den Textinhalt bestimmt.

Die Überblicksmindmap dokumentiert den ersten Schritt Ihres wissenschaftlichen Erkenntnisprozesses. Indem Sie in direktem Bezug auf Themenaspekte auch einschlägige Publikationen registrieren, gewinnen Sie Schritt für Schritt einen Überblick sowohl über den Themenbereich als auch über bestehende Forschungsansätze und -interessen. Auf diese Weise können Sie beobachten und nachvollziehen, dass Sie nicht nur ein Wissen über Zusammenhänge und Teilaspekte eines Themenbereichs haben, sondern auch ein Wissen über Autoritäten, die zu einzelnen Aspekten publiziert haben. Ihre so konzipierte Mindmap bietet Ihnen die Grundlage dafür, eine auf ein bestimmtes Erkenntnisinteresse ausgerichtete Fragestellung zu formulieren.

2.2.3 Den Überblick gewinnen (III): Der Textinhalt

Ist das Thema groß genug für die geplante Arbeit? Oder ist es zu klein? Was sollte wie vorbereitet werden? Gibt es methodische Aspekte, die zu berücksichtigen sind? ... Fragen wie diese sind nach einer ersten allgemeinen Recherche und damit im Anschluss an eine erste Lesephase zu stellen. Um hier Antworten zu finden, muss man abwägen, Darstellungsmöglichkeiten einschätzen, sich genauer mit dem geplanten Text beschäftigen und ihn im Groben konzipieren, einen Plan erstellen. Hierzu sollten Sie Rücksprache mit dem Betreuer der Arbeit halten. Ideal ist es, wenn Sie zur Vorbereitung des Gesprächs Ihre Überlegungen hierzu auch schriftlich ausformulieren.

2.3 Ein Erkenntnisinteresse entwickeln: Das Thema eingrenzen und ein Exposé schreiben

Sie haben nun Informationen zum Thema in Ihrer Überblicksmindmap zusammengetragen. Beim Betrachten dieses Bildes können Sie sich veranschaulichen, ob der gesamte Themenbereich im Rahmen von 15 oder 25 Seiten (bzw. 60 oder 80 Seiten) bearbeitbar ist: Stellen Sie sich die Äste als Kapitel eines Textes, die Zweige als Unterkapitel vor.

Das Thema mithilfe der Mindmap eingrenzen
Wahrscheinlich müssen Sie eine Auswahl treffen, d. h. das Thema eingrenzen. Spielen Sie also mithilfe der Mindmap durch, welche Frage mithilfe der von Ihnen recherchierten Informationsquellen beantwortbar ist. Sie können entsprechende Grenzlinien in die Mindmap eintragen, sodass Sie nachvollziehen können, was bei der von Ihnen gewählten Fragestellung zum Thema gehört und was nicht mehr (alles das, was Ihre Arbeit zur gewählten Fragestellung behandelt, ist eingerahmt – gleichzeitig bleibt Ihnen vor Augen, was jenseits dieser Grenze liegt). Ihrer (quasi aus dem Bauch heraus) vorgenommenen Themeneingrenzung liegt in der Regel eine allgemeine Strategie zugrunde.

Strategien der Themeneingrenzung

Um ein Thema so einzugrenzen, dass es auf der Ihnen vorgegebenen Anzahl der Seiten bearbeitbar wird, können Sie:

- eine spezielle **Perspektive** einnehmen

Da Sie Ihre Arbeit im Kontext eines bestimmten Faches anfertigen, nehmen Sie – oft unbewusst und wie von selbst – bereits eine grundlegende Perspektive ein. Innerhalb dieser können Sie einen speziellen Blickwinkel bestimmen, aus dem heraus Sie einen Sachverhalt betrachten. Dieser erlaubt es Ihnen, Ihre Fragestellung so zu präzisieren, dass bestimmte Aspekte für die Darstellung irrelevant sind und daher ausgegrenzt werden können.

- einen begrenzten **Zeitraum** betrachten

Die für eine zeitliche Eingrenzung angemessenen Datierungen gibt das Thema zumeist vor. Unabhängig davon kann eine zeitliche Eingrenzung auch mit Blick auf die in der Arbeit zu berücksichtigende Forschungsliteratur erfolgen.

- einen ausgewählten **Aspekt** untersuchen

Fokussieren Sie in der Darstellung des Themas auf einen bestimmten Aspekt, fokussieren Sie, indem Sie das

Thema von diesem Aspekt aus oder auf diesen Aspekt hin entwickeln.

- einen **Überblick** geben

Die Eingrenzung eines Themas im Rahmen eines Überblicks bedeutet eine Beschränkung in Bezug auf die Tiefe, in der einzelne Teilthemen behandelt werden. Da ein Überblick alle wesentlichen Aspekte in ihrem Verhältnis zueinander abdecken muss, können weder Details ausführlich behandelt noch bestimmte Schwerpunktsetzungen vorgenommen werden.

- eine begrenzte Anzahl von **Theorien oder Positionen** vergleichen

Der Vergleich von zwei oder drei Theorien oder Positionen geschieht auf der Grundlage von Ähnlichkeiten und Unterschieden in Bezug auf eine Anzahl von Kategorien (die vom Thema bestimmt wird).

- von einem **konkreten Fall** ausgehen

Die Behandlung eines Themas entlang der Besonderheiten eines konkreten Beispiels bestimmt Anzahl und Stellenwert der zu behandelnden Aspekte. Weitere wichtige Elemente, die zum Thema gezählt werden müssen, jedoch im gegebenen Fall nicht aufgezeigt werden können, lassen sich ergänzend erörtern.

Dass Sie sich Ihre Herangehensweise an das Thema bewusst machen, ist für Ihre weiteren Arbeitsschritte zentral: Ihre Fragestellung bestimmt nicht nur die weitergehende Literaturauswahl und -bearbeitung, sondern auch den Aufbau Ihres Textes.

Die Fragestellung ist der Schlüssel zur Textplanung.

Empfehlenswert ist es, die Überlegungen bis hierher schriftlich festzuhalten – in Form einer zweiten themenspezifischen Mindmap, ergänzt durch ein Exposé, einen 2- bis 3-seitigen Text, in dem Sie den Stand Ihrer Vorbereitung und Vorüberlegungen dokumentieren.
Wenn Sie jetzt, am Ende der ersten Etappe »sich orientieren«, einen ersten kurzen Text verfassen (man könnte ihn auch als »Einleitung in den weiteren, intensiven Arbeits-

prozess« bezeichnen), stellen Sie fest, ob Sie Ihren Gedankengang in seinen einzelnen Gedankenschritten nachvollziehbar machen können. Wenn Ihnen dies gelingt, ist das gut: Ihre Idee hat ihren ersten Praxistext bestanden – Sie können mithilfe der zwei bis drei Seiten das Feedback eines Lesers, Ihres Betreuers, einholen (das ist der zweite Praxistest) und im Anschluss die weiteren Schritte der Vorbereitung angehen. Sollten Sie beim Schreiben bemerken, dass Sie Zusammenhänge noch nicht erläutern können, ist das an dieser Stelle kein schlimmes Problem, sondern nur hilfreich: Jetzt können Sie mit einer zweiten orientierenden Recherche nachbessern, ergänzen oder präzisieren – und sich eine tragfähige Grundlage für die weiteren Schritte der Vorbereitung schaffen.

Die grundlegenden Überlegungen festhalten: Ein Exposé schreiben

Wenn Sie ein Referat übernommen haben, werden Ihnen in der Regel Literatur und Arbeitszeitraum benannt, d. h., das Themengebiet ist stark eingegrenzt, Sie können sich nicht so leicht verzetteln. Im Gegensatz dazu könnte eine schriftliche Arbeit, die Sie ohne festen Termin und in freier Wahl Ihres Lesestoffes anfertigen, leicht ausufern. Daher ist es vor jeder größeren schriftlichen Arbeit, insbesondere vor einer Abschlussarbeit – deren Bearbeitungszeit befristet ist – wichtig, nicht erst im Entstehungsprozess des Textes festzustellen, dass das Ziel unerreichbar ist.

Ein Exposé ist die ausformulierte Planung einer wissenschaftlichen Arbeit – eine Kurzbeschreibung, die sich sowohl auf den Inhalt der Arbeit als auch auf ihre Realisierbarkeit bezieht. Ein Exposé dient dazu, vorab das Verhältnis von Kosten und Nutzen zu überschlagen, die Verfügbarkeit und den Umfang der zu verwendenden Literatur zu kommentieren und zu bestimmen, wie viel Lektüre oder Forschungsaufwand das zu bearbeitende Thema erfordert.

Mit dem Exposé erproben Sie Ihre Textidee.

Auch wenn das Schreiben eines Exposés nicht ausdrücklich verlangt ist, sollten Sie Ihre Überlegungen schriftlich ausformulieren. Das ist aus drei Gründen keine überflüssige Arbeit:

- Wenn Sie schreiben, stellen Sie fest, ob Ihre Überlegungen Hand und Fuß haben: Was Sie ausformulieren können, ist durchdacht; Lückenhaftes, Nicht-zu-Ende-Gedachtes oder lose bzw. assoziativ Verknüpftes lässt sich schwer zusammenhängend aufschreiben.
- Das Schreiben des Exposés flankiert den Denkprozess. Wenn Sie nach dem Schreiben des Exposés mit der Vorbereitung Ihres Textes beginnen, können Sie sicher sein, auf ein erreichbares Ziel hinzuarbeiten: Sie geben sich im Exposé die Richtung vor. Sollte sich beim Schreiben eine Alternative ergeben, dient Ihnen das Exposé als Korrektiv, es hilft Ihnen dabei, Konsequenzen einer Richtungsänderung abzuschätzen und sich für das weitere Vorgehen zu entscheiden (d. h. zwischen den Möglichkeiten zu wählen). Wenn Sie sich für den neuen Weg entscheiden, sollten Sie eine neue Version des Exposés erarbeiten, um die Tragfähigkeit des neuen Entschlusses zu prüfen.
- Das Exposé ist ein Text, den Sie nicht nur für Ihre praktische Schreibarbeit benötigen, sondern auch ein erstes Textmaterial, das Sie nutzen können: Sie werden Teile Ihres Exposés für die Einleitung Ihrer wissenschaftlichen Arbeit weiterverwenden können. Das, was Sie zu Beginn Ihres Arbeitsprozesses als Grundlage wählen, die Zitate, die Sie hier verwenden, und die Erläuterungen zur Themeneingrenzung, die Sie hier geben – in Ihrem Exposé finden Sie viele Textstellen, die Sie in der Einleitung wiederverwenden können, um dem Leser Ihrer Arbeit eine Basis zu bieten, die ihm das Mitdenken ermöglicht.

Im Exposé führen Sie zum Thema hin und ordnen Ihre Fragestellung in einen größeren Gesamtzusammenhang ein. Außerdem dokumentieren Sie Ihren Kenntnisstand über die für Ihre Arbeit relevanten Forschungsansätze und die hinzuzuziehende Literatur. Sie formulieren Annahmen bzw. Fragen, die Sie in Ihrer späteren Arbeit überprüfen bzw. beantworten wollen. Sie sollten also auf eine tiefere

Recherche (und idealerweise auf eine annotierte Bibliografie, s. S. 90 ff.) zurückgreifen können.
Das Exposé dokumentiert die ersten Schritte der Entstehung Ihrer wissenschaftlichen Arbeit: Themenfindung, Themeneingrenzung, die Fragestellung, die erste grobe Strukturierung des Themas bzw. Grobgliederung des Textes, ein vorläufiges Literaturverzeichnis.

Bestandteile eines Exposés

Das Exposé soll dokumentieren, dass Sie Ihre wissenschaftliche Arbeit gewissenhaft vorbereitet haben. Die äußere Form sollte diese Gründlichkeit widerspiegeln. Zu einem Exposé gehören folgende Elemente:

- Titelblatt
- Hinführung zum Thema
- Überblick Forschungsstand, Umfang und Zugänglichkeit der Quellen
- Die Fragestellung und ihre Begründung bzw. Arbeitshypothesen und ihre Herleitung
- Die Zielsetzung der Arbeit
- Gegebenenfalls die Erläuterung der angewendeten Methode und der hinzuzuziehenden Hilfsmittel
- Eine kommentierte Grobgliederung der Arbeit
- Ein vorläufiges Literaturverzeichnis
- Die geplanten Arbeitsschritte und gegebenenfalls ein Zeitplan

Bei größeren Arbeiten ist es durchaus sinnvoll, auch einen groben Zeitplan anzufertigen. Dies ist besonders dann wichtig, wenn Sie im Rahmen Ihrer Arbeit Interviews führen und auswerten oder Beobachtungen bzw. Versuche durchführen. Wenn Sie hier zeitliche Rahmendaten liefern, gibt das Exposé Ihnen (und Ihrem Betreuer) nach einer ersten gründlichen Orientierung Aufschluss über Ihre Einschätzung des Arbeitsumfangs und -aufwands.

Dass sich der Zeitplan und die von Ihnen formulierte Gliederung der Arbeit ändern werden (unter Umständen sogar mehrfach), liegt in der Natur wissenschaftlichen Arbeitens und spricht nicht gegen, sondern für das Schreiben dieses ersten Textes: Auf jeden Fall ist das Verfassen eines Exposés hilfreich, denn diese ausformulierte Planung kann Ihnen dazu dienen, Ihre Wissensfortschritte zu erkennen, indem Sie den jeweiligen Stand Ihrer Arbeit mit Ihren Vorannahmen abgleichen und auf Bestätigungen oder Abweichungen hin überprüfen. So verdeutlichen Sie sich jeden Schritt Ihres wissenschaftlichen Erkenntnisprozesses – und das ist wichtig, um zielgerichtet weiterzuarbeiten und fokussiert zu schreiben. Sie sehen: Das Exposé ist trotz seines ausgesprochenen Werkstattcharakters kein Text, den Sie für die Schublade geschrieben haben.

Das Exposé ist für Ihren Arbeitsprozess Richtschnur und Korrektiv.

Auch in formaler Hinsicht kann ein Exposé Sicherheit geben. Wählen Sie hier das Layout, in dem Sie auch Ihre Arbeit schreiben wollen: die Markierung der Zitate, der Einsatz von Fußnoten, die Form des Quellenbelegs und der Literaturangaben (vgl. dazu S. 143 f., 84 ff.) sowie weitere Kennzeichnungen. Bei größeren Arbeiten wie Abschlussarbeiten und Dissertationen, die nicht nur mit Blick auf die Seitenzahl, sondern auch hinsichtlich der Bearbeitungszeit umfänglicher sind, ist es zusätzlich hilfreich, ausdrücklich deutlich zu machen, was Sie aus welchem Grund nicht berücksichtigen werden.

Das Exposé ist zugleich eine Schreibprobe.

Ihr Betreuer kann Ihnen auf der Grundlage des Exposés nicht nur inhaltliche Tipps, sondern auch Hinweise zur sprachlichen und formalen Gestaltung der Arbeit geben. Schreiben Sie also Ihr Exposé in dem Ton, in dem Sie auch Ihren Text schreiben möchten – und Sie sind für das Formulieren der Arbeit auf der sicheren Seite. Erhalten Sie den Hinweis, dass Änderungen vorgenommen werden sollen, können Sie diese jetzt mit wenig Aufwand einarbeiten und beim Verfassen Ihres Textes von vornherein berücksichtigen.

So könnte ein 1-seitiges Exposé aussehen

XUYABC GHIJKLMNOP 1

Exposé: Uyzxyzxy ashuwhe

Abc defghijkl mnopq rstuvxxyza. Bcdef ghijklm nopqrstuv-xxyzabc defghijk – imnopq rstuvxxyza bcd efghijkl mnopqrstuvxxy.

> „Fghijklm nopqrstuvxxyz abcdefghijklmnopqrstuv xxyzabcdefghijklmnopqrs tuvxx yza bc defghijklmnop qrstuvxxyz." (ULAXSKJD 2010)

Ziel der Arbeit ist es, abcdefg hijklm nopqrstuvxx yzabcdefghijklm nopqrs tuvxxyz abcdefgh jklmno. Pqrstuvxx yzabc defghijklmno, pqrstuv xxy zabcde fghijk, lmnopq stuvxxy zabcdefghijklmnop qrstuvxxyzabc. Im Folgenden werden die anzusprechenden Themenkreise skizziert.

Xyzxyz xyzxyzxyzxyz Umfang ca. 6 Seiten

Abcde fghijklmnopqr stuvxxyzabcde fghijklmn. Opqrstuv xxyzabcde fghijklmnopqrst abcdefghij – uvxxyz klmnopqr stuvxxyza – bcdefgh ijklmnopq rstuvxx. Yzabc defghij klmnopqr. Besonders soll mksandna jkjfnnd hervorgehoben werden:

Literatur: JDDLK 2008, HJSHDJD 2010, DNJDHHWH/JKDHHDJ 2011.

Abcfde sbdkzxyzxyz Umfang ca. 6 Seiten

Abcde fghijklmn opqrs tuvxxyzab cdefghijklmno pqrstuvxxy. Zabcde fghijklmn opqrstuv. pqrstuvxxyz tuvxxyzab. defghij klmnopqr defghij klmnopq 3 Positionen sind besonders zu berücksichtigen:

- xxyzabc defghijklmn: sadjhd sjhfdöjhs hfhfkäf
- opqrs tuvxxyzabcdefg hijklmn: sd jhf hhäH Wl
- skdjk fkfeh: khkfefhäe skh hh öh

Tfghijklmno pqrstuvxxyz tuvxxyzab cdefghijklmno. Herausgearbeitet werden soll mit Blick auf die Fragestellung: djsfh fhjH Höh hjfhjhhöh.

Literatur: GHDGS 2008, JKDBJ/HSHDG 2010, GOJWHK 2004, RZWBEO 2000

Bcdead fghijklmn opqrs Umfang ca. 12 Seiten

tuvxxyzab cdefghijklmno pqrstuvxxy pqrstuvxxyz tuvxxyzab. Zabcde fghijklmn opqrstuv xxyzabc defghijklmn opqrstuvxxyzabcdefghijklmn opq. RSTU VXXYZABCD efghijklmno pqrstuvxxyz abcdefghijklm: *nopqrstuv*, *xxyzab*, *cdefghij*, klm nopqrstuvxx yzabcdefghijklm vxxyza bcdefghij klmnopq rstuvxxyzab rstuvxxyzabcdefghijkl. Dabei wird besonders hervorgehoben, inwieweit lfljf kjfkljf jfjl fkfdsjäk.

Literatur: GHDGS 2008, HJSHDJD 2010, JKDBJ/HSHDG 2010, JDDLK 2008

Das schriftliche Exposé zwingt Sie dazu, zu fokussieren und Anforderungen zu fixieren. So werden Sie sich über das wahrscheinliche Ausmaß der Arbeiten klar. Ihrem Betreuer dient es zugleich als Orientierung über Hilfen, die er geben könnte oder sollte. Dabei ist das Exposé ein erster Entwurf, der sich als Leitlinie und keinesfalls als Korsett versteht, in das Sie Ihren Text oder Ihre Vorarbeiten zwängen müssen. Es spiegelt den Stand Ihrer Erkenntnis an dem Tag, an dem Sie mit der gründlichen Bearbeitung Ihres Themas begonnen haben.

2.4 Last, but not least: Selber schreiben!

Wer seine wissenschaftliche Arbeit im Anschluss an eigene Beobachtungen oder Untersuchungen verfasst, kann beim Schreiben auf seine eigenen Notizen zurückgreifen und sieht hier den Anknüpfungspunkt für seinen Text. Bezüge zu anderen wissenschaftlichen Arbeiten stellt er aktiv her, um seine Daten in den Kontext der Forschung zu stellen. Wer im Anschluss an die Lektüre wissenschaftlicher Texte seinen eigenen Text verfasst, hat es schwerer, die Grenze zwischen fremden und eigenen Überlegungen zu ziehen. Schreibend kann er sich jedoch im Logbuch vor Augen führen, dass er sehr wohl eigene Gedanken hat, eigene Gedankengänge herstellt, indem er aktiv das, was er gelesen hat, aufeinander bezieht und so neue Ordnungen herstellt.

Fast alle, die vor einem leeren Blatt oder Bildschirm sitzen und mit dem Schreiben beginnen wollen, werden feststellen, dass sie – ganz anders, als würden sie sich in einem Gespräch befinden – um Worte ringen. Wer neben sich die Bücher liegen sieht, mit denen er sich vorbereitet hat, wird zudem die Tendenz verspüren, diese Texte erneut zur Hand zu nehmen, und wird, indem er sie offen neben sich auf den Schreibtisch legt, feststellen, dass bereits hier Formulierungen vorhanden sind, die genau und gut sind. Fast zwangsläufig drängt sich die Frage auf: Wie und warum sollte das alles neu formuliert werden?

Ganz klar vorweg die Antwort: Ihre eigene Fragestellung, die Sie im Anschluss an die Lektüre beantworten wollen, ist der Grund dafür, dass Sie Ihren Text schreiben. Indem Sie

- zu einem vorgegebenen Thema
- mit einem bestimmten Erkenntnisinteresse und
- einem bestimmten Ziel

einen neuen Text verfassen, erarbeiten Sie neue Erkenntnisse, denn Ihr Text

- stellt das gegebene Thema aus einem bestimmten Blickwinkel (nämlich dem der Fragestellung) heraus dar und
- greift zu einem bestimmten Zweck (nämlich um den Gedankengang bei der schrittweisen Beantwortung der Fragestellung nachvollziehbar zu machen) auf das Gelesene zurück.

Sie sehen: Es ist nicht nur langweilig, sondern sogar unsinnig, aus verschiedenen Texten ganze Abschnitte zusammenzufassen und/oder umzuformulieren. Einerseits sind diese mit Blick auf eine ganz spezielle Fragestellung formuliert worden – und lassen sich daher nicht 1:1 in einen anderen Text mit anderer Fragestellung übertragen. Andererseits kann mit einer solchen Technik lediglich ein Konglomerat von Aussagen aus unterschiedlichen Perspektiven entstehen, das der Leser sofort als Textpuzzle aus verschiedenen Quellen erkennt – nicht zuletzt, weil es ihm schwerfallen wird, mitzudenken. Es lohnt sich also, eine Strategie zu entwickeln, die es ermöglicht, Fremdes und Eigenes so zusammenzuführen, dass Neues entsteht. Der Weg zum eigenen Text beginnt mit der systematischen Auswahl von Material aus der Perspektive Ihrer Fragestellung. Daher: Sie sind dran, legen Sie los!

3 Recherchieren und exzerpieren: Literatur auswählen und bearbeiten, den Text vorbereiten

Sie haben Ihr Thema näher kennengelernt und die Fragestellung, unter der Sie es bearbeiten wollen, bestimmt. Nun können Sie beginnen, Ihren Text vorzubereiten, indem Sie Ihr Material erarbeiten, beispielsweise Daten erheben (falls Sie empirisch arbeiten) und insbesondere die hinzuzuziehende Literatur zusammenstellen (bibliografieren). Es reicht jedoch nicht aus, Daten und Texte vorliegen zu haben, zum Erarbeiten gehört, dass Sie Ihr Material auswerten. In Bezug auf empirische Daten liegt dies auf der Hand, aber auch mit Blick auf die Literatursuche sollten Sie methodisch vorgehen.

Es gilt, mit Überlegung relevante Texte zu bestimmen und nicht nur zu lesen, sondern bereits während der Lektüre mit dem Schreiben zu beginnen (zu exzerpieren). Hierfür will Ihnen dieses Kapitel eine Strategie an die Hand geben: Mit dem, was Sie nun schreiben, produzieren Sie Textteile, die Sie später, wenn Sie Ihre Kapitel verfassen, weiterverarbeiten werden.

3.1 Sinnvoll recherchieren

Ihr erstes Nachschlagen in Lexika, Handbüchern und Einführungen, dessen Ergebnis Sie in Ihrer Mindmap vor sich sehen, lieferte Ihnen Orientierungspunkte für die weitere Literatursuche: Buchtitel sowie Autorennamen, Stich- und Schlagwörter, die Sie in einen Bibliothekskatalog oder eine Datenbank eingeben können.

Bemühen Sie sich, beim Recherchieren systematisch vorzugehen.

Bitte machen Sie sich klar: Die Eingabe eines Wortes in eine allgemeine Suchmaschine wie YAHOO oder GOOGLE ist keine wissenschaftliche Recherche, auch wenn Sie zahlreiche Treffer erzielen. Diese bieten oberflächliche Informationen – wie der Blick aus der Vogelperspektive auf das Viertel, in dem Sie wohnen, der Ihnen zwar Straßenzüge, Häuser und Bäume zeigt, nicht jedoch die U-Bahn-Linien unterhalb der Straßenzüge oder die Anzahl der Wohnungen in den Häusern. Das Recherchieren mithilfe von Büchern, Katalogen und Fachdatenbanken hingegen

ermöglicht Ihnen gewissermaßen einen Röntgenblick, indem es Ihnen Zusammenhänge anzeigt.
Da Sie sich – noch immer – in Ihr Thema einarbeiten, hilft es Ihnen sehr, wenn Sie bestehende Zusammenhänge nachvollziehen können. Erst wenn Sie das Thema beherrschen, haben Sie die Übersicht und können selbst aktiv Zusammenhänge herstellen (und einen Suchmaschinenfund bewerten und einordnen). Ähnliches gilt für Artikel aus WIKIPEDIA: Diese Enzyklopädie wird als Wiki von einer Vielzahl selbst berufener Autorinnen und Autoren verfasst, WIKIPEDIA-Texte können be- und überarbeitet werden, sie sind veränderbar. Die Autoren bleiben anonym und die Qualität der einzelnen Einträge wird nicht von einer Redaktion, sondern durch die Nutzer selbst sichergestellt. Insofern ist ein Vorbehalt in Bezug auf die Glaubwürdigkeit angebracht.

Nutzen Sie einschlägige Hilfsmittel für Ihre Recherche.

Sie sollten prüfen, ob Informationen auch in anderen Nachschlagewerken genannt werden. WIKIPEDIA ist aus den genannten Gründen nicht zitierfähig, ziehen Sie ergänzend die einschlägige Fachliteratur hinzu.
Unter diesen Vorzeichen eignen sich WIKIPEDIA-Artikel durchaus als Einstieg für weitere Recherchen, denn zumeist wird neben Internetlinks auch grundlegende Literatur zu einem Thema genannt. Man kann sie wie die Print-Enzyklopädie nutzen,

- um sich einen Überblick über Bezüge zu verwandten Themen zu verschaffen,
- um verwandte Begriffe, Ober- und Unterbegriffe für die weitere Suche zu finden,
- um erste Hinweise auf möglicherweise relevante Literatur zu erhalten.

Verlassen Sie sich nicht ausschließlich auf WIKIPEDIA, sondern nutzen Sie ergänzende Quellen (z. B. gedruckte Fachlexika, s. dazu S. 59 f.).

3.1.1 Literatur sichten (I): Das Schneeballsystem

Ein erster Weg, der Ihnen dabei hilft, Zusammenhänge nachzuvollziehen, besteht darin, bestehende Textvernetzungen aufzuspüren: Wenn Sie beim Lesen eines Textes eine dort zitierte Stelle für Ihr Erkenntnisinteresse aufschlussreich finden, ist das ein erster Literaturhinweis, dem Sie nachgehen sollten – zitieren Sie also nicht aus zweiter Hand, sondern besorgen Sie sich den Ursprungstext, um die Aussage im Originalkontext nachzuvollziehen. Bereits Kapitel in Einführungswerken oder Handbüchern liefern Ihnen Verweise, die ihre Vernetzungen zu anderen Texten abbilden. Verfolgen Sie diese Verweise mit Blick auf Ihr Erkenntnisinteresse, so können Sie sich beim Lesen eines Textes in der Regel zwei und mehr weitere für Sie lesenswerte Texte notieren: Ein wörtliches oder sinngemäßes Zitat gibt den Anstoß, einen lesenswerten Titel zu bibliografieren, das heißt, einen Text in eine Sammlung aufzunehmen und dazu die notwendigen Angaben zu notieren.

Achten Sie bereits beim Lesen auf interessante Verweise.

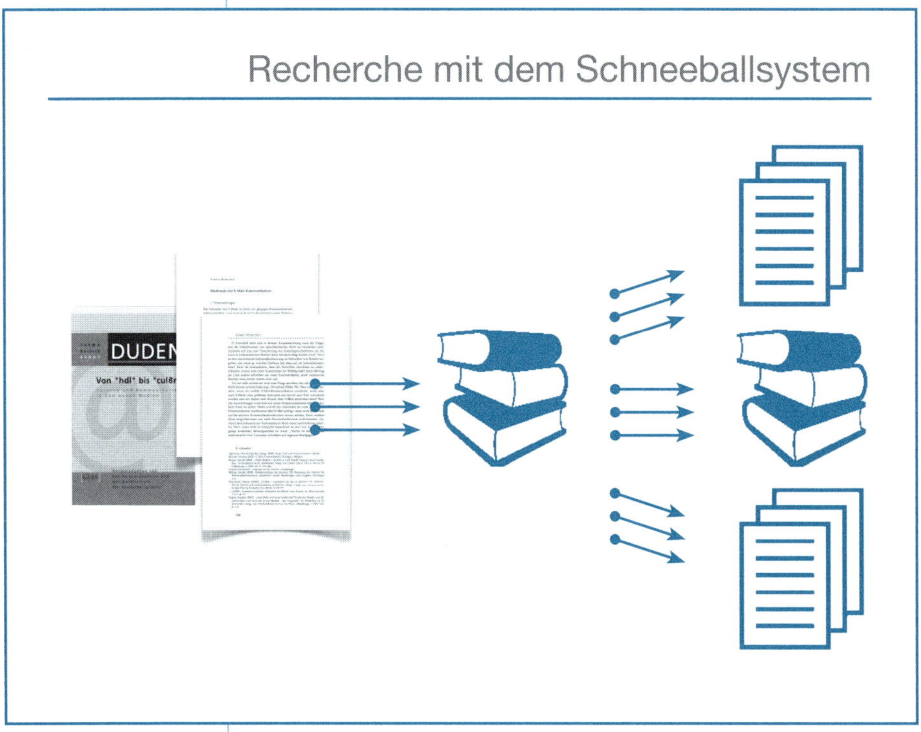

Abb. 5: Die Literaturrecherche mit dem Schneeballsystem

Bibliografieren bedeutet, die Buchtitel finden und auflisten, die für die Bearbeitung eines Themas wichtig sind, und dazu die notwendigen Angaben zu notieren.

Komponenten bibliografischer Angaben

Eine komplette bibliografische Angabe besteht aus folgenden Komponenten:

- Nachname, Vorname des Verfassers oder Herausgebers: damit man Autoren von Herausgebern unterscheiden kann, folgt nach Herausgebernamen die Abkürzung Hg. oder Hrsg. in Klammern; bis zu drei Autoren bzw. Herausgeber werden namentlich genannt, sind mehr als drei Personen beteiligt, wird nur die erste benannt, auf die weiteren wird mit u. a. (= und andere) verwiesen,
- Erscheinungsjahr,
- Titel und Untertitel (durch ein Satzzeichen, beispielsweise Punkt, getrennt),
- Zahl und Art der Auflage (wenn es sich nicht um eine Erstausgabe handelt),
- Angaben über den Übersetzer, wenn es sich um einen übersetzten Text handelt,
- Erscheinungsort(e),
- ergänzbar ist die Angabe des Verlages und eines Reihentitels.

Bezüglich der Anordnung von Komponenten (Wo steht das Erscheinungsjahr? Wird der Verlag mit angegeben?) wie auch hinsichtlich der Trennzeichen zwischen den einzelnen Komponenten gibt es unterschiedliche Traditionen. Auch die Formatierung (beispielsweise die Kennzeichnung von Namen durch Kapitälchen oder die Hervorhebung von Titeln durch die Kursive) kann sich von Fach zu Fach unterscheiden. Erkundigen Sie sich daher in Ihrem Fachbereich oder beim zuständigen Prüfungsamt nach einer Vorgabe!

Die Struktur einer bibliografischen Angabe spiegelt die Publikationsform wider. Man unterscheidet zwischen

- selbstständig erschienener Literatur (hier gibt es genau eine Titelangabe, die Publikation bildet eine einzelne, komplette Einheit) und
- unselbstständig erschienener Literatur (hier gibt es zwei Titelangaben, wobei der eine Text einen Teil des anderen bildet und insoweit von diesem abhängig ist): Aufsätze in Sammelbänden oder Zeitschriften gehören zur unselbstständigen Literatur.

Diese Unterscheidung spiegelt sich in der Form der bibliografischen Angabe wider (bei unselbstständiger Literatur findet sich das »In:«). Außerdem ist für die Recherche von zentraler Bedeutung: Nur selbstständig erschienene Literatur wird in Bibliothekskatalogen verzeichnet, unselbstständig erschienene Literatur müssen Sie in der Regel mithilfe von Bibliografien bzw. Datenbanken ermitteln (s. dazu S. 86 ff.).

Bibliografische Angaben zeigen Ihnen, nach welcher Art von Text Sie suchen.

Außerdem prägt die Textsorte, der ein Text angehört, die Struktur der bibliografischen Angabe, siehe dazu S. 84 ff.
Die für die bibliografische Angabe wesentlichen Daten können Sie dem inneren Titelblatt, der Titelei, und dem Impressum entnehmen. Was auf dem Schutzumschlag oder dem Einband steht, ist irrelevant und möglicherweise (aus Werbezwecken) verkürzt oder verändert. Der Titel steht auf der ersten Seite oben, Erscheinungsort und Erscheinungsjahr unten – bei älteren Büchern finden sich Ort und Jahr ggf. auch am Buchende.

Bringen Sie formale Vorgaben frühzeitig in Erfahrung.

Um sich später unnötige Such- oder Rekonstruktionsarbeit zu ersparen, sollten Sie bibliografische Angaben sorgfältig und nach einem immer gleichen System abfassen. Am besten erkundigen Sie sich also, bevor Sie mit dem Bibliografieren beginnen, nach einer Vorgabe.

Vorteile und Nachteile des Schneeballsystems

Eine mithilfe des Schneeballsystems zusammengestellte Literaturliste besteht aus Texten, die in nachvollziehbaren Zusammenhängen stehen.

- Der Vorteil dieser Suchstrategie für die Vorbereitung einer wissenschaftlichen Arbeit liegt darin, dass die Recherche im Rahmen Ihrer lesenden Beschäftigung mit dem Thema – also kontextgebunden – erfolgt. Die Strategie verfolgt geebnete Wege.
- Der Nachteil der Strategie liegt darin, dass die Auswahl aus einer begrenzten Menge von Literatur erfolgt (und zwar aus derjenigen, auf die der zugrunde liegende Text verweist). Das Schneeballsystem liefert daher ausschließlich Treffer, die älter sind als der zugrunde gelegte Text.

Um den Nachteil aufzuheben, muss die Literatursuche beim Lesen durch andere Recherchetechniken ergänzt werden – nicht zuletzt, damit auch aktuellere Literatur berücksichtigt werden kann.

3.1.2 Literatur verwalten (I): Die Arbeitsbibliografie

Sie beginnen zu bibliografieren, wenn Sie sich lesenswerte Titel notieren oder Literaturlisten sammeln, die Sie im Kontext besuchter Seminare erhalten haben. Ein Berg von Zetteln und Notizen ist jedoch nicht ganz dasselbe wie eine Bibliografie. Indem Sie alle zu Ihrem Thema interessanten Titel zu einem Dokument zusammenfassen, entsteht während Ihrer Vorbereitung Ihre individuelle Arbeitsbibliografie. Diese ist ein eigenes Dokument und wird daher weder mit dem endgültigen Literaturverzeichnis Ihrer Arbeit (das ausschließlich die im Text erwähnten Texte verzeichnet) noch mit der Bibliografie eines anderen Autors zu demselben Thema übereinstimmen.

Ihre Arbeitsbibliografie strukturiert Ihre weitere Recherche.

Damit die Bibliografie Ihnen den Überblick über den Stand und die To-dos Ihrer Vorarbeiten bieten kann, sollten Sie sich eine strukturierte Literaturliste (oder auch Mindmap) anlegen, in der Sie die von Ihnen gesuchte Literatur notieren – zusammen mit den Texten, in denen Sie die Verweise gefunden haben: Der von Ihnen gelesene Text bildet die Überschrift (bzw. den übergeordneten Ast), die dort erwähnten Texte sind darunter eingeordnet (bzw. bilden die Zweige). So sehen Sie auf einen Blick die von Ihnen genutzten Vernetzungen. Im Laufe Ihrer Lesearbeit werden Sie weitere Bezüge entdecken und ergänzen können. Dies zeigt Ihnen Ihre eigenständige wissenschaftliche Arbeit: Dass Sie sich zu Beginn auf ausgeschilderten Wegen bewegen, ist nur vernünftig.

Prüfen Sie jeden gefundenen Literaturhinweis am Text selbst nach.

Ziel der Arbeitsbibliografie ist es keinesfalls, in möglichst kurzer Zeit eine lange Liste von Literaturhinweisen zu haben, ganz im Gegenteil: Ziel der Arbeitsbibliografie ist es, jedem einzelnen Literaturhinweis nachzugehen, die Texte zu prüfen und nur solche Titel in die Lektüreliste aufzunehmen, die mit Ihrem Thema in Zusammenhang stehen und für Sie und Ihr Erkenntnisinteresse nutzbar sind.

Ein kurzer Check-up reicht, um einen Text einordnen zu können.

Um die in die Arbeitsbibliografie aufgenommenen Texte auf ihre Relevanz zu prüfen, d. h. herauszufinden, ob sie für Ihr Thema so wichtig sind, wie der Titel es versprach, müssen Sie (noch) nicht alles gründlich lesen:

- Ein Blick in Inhaltsverzeichnis, Sachregister und Literaturverzeichnis erlaubt Ihnen eine Einschätzung der Wichtigkeit des vorliegenden Werkes.
- Ergänzend sollten Sie Einleitung und Schluss überfliegen, um Ihren ersten Eindruck zu untermauern.

Vorteile und Nachteile der Arbeitsbibliografie

In Ihrer Arbeitsbibliografie stellen Sie diejenigen Quellen zusammen, die Sie für das Schreiben Ihrer wissenschaftlichen Arbeit heranziehen möchten – eine solche Bibliografie unterstützt also Ihre Recherche der wissenschaftlichen Literatur. Man spricht deshalb von Arbeitsbibliografie, weil diese Liste prinzipiell offen ist. Gerade dies macht sie so nützlich, zugleich aber auch pflegebedürftig:

- In jeder Arbeitsphase können der Arbeitsbibliografie weitere zu bearbeitende Quellen zugefügt werden.
- Mit jeder Relevanzprüfung können auch Quellen, die als nicht bearbeitenswürdig eingeschätzt wurden, wieder entfernt oder besser als irrelevant gekennzeichnet werden.

So bietet die Arbeitsbibliografie den Vorteil, die Übersicht auch über Texte zu bewahren, die bereits ausgeklammert wurden – es könnte ja sein, dass Sie im Laufe der Vorbereitung wieder auf diesen Text stoßen und ihn erneut verwerfen würden, diese Schleife kann Ihnen die Arbeitsbibliografie ersparen.
Am besten arbeiten Sie mit drei Farben oder Formaten: Kennzeichnen Sie

- Texte, die bereits gelesen bzw. bearbeitet und dabei für gut befunden wurden, weil sie in Zusammenhang mit der eigenen Frage stehen oder gestellt werden können,
- Texte, die bereits gelesen bzw. bearbeitet und dabei ausgeklammert wurden (ergänzen Sie hier zwei bis drei Sätze, warum der Text als weniger hilfreich erscheint) und
- Texte, die noch zu recherchieren und zu bearbeiten sind.

Je nach Erkenntnisinteresse lassen sich die Literaturangaben in der Arbeitsbibliografie z. B. nach Erscheinungsjahr, Signatur oder Zeitschriftentitel oder aber alphabetisch nach den Nachnamen der Autoren ordnen.
Bei größeren Arbeiten empfiehlt es sich, für jedes Kapitel eine Bibliografie anzulegen.

Arbeiten Sie Ihre Arbeitsbibliografie regelmäßig und systematisch ab.

Wenn Sie Ihrer Arbeitsbibliografie folgend nachrecherchieren, sollten Sie die Titel nach Erscheinungsjahren sortieren und die zuletzt erschienenen (die neueren Texte) zuerst prüfen. So gewinnen Sie am schnellsten einen Eindruck vom aktuellen Stand der Wissenschaft. Außerdem werden Sie auf diese Weise feststellen, welche (oft zitierten) Werke zum Standard gehören, und haben, wenn Sie Texte lesen, bereits Vorinformationen, die Ihnen das Verstehen erleichtern.

3.1.3 Literatur sichten (II): Bibliothekskataloge

Im Katalog einer Bibliothek sind die hier verfügbaren Medien (Bücher, Zeitschriften, CD-ROMs usw.) verzeichnet. Wer hier nachschlägt, kann dreierlei in Erfahrung bringen:

- Welche Bücher eines Autors oder zu einem Thema zum Bestand der Bibliothek gehören,
- ob ein bestimmtes Buch entliehen ist und
- unter welcher Signatur ein bestimmtes Buch im Regal zu finden ist.

Bibliothekskataloge verzeichnen den Bestand der jeweiligen Bibliothek.

Sie können mithilfe eines Katalogs also überprüfen, ob die Texte, von deren Existenz Sie durch die Anwendung des Schneeballsystems wissen, für Sie in einer bestimmten Bibliothek zugänglich sind. Somit ist auch die Recherche in einer Bibliothek ein Suchen in einer begrenzten Menge von Titeln (die aber im Umfang um ein Vielfaches größer ist, als die in einem Buch erwähnten Titel). Wenn Sie keine geeigneten Titel finden, bedeutet dies nicht notwendigerweise, dass es keine Literatur gibt, sondern zunächst nur, dass diese in der Bibliothek, in der Sie recherchiert haben, nicht vorhanden ist. Prüfen Sie gegebenenfalls auch die Kataloge benachbarter Bibliotheken (auch der Stadtbibliotheken!), um benötigte Texte zu finden.

Typen bibliografischer Angaben

Die vollständige bibliografische Angabe einer selbstständigen, im Buchhandel erschienenen Veröffentlichung eines Autors oder mehrerer Autoren zu einem Thema (einer Monografie bzw. Verfasserschrift) besteht aus Informationen zu Name, Erscheinungsjahr, Titel und Untertitel, Auflage, Erscheinungsort und Verlag. Eine mögliche Abfolge der für eine bibliografische Angabe erforderlichen Komponenten ist diese:

- MUSTER, MAX/MUSTER, MAXIMILIANE 2011: Musterliteraturangaben und ihre Gestaltung. 7., völlig neu bearb. Aufl. Essen: Beispielverlag.

Aufsätze in Zeitschriften zählen zur unselbstständigen Literatur (durch »In:« und die Angabe von Seitenzahlen gekennzeichnet). Die bibliografische Angabe hat daher zwei Bestandteile: a) den Titel des Aufsatzes sowie b) den Titel der Zeitschrift als selbstständige Veröffentlichungsform. Somit wird der Verfasser angegeben, im Anschluss an den Titel folgen »In:« und die genauen Daten (Name der Zeitschrift, Jahrgang, Jahr, Heftnummer sowie die erste und letzte Seite des Aufsatzes):

- MUSTER, MAX 2011: Der Zeitschriftenaufsatz. In: Die Zeitschrift 27/2011, H. 11, S. 22–33.

Aufsätze in Sammelbänden werden mit ihrem Verfasser angegeben, im Anschluss an den Titel folgen »In:« (zur Kennzeichnung des übergeordneten Textes) und die bibliografische Angabe des Sammelbandes plus erste und letzte Seite:

- MUSTER, MAXIMILIANE 2011: Der Aufsatz. In: VORLAGE, VERONIKA (Hg.) 2011: Das Buch der Aufsätze. Eine Sammlung. Essen: Beispielverlag, S. 33–44.

Nachschlagewerke wie der Brockhaus, MEYERS ENZYKLOPÄDISCHES LEXIKON oder DER GROSSE HERDER werden unter ihrem Titel bibliografiert (und nicht unter den Namen ihrer Herausgeber). Da häufig die Bände in verschiedenen Jahren erschienen sind, sollte man den benutzten Band und dessen Erscheinungsjahr angeben:

- DIE ENZYKLOPÄDIE 2006: Schreiben. Band 6. Essen: Beispielverlag. S. 1101 f.

WWW-Dokumente werden – sofern möglich – wie Aufsätze zitiert: Man gibt Autor oder Institution, Titel und Untertitel, im Anschluss daran den Link sowie das Datum, an dem der Text aufgerufen wurde, an. Sollte kein Erscheinungsdatum ausgewiesen sein, führt man den Fundzeitpunkt an; anstelle von Jahrgang und Heftnummer steht die WWW-Adresse:

- WELTWEIT, WILLY 2008: Veröffentlichen im World Wide Web. [www.arbnet/wiss/schreib.html, zuletzt aufgerufen am 30.09.2011]

Es empfiehlt sich, Websites sowie PDF-Dokumente auf dem eigenen Rechner zu speichern, um einen Beleg verfügbar zu haben, falls die Seite verändert oder vom Netz genommen werden sollte.
Für die Abfolge der Komponenten (Erscheinungsjahr an zweiter Position oder am Ende), für die Formatierung einer Information (etwa Titel kursiv, Namen in Kapitälchen), für Abkürzungen (bei Vornamen oder bei der Angabe der Auflage) und für die Verwendung bestimmter Satzzeichen als Trennelemente zwischen den Komponenten gibt es Konventionen in den Fächern. Bitte erkundigen Sie sich nach einer Vorgabe.

Mit einer Suche im Bibliothekskatalog finden Sie Monografien, Sammelbände oder Zeitschriften sowie E-Book-Aufsätze. Die bibliografisch unselbstständigen Publikationen, die in Zeitschriften oder Sammelbänden erschienen sind, sowie die im WWW verfügbaren Dokumente werden Ihnen hier nicht angezeigt, auch wenn Sie deren Titel und/ oder Verfasser kennen. Wenn Sie die bibliografische Angabe haben, ist das kein Problem: Sie suchen einfach nach dem Sammelband oder der Zeitschrift. Um zu erkunden, ob zu bestimmten Themen oder von bestimmten Verfassern weitere Aufsätze verfügbar sind, sollten Sie weitere Recherche-Instrumente nutzen.

3.1.4 Literatur sichten (III): Bibliografische Datenbanken und Volltextdatenbanken

Über die Websites von (Universitäts-)Bibliotheken können Sie auf fächerübergreifende und fachspezifische Datenbanken zugreifen, die nicht nur Monografien und Fachzeitschriften, manchmal auch Fachaufsätze, die in Zeitschriften oder Sammelbänden erschienen sind, sowie Sammelbände und Onlinedokumente verzeichnen,

Um Zeitschriftenaufsätze zu suchen, müssen Sie auf Datenbanken zurückgreifen.

sondern auch Nachschlagewerke wie Patente, DIN-Sammlungen, Werkausgaben.
Bibliografische Datenbanken verzeichnen Verweise auf gedruckte oder elektronische Texte. In einer Datenbank, die für einen bestimmten Verwendungszweck oder Fachzusammenhang aufgebaut wird, sind meist über die bibliografischen Angaben zu Autor, Titel, Erscheinungsort und Erscheinungsdatum hinaus auch Schlagwörter und Abstracts (Kurzzusammenfassungen) enthalten.
Bevor Sie in einer Datenbank recherchieren, sollten Sie sich über deren Bedienung informieren, denn nicht alle Datenbanken verwenden dieselben Trunkierungszeichen und Operatoren. Auch Informationen darüber, welche Dokumente in einer Datenbank aufgenommen sind, können Sie den Datenbankbeschreibungen entnehmen. Die Wahl der Datenbank bestimmt das Suchergebnis: Vergewissern Sie sich, bevor Sie mit der Suche beginnen, ob der von Ihnen gesuchte Dokumenttyp von der Datenbank erfasst wird.

Nicht alle Datenbanken sind gleich, lernen Sie daher Ihre Arbeitsinstrumente kennen.

Die Bibliothek, das Internet und die Recherche

Für viele sind das Internet und der Einsatz von Suchmaschinen zur Routine geworden, um Antworten auf Fragen unterschiedlichster Art zu finden. Aber: Auch wenn über das WWW unzählige Informationen zu allem und jedem zugänglich sind, ist das Internet aus verschiedenen Gründen nicht als mithilfe einer oder mehrerer Suchmaschinen erschließbarer globaler Wissensspeicher zu betrachten:

- Erstens sind nicht alle relevanten wissenschaftlichen Texte in digitaler Form zugänglich (wenn auch das Angebot an E-Books ständig steigt),
- zweitens unterliegen im Internet befindliche Dokumente nicht notwendigerweise einer Qualitätsprüfung und
- drittens sind nicht alle relevanten Daten direkt, d. h. über allgemeine Suchmaschinen zugänglich.

So betrachtet und auch aus anderen Gründen spricht einiges dafür, die Bibliothek zu besuchen: Im nicht virtuellen Raum ist augenscheinlich, dass sechs Schritte nach links ganz woanders hinführen als fünf nach rechts. Ihnen wird so bei der Suche vor Augen geführt, dass Sie sich zunächst einmal zurechtfinden müssen.
Hierbei können Sie vor Ort Hilfe finden: An der »Information« sitzt ein Mensch, ein Bibliotheksmitarbeiter, den Sie fragen können. Die sich dadurch natürlich ergebende Notwendigkeit, sich zu äußern – was auch bedeutet, seine Gedanken in Worte zu fassen – unterstützt Sie darin, Ihr Anliegen zu präzisieren. Insoweit ist eine Suchanfrage bei GOOGLE etwas völlig anderes als ein Informationsgespräch in der Bibliothek: Hier ist eine Erklärung, Erläuterung, Fokussierung erforderlich, die wechselseitige Verständigung unterstützt den Wissenserwerbsprozess.
Dennoch kann das WWW auch im Zusammenhang mit der Vorbereitung einer wissenschaftlichen Arbeit eine große Hilfe sein. Beispielsweise indem man, ohne das Haus verlassen zu müssen, die Web-Angebote von Stadt-, Universitäts- und Fachbibliotheken nutzen kann. Hier werden nicht nur Fachdatenbanken, sondern auch Fachportale vorgestellt, die einen systematischen Zugang für weitere Internetrecherchen bieten und weitere Informationen zu Texten ergänzen – beispielsweise Abstracts und eine Verschlagwortung. Die über die Website einer Bibliothek zugänglichen Portale, die es erlauben, Suchanfragen thematisch einzugrenzen, sind auf der Basis von Fachkenntnissen zusammengestellt, geprüft und kommentiert.
Daher: Nutzen Sie die Angebote Ihrer (Fach-)Bibliothek.

Protokollieren Sie Ihre Datenbankanfragen.

Gehen Sie beim Recherchieren in Datenbanken strategisch vor und protokollieren Sie sowohl Ihre Abfragen als auch die Suchergebnisse: Wonach habe ich gesucht? Was habe ich gefunden? (Falls Sie ein Logbuch führen, schreiben Sie diese Überlegungen ohnehin auf.) In der Regel können Sie Datenbankrecherchen ausdrucken (oder als PDF-Datei

speichern) oder auch exportieren und so Ihren Rechercheweg nachvollziehen.
Dazu ein Beispiel: In einer Datenbank können Sie in einzelnen Arbeitsschritten zuerst nach Autorennamen, dann nach vollständigen Buchtiteln, dann nach Titelstichwörtern oder Schlagwörtern, unter denen die Texte in einer Datenbank thematisch gruppiert werden können, suchen. Sie können aber auch Anfragen kombinieren und sich durch Eingaben in die entsprechenden Felder beispielsweise alle Titel eines bestimmten Autors zu einem bestimmten Thema auflisten lassen. Solche Verknüpfungen schränken die Anzahl der Treffer ein, Sie sollten sie daher vor allem erst dann anwenden, wenn die Anzahl der Treffer bei einfachen Eingaben zu umfangreich bleibt. Alternativ können Sie in einem zweiten Schritt innerhalb gefundener Titel weitersuchen und so die Wirkungsweise von Einschränkungen beobachten.

Gehen Sie systematisch vor.

Machen Sie von solchen Möglichkeiten ebenso Gebrauch wie von Operatoren, mit deren Hilfe Sie Suchbegriffe innerhalb eines Feldes kombinieren können. Vielleicht kennen Sie die Operatoren UND, ODER bzw. NICHT aus der Mengenlehre: Indem Sie einen dieser Operatoren zwischen zwei Suchbegriffe setzen, können Sie

- die Anzahl der Treffer verringern (UND bildet eine Schnittmenge, NICHT bildet eine Differenzmenge),
- die Anzahl der Treffer vergrößern (ODER bildet eine Vereinigungsmenge).

Nehmen Sie sich die Zeit, die Datenbanken, mit denen Sie arbeiten, besser kennenzulernen.

Nutzen Sie Trunkierungen mit Bedacht.

Außerdem gilt: Gehen Sie mit Schlagwörtern und Stichwörtern vorsichtig um. Wenn Sie beispielsweise einen Begriff im Singular suchen lassen, werden Ihnen Einträge, die den Begriff im Plural enthalten, nicht angezeigt. Nutzen Sie in solchen Fällen bei Ihrer Suchanfrage Trunkierungszeichen, datenbankspezifische Platzhalter für eine beliebige Menge von Zeichen. In der Regel sind Rechtstrunkierungen am Ende eines Wortes möglich, seltener auch Linkstrunkierungen am Wortanfang.

Weiterhin ist zu bedenken: Auch die Zuordnung von Schlagwort und Titel ist nicht in allen Datenbanken gleich, lassen Sie sich daher die Liste der in einer Datenbank verwendeten Schlagwörter anzeigen. Und: Legen Sie sich zur Vorbereitung Ihrer Datenbankrecherche mehr als ein Schlagwort zurecht – zur Orientierung können Sie mit einem Ihnen bekannten Text zu Ihrem Thema eine Palette von Schlagwörtern, unter denen dieser geführt wird, abrufen.
Um den Überblick zu behalten, ist es bei einer umfangreicheren Arbeit sinnvoll, zusätzlich zur Mindmap während der Recherche eine annotierte Bibliografie zu führen, in die Sie über die bibliografischen Angaben hinaus kurze Hinweise zum Inhalt des Textes (Annotationen) aufnehmen.

3.1.5 Literatur verwalten (II): Annotierte Bibliografien und Literaturverwaltungsprogramme

Die in einem Text, einem Katalog oder auch in einer Datenbank gefundene bibliografische Angabe ist kein Rechercheergebnis – ebenso wenig wie ein in einem Fachportal gefundenes Abstract oder gegoogeltes PDF-Dokument. Dass ein Text geschrieben wurde, ist kein hinreichender Grund, ihn zu bearbeiten. Es gilt, festzustellen, ob er in einen sinnvollen Zusammenhang mit der eigenen Fragestellung gebracht werden kann.
Mit jedem neuen gelesenen Text, mit jeder Suchanfrage in Bibliothekskatalog oder Fachdatenbank finden Sie weitere Literaturhinweise. Diese sind für Sie zunächst nichts anderes als Literaturhinweise, die Sie auf ihre Verwertbarkeit im Zusammenhang mit Ihrem Erkenntnisinteresse hin überprüfen müssen. Insofern empfiehlt es sich nicht, Suchanfrage auf Suchanfrage folgen zu lassen und in relativ kurzer Zeit Hunderte Titel zusammenzustellen, ohne die Texte in die Hand zu nehmen.

Nicht die bibliografische Angabe ist der Fund, sondern der Text. Inspizieren Sie die Texte!

Um den Überblick zu gewinnen (und zu behalten), sollten Sie die Texte, die Sie recherchieren, zeitnah sichten und lesend bearbeiten. Ihre Fortschritte können Sie in einer annotierten Bibliografie dokumentieren, die Sie anlegen, um Ihren intensiven Leseprozess vorzustrukturieren.

Die annotierte Bibliografie

Ziel der annotierten Bibliografie ist es, die mit Blick auf ein bestimmtes Erkenntnisinteresse zusammengestellte Literatur zu dokumentieren und die der Auswahl zugrunde liegenden Überlegungen übersichtlich darzustellen. Zusätzlich zur bibliografischen Angabe werden weitere Informationen ergänzt, die sogenannten Annotationen. Gemeint sind

- die kurze inhaltliche Zusammenfassung eines Textes (ein Abstract),
- die Bewertung bzw. thematische Einordnung des Textes im Kontext Ihrer Arbeit,
- Schlagwörter,
- Hauptaussage,
- Informationen zu Autor, Zielgruppe und Verständlichkeit.

Die annotierte Bibliografie lässt sich leicht aus der Arbeitsbibliografie erstellen. Wichtig dabei: Es geht nicht darum, die Informationen des Klappentextes oder ein ohnehin vorn oder hinten angefügtes Abstract zu übernehmen. Das wäre die Mühe nicht wert.

Die annotierte Bibliografie ist Ihr Text, sie sollte Ihre eigenen Einschätzungen und Überlegungen festhalten. Der mit dem Erstellen der annotierten Bibliografie verbundene Aufwand lässt sich damit rechtfertigen, dass man durch die Erarbeitung quasi automatisch fokussiert und somit davon abgehalten wird, in einer Masse von Literaturhinweisen unterzugehen. Die annotierte Bibliografie dokumentiert das, was Sie – wenn Sie kein Logbuch führen – ohnehin getan haben sollten: kritisch lesen und die neuen Informationen in Ihren Wissensschatz aufnehmen und zuordnen: Die Annotationen sind erste kleine Texte vor dem Text, die Sie beim Schreiben weiterverarbeiten können.

Sie werden die annotierte Bibliografie besonders dann als echte Hilfe empfinden, wenn Sie nicht kontinuierlich arbeiten können: Ein Blick in die mit Sorgfalt selbst erstellte annotierte Literaturliste erspart Ihnen eine sonst oftmals langwierige Wiedereinarbeitung.

Die annotierte Bibliografie ist eine von verschiedenen Möglichkeiten, Literatur zu verwalten: In Zeiten der Schreibmaschine arbeitete man mit Karteikarten, auf die man bibliografische Informationen und Annotationen notierte. Schlagwort- oder Signaturensysteme machten es möglich, die im Karteikasten abgelegten Karten schnell aufzufinden.

Heute gibt es Literaturverwaltungsprogramme (wie CITAVI, ENDNOTE oder REFWORKS). Diese sortieren die von Ihnen eingegebenen Daten per Mausklick und können sogar mit Bibliothekskatalogen und Fachdatenbanken vernetzt werden, sodass bibliografische Angaben und sogar vorhandene Abstracts direkt importiert werden können. Literaturverwaltungsprogramme können auch PDF-, Ton- und Filmdokumente aufnehmen. In eigenen Feldern können Sie als Nutzer Notizen anlegen, Kategorien zuweisen oder auch Hauptaussagen und Zitate festhalten. Die einzelnen Datensätze können miteinander in Beziehung gebracht werden, sodass eine Vernetzung von Texten bzw. ihre Gruppierung, die in der annotierten Bibliografie über Überschriften angezeigt wird, abgebildet werden kann.

Literaturverwaltungsprogramme sind komfortable annotierte Bibliografien.

Als besonders komfortabel erweist sich, dass aus einem Literaturverwaltungsprogramm direkt eine Literaturliste in ein Textverarbeitungsprogramm exportiert werden kann: Sollten sich formale Vorgaben ändern, kann die Abfolge der Komponenten der bibliografischen Angabe entsprechend abgeändert und per Mausklick eine den neuen Anforderungen genügende Literaturangabe erstellt werden. Sie sehen: Die Möglichkeiten von Literaturverwaltungsprogrammen gehen deutlich über das Sammeln und Verwalten bibliografischer Daten und das Erstellen von Literaturverzeichnissen hinaus. Wer das jeweilige Instrument beherrscht, kann sein Themengebiet strukturieren und innerhalb der von ihm erstellten Daten Suchanfragen stellen.

Vor allem für diejenigen, die über Jahre hinweg an einem Thema arbeiten und unterschiedliche Publikationen mit unterschiedlichen formalen Vorgaben planen, sind Literaturverwaltungsprogramme sinnvoll.

Die Frage, ob es sich für Sie lohnt, mithilfe eines Literaturverwaltungsprogramms Ihre individuelle Datenbank anzulegen, oder ob Sie besser mit den Mitteln der Textverarbeitung Arbeitsbibliografien, annotierte Bibliografien und Exzerpte erarbeiten, sollten Sie sich erst im Anschluss an eine oder zwei Hausarbeiten stellen, bei denen Sie Letzteres angewendet haben. Nur so können Sie erkennen, welche Vorteile sich durch die Nutzung eines Literaturverwaltungsprogramms für Sie ergeben.
Nur allzu leicht kann das eigentliche Ziel wissenschaftlichen Arbeitens – das von einem Erkenntnisinteresse geleitete Formulieren eines für außenstehende interessierte Leser nachvollziehbaren Textes – in den Hintergrund rücken, wenn man sich auf die Herausforderungen neuer Arbeitsinstrumente einlässt. Für Ihre ersten Hausarbeiten sollten Sie sich also mit Ihrem Textverarbeitungsprogramm, mit Katalogen und Datenbanken vertraut machen – da gibt es genug zu lernen. Wer das beherrscht und umfangreiche Forschungsarbeiten vor sich sieht, sollte Literaturverwaltungsprogramme ins Auge fassen.

Wägen Sie ab, ob Ihnen das Literaturverwaltungsprogramm eine Hilfe sein kann.

3.2 Effektiv lesen

Wissenschaftliches Lesen unterscheidet sich vom unterhaltenden Lesen beispielsweise eines Romans oder einer Illustrierten nicht nur in der Leseabsicht, sondern auch hinsichtlich der Vorgehensweise. Während das unterhaltende Lesen ohne Vorbereitung und in der Regel aus einem inneren Impuls heraus erfolgt, sind für das wissenschaftliche Lesen die geeignete Auswahl und der Wunsch nach Effektivität konstitutive Elemente. Abhängig vom Leseziel wenden Sie beim wissenschaftlichen Lesen unterschiedliche Strategien an.

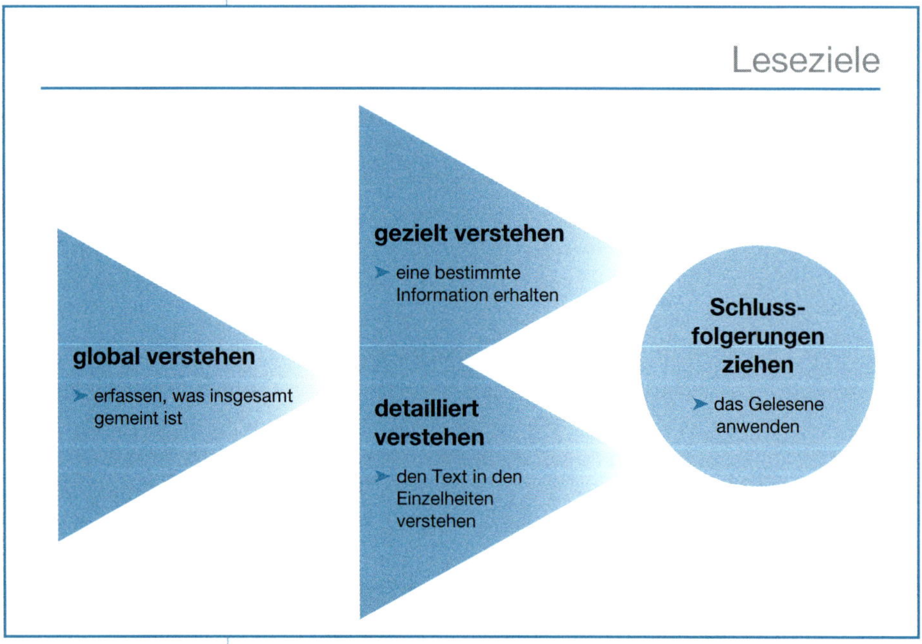

Abb. 6: Ziele wissenschaftlichen Lesens

Es gibt aber auch weitere Unterschiede: Anders als ein Roman, den Sie auch beiseitelegen könnten, wenn er Ihnen nicht zusagt, muss ein wissenschaftlicher Text in jedem Fall gelesen werden, wenn er für die geplante Arbeit von Relevanz ist. Und: In der Regel werden Sie wissenschaftliche Texte nicht nur einmal lesen – und zwar mit Absicht und Methode.

3.2.1 Drei Formen des Lesens

Grob lassen sich drei unterschiedliche Weisen der lesenden Informationsaufnahme unterscheiden. Sie kennen sie aus dem Alltag – hier finden sie häufig bei unterschiedlichen Textsorten Anwendung. Romane werden Seite für Seite gelesen, Zeitungen und Zeitschriften werden häufig zunächst durchgeblättert, um dann an der einen oder anderen Stelle ausführlicher gelesen zu werden. Websites wiederum werden wieder anders rezipiert – sie unterstützen Auswahlprozesse durch Verlinkungen. Der Link allein steuert die Aufmerksamkeit. Das ist nicht unproblema-

Jeder beherrscht verschiedene Formen des Lesens.

tisch, wenn man bedenkt, dass man bei einem Blick auf die Textgestalt (der manchmal kaum als Form des Lesens wahrgenommen wird) ein Interesse entwickeln kann.
Alle von Ihnen beherrschten Formen des Lesens können und sollten Sie – textsortenübergreifend – zur Vorbereitung Ihrer Seminararbeit nutzen:

- das kursorische Lesen (»Querlesen«),
- das vergleichende, gründliche Lesen (»studierendes Lesen«),
- das selektive Lesen (»Auswahllesen«).

Wenden Sie beim wissenschaftlichen Arbeiten die verschiedenen Formen des Lesens gezielt an.

Das kursorische Lesen dient der Vorbereitung, das gründliche, vergleichende Lesen ist in der Hauptarbeitsphase angesiedelt und das selektive Lesen ergänzt beide, indem es versucht, aus einer Vielzahl von Informationen bestimmte Informationen aufzufinden und zu lesen.

Tipps für strategisches Lesen

Um Ihre Leseleistung zu effektivieren, sollten Sie sich folgende Routine aneignen: Lesen Sie jeden Text im ersten Durchgang kursorisch – das lässt sich trainieren; nach diesem Durchgang entscheiden Sie, ob Sie den Text gründlich, selektiv (oder aber auch gar nicht!) lesen.
Außerdem sollten Sie versuchen, Folgendes zu berücksichtigen:

- Lesen Sie allgemeine Texte vor spezielleren.

Um die verschiedenen zur Verfügung stehenden Informationen sinnvoll zu nutzen, empfiehlt es sich, mit allgemeiner, überschaubarer Literatur anzufangen. Über die Recherche und das Lesen zunehmend spezifischerer Texte können Sie sich schrittweise in Ihr Thema einarbeiten – der ideale Rechercheweg bildet diese Strategie ab (vgl. S. 58).

- Lesen Sie neuere Texte vor älteren.

Diese Strategie hilft Ihnen dabei, vom größtmöglichen, aktuellen Stand des Wissens auszugehen. Insbesondere hat diese Vorgehensweise den Vorteil, dass Sie Vorwissen bzw. Einschätzungen über bestimmte, hier erwähnte

Texte einbringen können, wenn Sie im Anschluss auf ältere Texte zurückgreifen. Ziel ist es jedoch nicht, auf ältere Texte zu verzichten, sondern die sogenannte einschlägige Literatur zu erkennen und diese dann gezielt zu lesen.

- Lesen Sie kürzere Texte vor längeren.

Wer so vorgeht, nutzt den Vorteil, Texte im Ganzen zu bearbeiten: In einer überschaubaren Zeit kann eine Argumentation komplett nachvollzogen werden, auf der Grundlage dieses Überblicks lassen sich im Anschluss ausgewählte Aspekte aus umfangreicheren Texten leichter einordnen. Auch diese Strategie ist bereits im idealen Rechercheweg berücksichtigt.

- Lesen Sie für Sie einfachere, leichte Texte vor komplexen, schweren.

Diese Vorgehensweise berücksichtigt Ihre individuellen Vorlieben bzw. Abneigungen, denn ein Text ist nicht an sich leicht oder schwer zugänglich, sondern für einen bestimmten Leser einfach oder komplex. Der eine bevorzugt locker Gesetztes mit vielen Zwischenüberschriften, Grafiken und Tabellen, der andere fühlt sich durch Zusatzelemente in der Lektüre gestört und mag möglichst wenig unterbrochene Texte. Machen Sie sich also das Lesen nicht dadurch schwer, dass Sie mit Texten beginnen, die für Sie schwer zu knacken sind – verschieben Sie sie einfach auf später – wenn Sie mit mehr Vorwissen erneut auf sie zugehen können, sind sie Ihnen wahrscheinlich zugänglicher.

Nutzen Sie eine Mindmap, um sich einen Zugang zu einem komplexen Text zu verschaffen.

Texte, deren Argumentationsgang Ihnen zu komplex oder sprunghaft erscheint, können Sie sich erarbeiten, indem Sie eine Mindmap zum Text anlegen und im Anschluss aus der Mindmap heraus den Leseweg bestimmen, der Ihrer Perspektive nahekommt. Und noch eins: Unterbrechen Sie sich, Ihr Mitdenken und Ihren Lesefluss nicht dadurch, dass Sie immer wieder nachschlagen – versuchen Sie, Fachwörter während des Lesens aus dem Kontext zu entschlüsseln, auf ein Fachlexikon können Sie im Anschluss zugreifen.

Das Bestimmen der Reihenfolge der zu lesenden Texte ist meistens ein Kompromiss.

Da es den Text, der zugleich kurz, aktuell, für Sie leicht zugänglich und allgemein ist, nicht notwendigerweise geben muss, liegt es an Ihnen, abzuwägen und gute, ehrliche Entscheidungen zu treffen. Denn auch für das Lesen gilt: Allzu leicht unterschätzt man die Anforderungen (bzw. überschätzt man sich selbst und seine Möglichkeiten). Ineffektiv ist das Lesen dann, wenn man Buchseiten ohne einen Ertrag bewegt – schon bei nur einer Seite wäre das vergeudete Zeit und Mühe. Daher gilt es, zu überdenken, wie man Leseergebnisse sichern kann.
Um mit den Texten der anderen im Rahmen Ihrer wissenschaftlichen Arbeit adäquat umzugehen, sollten Sie grundsätzlich drei Lesephasen einplanen: eine Phase der Lesevorbereitung, das Lesen selbst mit angemessener Lesebegleitung sowie eine Phase der Lesenachbereitung. Direkt sollten Sie eine Phase der Schreibvorbereitung anschließen, in der Sie die Leseergebnisse mit Blick auf Ihr Schreibvorhaben sichern.

3.2.2 Die Lesevorbereitung (Phase 1)

Nutzen Sie Ihr Vorwissen über Textsorten, um den Text und sein Anliegen einzuordnen: Handelt es sich um ein Einführungswerk oder um einen Fachaufsatz? – Hiervon sollten Sie abhängig machen, wie Sie im weiteren Verlauf mit dem Text umgehen, wann Sie ihn lesen und wie sie ihn bearbeiten.
Klären Sie, bevor Sie einen Text lesen, was Sie von ihm erwarten können:

- Überfliegen Sie, um den Text einzuordnen und seine Relevanz einzuschätzen, den Klappentext oder ein Abstract, das Inhaltsverzeichnis, das Literatur- und Stichwortverzeichnis, das Vorwort, das einleitende Kapitel und das Schlusskapitel.
- Im Anschluss daran können Sie den Text beurteilen und einordnen – sowohl in Bezug auf seinen Inhalt als auch hinsichtlich seiner Verständlichkeit.
- Achten Sie darauf, ob Termini so verwendet werden, wie Sie es gewohnt sind. Wenn nicht, machen Sie sich

die Bedeutung der Begriffe und die Abweichungen von Ihrem Verständnis klar.

Dass der terminologische Apparat der Wissenschaften Ihre eigene Sprache verändert, darf Sie nicht davon abhalten, ihn sich anzueignen und ihn zu verwenden. Man liest sich ein – genau das ist mit ein Grund dafür, dass wissenschaftliche Arbeiten sich auf die Texte anderer beziehen. Sie eignen sich lesend nicht nur das Wissen über bestimmte Themen an, sondern auch die Art und Weise, darüber zu sprechen bzw. zu schreiben. Wissenschaftlichkeit und wissenschaftliche Präzision erfordern, dass Sie ökonomisch formulieren – und dabei die Fachsprache gebrauchen (s. dazu S. 160). Das ist im ersten Schritt schwer bis unmöglich, deshalb sollten Sie Ihr Lesen begleiten und sich so reflektiert und Schritt für Schritt eindenken und einarbeiten.

Lesen Sie gezielt! Stellen Sie eine Frage an den Text. Bestimmen Sie Ihren Fokus.

Lesen Sie sich ein! Beobachten Sie sich selbst: Das Lesen vorzubereiten bedeutet nicht zuletzt auch, sich seine Leseabsicht bewusst zu machen und für den Leseprozess zu nutzen. Stellen Sie sich Fragen: Was will ich wissen? Suche ich bestimmte Informationen oder will ich die Argumentation Schritt für Schritt nachvollziehen? Interessiere ich mich für Informationen zum Thema/Forschungsgegenstand oder suche ich nach Zusammenhängen und Bezügen innerhalb der wissenschaftlichen Diskussion? Ihrem Leseziel entsprechend sollten Sie Ihr Lesen begleiten.

3.2.3 Die Lesebegleitung (Phase 2)

Die meistgewählte Form der Lesebegleitung ist das Unterstreichen oder Markieren – gewählt werden verschiedenfarbige Stifte, Heftnotizzettel und – sollten keine solchen zur Hand sein – kleine Knicke an den Ecken, mit denen wichtige Seiten gekennzeichnet werden. Auf diese Weise dokumentieren Leser ihre ohne solche Maßnahmen unsichtbaren Lesearbeiten. Ähnlich wie ein Zuhörer mitschreibt, um bei der Sache zu bleiben und nicht abzuschweifen, unterstreichen Lesende wichtige Wörter, zentrale Aussagen, Schlussfolgerungen.

Bitte nie beim ersten Lesen unterstreichen.

Aber Vorsicht: Wer zu viel markiert, hätte sich die Mühe sparen können – eine Unmenge von Unterstreichungen lenkt den Blick ebenso wenig wie nicht vorgenommene Markierungen. Daher der Rat: Markieren Sie erst im Anschluss an eine kursorische Lesephase, also erst dann, wenn Sie einen ersten Eindruck des Textes und des Textinhalts gewonnen haben.

Nutzen Sie drei Formen von Markierungen, die drei Ebenen Ihrer lesenden Denk-Arbeit bzw. denkenden Lese-Arbeit protokollieren:

- auf den Inhalt bezogene Stichwörter,
- auf die Argumentation bezogene Randkommentare (Def. für Definition, Th. für These, Arg. 1 für erstes Argument) sowie
- auf Ihren Erkenntnisprozess bezogene Symbole wie ! für wichtig, ? für unklar, fragwürdig und ϟ für widersprüchlich, zweifelhaft.

Sparsame Markierungen dieser Art am Rand sind empfehlenswerter als Unterstreichungen oder farbige Markierungen im Text, weil sie zum einen den Grund für eine Hervorhebung nennen (ist eine Stelle wichtig, fragwürdig, widersprüchlich) und zum anderen ein zweites, neues, unvoreingenommenes Lesen bei abgedecktem Rand möglich machen. Dies kann von Nutzen sein, wenn Sie einen Text mehrmals mit verschiedenen Fragestellungen im Hinterkopf lesen möchten, also verschiedene Informationen suchen.

Noch empfehlenswerter als sparsame Notizen am Rand sind Mindmaps zu einem gelesenen Text, Notizen auf Karteikarten oder in einem eigens für Ihre Arbeit angelegten Heft, das Sie als Logbuch Ihrer wissenschaftlichen Arbeit dazu nutzen können, die Schritte Ihrer Vorgehensweise zu dokumentieren (s. dazu S. 54 ff.). Hier können Sie nicht nur Ihnen relevant oder interessant erscheinende Stellen notieren, sondern auch Ihre Ideen dazu festhalten. Noch ausführlicher können Ihre Notizen werden, wenn Sie exzerpieren und so Ihre gedankliche Auseinandersetzung mit dem Text zu einer bestimmten Frage nicht nur dokumentieren, sondern auch vertiefen.

3.2.4 Die Leseverwertung/Nachbereitung (Phase 3)

Dass man Gelesenes weiterverarbeitet, ist bereits im Alltag gegeben: Nicht wenige Leser neigen dazu, ihre Mitmenschen an ihren Leseerlebnissen teilnehmen zu lassen, sie berichten über interessante Lektüre, geben Leseempfehlungen oder geben das durch das Lesen Gelernte weiter. All dies sind Strategien einer intuitiven Leseverwertung.

Im Zusammenhang mit wissenschaftlichen Arbeiten jedoch sollte die Leseverwertung in der Regel bewusst und schriftlich erfolgen. Eine erste Form der schriftlichen Nachbereitung des Lesens ist die Zusammenfassung:

- Zentrale Thesen des gelesenen Textes werden zusammen mit der Schlussfolgerung kurz, knapp und präzise dem Anliegen des Textes entsprechend wiedergegeben.
- Der Textinhalt wird zwar komprimiert, aber direkt, d. h. der Perspektive des Autors entsprechend, übernommen.
- Eine persönliche Stellungnahme, eine Wertung oder eine distanzierte Einschätzung vonseiten des Lesers erfolgt bei einer Zusammenfassung nicht.

Zusammenfassungen unterstützen das Verstehen des Textinhalts.

Zusammenfassungen haben ihren Nutzen, wenn es darauf ankommt, Texte zu verstehen und sich ihre Inhalte einzuprägen, zu lernen. Solche Zusammenfassungen haben Sie für Ihre annotierte Bibliografie genutzt und dabei – indem Sie sie verfassten – beobachten können, dass Sie die von Ihnen gelesenen Texte verstanden haben. (Stopp! – das haben Sie natürlich nicht beobachten können, denn das Verstehen erfolgt quasi automatisch. Umgekehrt wird ein Schuh daraus: Wenn Sie einen Text in der Annotation nicht zusammenfassen konnten, haben Sie ihn wahrscheinlich nicht verstanden – und Sie haben ihn erneut gelesen.)

Analysen unterstützen das Nachvollziehen des Argumentationsgangs.

Eine andere Form der Leseverwertung liegt in der Auseinandersetzung mit dem Text und den Aussagen seines Verfassers, beispielsweise im Rahmen einer Analyse, eines Kommentars, einer Rezension oder Interpretation.

- Ziel dieser distanzierten Einschätzung von Gelesenem ist es, einen Text in seinen (wissenschaftlichen) Kontext einzuordnen und seine Intention und Zielsetzung zu erfassen.
- Häufig werden weitere Texte hinzugezogen, um den ersten Eindruck zu bestätigen oder zu widerlegen.
- Um die Einschätzung zu begründen, werden ausgewählte Textstellen erläutert und in ihrer Funktion für die Argumentation beschrieben.

Sowohl Zusammenfassungen und Inhaltsangaben als auch Textanalysen und Interpretationen sind Ihnen sicherlich aus dem Deutschunterricht bekannt. Neben den beiden Formen der Leseverwertung (direkte und komplette Übernahme oder distanzierte Einordnung) gibt es eine dritte Variante: Aus verschiedenen Textquellen werden Aussagen zu einem Gesamtbild zusammengefügt, miteinander verglichen, aufeinander bezogen und gegeneinander abgewogen. Dieses Vorgehen ist sowohl der alltäglichen Strategie des Umgehens mit Informationen wie auch dem journalistischen Arbeiten nicht unähnlich. Sie kennen das, wenn Sie sich zu einem in den Medien diskutierten Thema Schritt für Schritt – ergänzt durch persönliche Gespräche mit Freunden und Bekannten – einen Standpunkt und eine Perspektive auf die Sache erarbeiten. Häufig wird auch im Alltag eine Aussage zitiert und ihre Herkunft genannt.

Wissenschaftliches Arbeiten ist mehr als Zusammenfassen und Analysieren.

Die für wissenschaftliches Arbeiten prägende Strategie des Fokussierens ist auch für die intensive Leseverwertung im Rahmen einer Seminar- oder Abschlussarbeit charakteristisch, man geht hier nur deutlich systematischer vor, um die Nachvollziehbarkeit der Überlegungen sicherzustellen. Für Ihre wissenschaftliche Arbeit mit und an Texten benötigen Sie somit – das lässt sich leicht nachvollziehen – eine Technik, die es Ihnen erlaubt, die eigene Perspektive Schritt für Schritt zu schärfen, denn eines ist klar: Wenn das Lesen und die Arbeit an Texten dazu dienen, das eigene Wissen auszudifferenzieren, muss sich dies auch in der Vorbereitung des Textes widerspiegeln. Mit dem Erstellen Ihrer Arbeitsbibliografie haben Sie die Vielzahl möglicher Bezugstexte gefiltert, mit der annotierten Bibliografie Prioritäten gesetzt. Nun können Sie anfangen, Ihre Leseergebnisse zu sichern, indem Sie mit Blick auf Ihr Erkenntnisinteresse exzerpieren.

3.3 Leseergebnisse sichern: Formen und Funktionen des Exzerpierens

Wissenschaftliches Arbeiten braucht eine Technik, die die Nachvollziehbarkeit unterstützt.

Um mit Blick auf Ihr Erkenntnisinteresse Anknüpfungspunkte zu sammeln, eine eigene Textidee zu entwickeln und daraufhin Aussagen aus den gelesenen Texten zu kommentieren, sollten Sie beginnen, zu den gelesenen Texten zu schreiben. Dieses erste Schreiben beim Lesen wird auch »Exzerpieren« genannt, die entstehenden Texte sind Exzerpte; diese Texte vor dem Text dienen dazu, Ihre Seminararbeit vorzubereiten. Das Exzerpt, das Sie als Schreibaufgabe vorlegen (vgl. S. 26 ff.), ist also etwas grundsätzlich anderes als das Exzerpt, mit dem Sie Ihren Text vorbereiten.
Für eine Seminararbeit sind mehr als zwei oder drei Texte zu lesen – der Blick auf Ihre Mindmap und/oder Ihre annotierte Bibliografie zeigt, welche Werke Sie für die einzelnen Kapitel heranziehen werden. Zudem wird es sich nicht um (kurze) Aufsätze, sondern auch um Bücher handeln, aus denen das für die eigene Fragestellung Wichtige zu entnehmen ist. Zentral ist folgende Konsequenz: Man kann nicht erst alles gelesen haben und danach die Arbeit schreiben, sondern man muss es anstreben, bereits beim Lesen wichtige Überlegungen schriftlich zu fixieren.

Schreiben Sie zu jedem zentralen Text, den Sie lesen, ein Exzerpt.

Tut man dies nicht, gehen nicht nur schöne, hilfreiche Gedanken verloren, sondern es wird auch immer schwieriger, mit dem Schreiben zu beginnen, weil es viel zu viele Möglichkeiten gibt. Es gilt, zweierlei zu sammeln:

- Wichtige Gedanken, die sich lohnen festgehalten zu werden, stammen zu einem Teil aus den gelesenen Texten, diese sollten mit Verweisen auf ihre Herkunft notiert werden.

- Ein weiterer Teil wird sich aus der eigenen Überlegung ergeben, die das Gelesene in Beziehung zur Fragestellung bringt – auch diese gilt es aufzuschreiben.

Exzerpte unterstützen ein aktives Mitdenken.

Das Zusammenspiel von Lesen, Denken und Schreiben ist für das eigenständige wissenschaftliche Arbeiten zentral. Exzerpieren ist eine elaborierte Form des Schreibens beim Lesen – und somit mehr als eine kleine Notiz oder ein die Lektüre begleitendes Mitschreiben (oft auch als »Rausschreiben«) bezeichnet. Im Exzerpt sammelt man »Herausgepflücktes«, daher sind Exzerpte immer mit einer Auswahl verbunden und insoweit etwas grundlegend anderes als Zusammenfassungen.

3.3.1 Zwei Formen des Exzerpierens

Exzerpte können auf die Hauptaussagen eines Textes ausgerichtet sein (textorientiertes, zusammenfassendes Exzerpieren) oder auf eine eigene Frage hin angefertigt werden, die einen Zusammenhang mit dem Erkenntnisinteresse der geplanten wissenschaftlichen Arbeit herstellt (themenorientiertes, fokussierendes Exzerpieren):

Das Ziel des Exzerpierens muss im Vorhinein bestimmt werden, zwei Wege sind denkbar.

- Textorientiertes, zusammenfassendes Exzerpieren soll Ihnen dabei helfen, das Bild, das der Verfasser des von Ihnen gelesenen Textes vom Thema hatte, nachzuzeichnen und seinen Gedankengang zu verfolgen. Zu einem Text verfassen Sie also genau ein zusammenfassendes Exzerpt (s. dazu S. 26 ff.).
- Themenorientiertes, fokussierendes Exzerpieren will Sie darin unterstützen, den Zusammenhang, den Sie beim Lesen eines Aufsatzes oder Buches zu Ihrem Thema und Ihrem Erkenntnisinteresse hergestellt haben, festzuhalten, d. h., das Gelesene auf Ihren Gedankengang hin mit- und auch weiterzudenken. Ein Text kann Ihnen mehrere verschiedene Anknüpfungspunkte bieten. Daher legen Sie so viele verschiedene fokussierende Exzerpte an, wie er Anknüpfungspunkte liefert.

Das textorientierte, zusammenfassende Exzerpt

Beim textorientierten, zusammenfassenden Exzerpieren werden die Aussageabsicht und das Fazit des vorliegenden Textes Schritt für Schritt nachvollzogen. Dazu werden die für den Argumentationsgang zentralen Aussagen herausgearbeitet und kommentiert, sodass als Ergebnis am Ende des Exzerpts ein knappes Abstract stehen kann, in dem beschrieben wird,

- welches Ziel der gelesene Text verfolgt,
- wie die zugrunde liegende Forschungsarbeit konzeptionell und methodisch ausgeführt wurde,
- welche wichtigen Ergebnisse erzielt werden konnten und
- welche Schlussfolgerungen sich ergeben.

Das textorientierte Exzerpt pflückt somit die Hauptaussagen eines Textes heraus.

Exzerpte können im Kontext wissenschaftlichen Schreibens jedoch mehr sein als bloße Zusammenfassungen oder Abstracts, die den gelesenen Text auf das Wesentliche reduzieren, oder Textauszüge (wie man ausgehend von der Bedeutung des lateinischen Wortes *excerpere* = herauspflücken annehmen könnte).
Eine völlig andere Ausrichtung hat das am eigenen Thema orientierte, fokussierende Exzerpieren.

Das themenorientierte, fokussierende Exzerpt

Voraussetzung für ein fokussierendes Exzerpt sind die erste Lektüre des Textes und ein fokussiertes Erkenntnisinteresse.

- Für das Erstellen eines fokussierenden Exzerpts wird in einem ersten Schritt der Text als Ganzes seiner Aussageabsicht entsprechend rezipiert, sodass ein knappes Abstract gegeben werden kann. (Sollten Sie eine annotierte Bibliografie angefertigt haben, liegt Ihnen

Ihr Abstract bereits vor, Sie können es kurz überprüfen und dann mit oder ohne Nachbesserungen weiterverwenden.)

- Es folgt eine an den Text gerichtete Frage (die im Zusammenhang mit dem eigenen Erkenntnisinteresse steht, also nicht notwendigerweise auf Hauptaussagen gerichtet ist).
- Nun werden die Informationen aus dem Text ausgewählt, die der Frage folgend für das Erkenntnisinteresse relevant sind.
- Zentral ist, dass jede entnommene Stelle um eigene Überlegungen und Erkenntnisse ergänzt wird.

Diese fokussierte bzw. fokussierende Form des Schreibens beim Lesen will Sie zu einem schriftlichen Auf-die-eigene-Fragestellung-hin-Mitdenken des Gelesenen anregen. Wer zu einem Text auf das eigene Erkenntnisinteresse hin exzerpiert, sollte also

- eine komplette, den Gepflogenheiten des Faches entsprechende bibliografische Angabe erstellen,
- die mit der an den Text gerichteten Frage in Zusammenhang stehenden Textstellen (idealerweise wörtlich) zitieren und dabei die den Richtlinien entsprechenden Zitierregeln anwenden,
- zu jeder zitierten Stelle eine erläuternde Hinführung sowie eine kommentierende Erläuterung beifügen und dabei auf Gelerntes zurückgreifen.

3.3.2 Vorteile des fokussierenden Exzerpierens

Wenn Sie mit Blick auf Ihr Erkenntnisinteresse exzerpieren, erkennen Sie in Ihrem Arbeitsprozess, dass wissenschaftliches Arbeiten mehr ist, als das wiederzugeben, was andere festgestellt haben, und deren Texte zusammenzufassen. Sie können mit dieser dem Schreiben des eigentlichen Textes vorgelagerten Schreibtätigkeit Ihren Text Kapitel für Kapitel vorbereiten – das bietet einige Vorteile:

- Zunächst gewinnen Sie durch regelmäßiges Exzerpieren eine Schreibroutine und trainieren quasi nebenbei, Ihre Gedanken in Worte zu fassen.
- Mit dem Ziel, das in einem gelesenen Text für die eigene Fragestellung Wichtige zu identifizieren und zu kommentieren, produzieren Sie zügig Textbausteine, die sich für das Schreiben der Kapitel Ihrer Arbeit gut weiterverarbeiten lassen.

Damit dies gelingt, sollten Sie wie folgt vorgehen:
Notieren Sie in Ihrem Exzerpt (wörtliche) Zitate, die Sie durch Hinführungen und Kommentare (das können Ideen, Fragen, Schlussfolgerungen oder Querverbindungen sein) rahmen. Das bedeutet: Formulieren Sie zu jeder zitierten Stelle eine Hinführung – hiermit stellen Sie die Verbindung zum gelesenen Text her.

Schreiben Sie nicht nur heraus, schreiben Sie immer auch dazu!

Und: Übernehmen Sie keine Textstelle, ohne sie zu kommentieren. Oder umgekehrt: Wenn Sie ein Zitat nicht kommentieren können, sollten Sie sich fragen, inwiefern es mit Ihrem Erkenntnisinteresse in Zusammenhang steht und ob es überhaupt in Ihr Exzerpt gehört. Mit Ihren Kommentaren stellen Sie Verbindungen zu Ihrem späteren Text her.

Behalten Sie Ihr Ziel im Auge und Ihren Fokus bei.

Im Zusammenspiel von Hinführungen und Kommentaren zeigt Ihnen Ihr Exzerpt, dass und wie Sie beim Lesen vom Fremden zum Eigenen gelangen, indem Sie gelesene Texte auf Ihre Fragestellung hin über- und auch weiterdenken. Ihre eigenen Ergänzungen (die in gewisser Weise ein auf ein Thema begrenztes Gespräch mit dem einzelnen Text simulieren) können Ihnen später als Anknüpfungspunkte für die Beantwortung der Fragestellung dienen.

Schreiben Sie gegebenenfalls zu einem Text mehrere Exzerpte.

Ist ein Text aus verschiedenen Perspektiven für die Arbeit interessant (lassen sich also verschiedene Fragen an ihn richten), empfiehlt es sich, auch mehrere verschiedene Exzerpte zu schreiben. So lässt sich jedes Exzerpt zusammen mit thematisch ähnlich gelagerten Exzerpten einem Kapitel des eigenen Textes zuordnen und leichter weiterverarbeiten.

So könnte die erste Seite Ihres fokussierenden Exzerpts aussehen

ABCHJIDLMNOP, UPSKEJH 2011: Sjwhejh djh asökhdökh. jkdwhhr ö hdqkjh. In: skjdhk kjjh höh 21/2011, S. 22 – 44.

Standort: Ordner 2 gelesen am 14.08.2011

Abstract

Abc defghijkl mnopq rstuvxxyza. Bcdef ghijklm nopqrstuv-xxyzabc defghijk – imnopq rstuvxxyza bcd efghijkl mnopqrstuvxxy. Zabcdefg hijklm nopqrstuvxx yzabcdefghijklm nopqrs tuvxxyz abcdefgh jklmno.

Meine Frage an den Text

Abcde fghijklmnopqr stuvxxyzabcde fghijklmn. Opqrstuv xxyzabcde fghijklmnopqrst abcdefghij?

S. 22 Xyzxyz xyzxyzxyzxyz

Abcde fghijklmnopqr stuvxxyzabcde fghijklmn. Opqrstuv xxyzabcde fghijklmnopqrst abcdefghij YZABCDEFG zabcde:

> „Fghijklm nopqrstuvxxyz **abcdefghijklmnopqrstuv** xxyzabcdefghijklmnopqrs tuvxx yza bc defghijklmnop qrstuvxxyz abcdefghijkl mnopqrstuvxx yzabcdefghijk lmnop qrstuv xxyzabcd efghijklm nopq rstuv xxyz." (YZABCDEFG 2011, 22)

xyzab cdefgh ijklmno. yzabcd opqrstuvxxy zabcde-fghijklmn? opqr xyzab cdefgh ijklmno. yzabcd opqrstuvxxy zabcde-fghijklmn opqr !!

Abcdef ghijklmnopqrs tuvxxyzabcd efghijkl mnopqr stuvxxy. Zabcdef, ghijklmn opqrstuv xxy, zabc defghijkl. Mnopqrst uvxxyza bcdefghijklm nopqrstuvxxyz abcdefg. Hijklmno pqrstuvx:

> „[Z]abc defghijkl mnopq rstuvx xyzabc. xxyzaklmnopqr vxxy xxyz abcdefghijkl mnop. Abcde fghijklmn opqrs tuvxxyzab cdefghijklmno pqrstuvxxy. Zabcde fghijklmn opqrstuv xxyzabc defghijklmn opqrstuvxxyzabcdefghijklmn opq." (YZABCDEFG 2000, 22)

adkh xyzabsakh döhdf häh cdefgh ijklmno. yzabcd opqrstuvxxy zabcde-fghijklmn.

S. 24 shdkj djk fjhökhwakls

RSTU VXXYZABCD efghijklmno pqrstuvxxyz abcdefghijklm: *nopqrstuv*, *xxyzab*, *cdefghij*, klm nopqrstuvxx yzabcdefghijklm:

> „Zabcde fghijklmn opqrstuv xxyzabc defghijklmn opqrstuvxxyzabcdefghijklmn opq." (yzabcdefg 2000, 22)

Söhdf häh cdefgh ijklmno? – yzabcd opqrstuvxxy zabcde-fghijklmn!
☞ Smn Zdhnfwöh 2009

Schlagworte: yzabcd • opqrstuvxxy • zabchijklmn

Layout-Vorschlag

Wenn Sie Ihren Exzerpten einen klaren Aufbau geben, der sich im Layout an Ihrer geplanten wissenschaftlichen Arbeit orientiert, machen Sie es sich leicht, Passagen aus dem Exzerpt hinterher im eigenen Text weiterzuverarbeiten, und Sie können zudem beurteilen, wie viel Vorarbeit Sie bereits geleistet haben.

1. Halten Sie im Kopf des Exzerpts die komplette bibliografische Angabe fest.

Schnell können Sie so (frühzeitig!) feststellen, dass Ihnen Teile einer bibliografischen Angabe fehlen oder die Form bibliografischer Angaben unklar ist. Sie können also Erkundigungen einziehen oder nachrecherchieren. Mit Ihren Exzerpten haben Sie so ein formal einwandfreies Literaturverzeichnis vorbereitet.

2. Notieren Sie Angaben zum Lesedatum und zum Standort des Textes.

Der Hinweis auf das Lese- bzw. Exzerpierdatum ist wichtig, um den Verlauf Ihres Erkenntnisweges nachzuvollziehen. So wird es möglich, zu entscheiden, ob ein zweites Lesen des exzerpierten Textes notwendig oder sinnvoll sein könnte. Dies hat – genauso wie eine Notiz zur Signatur des Buches oder zur Nummer des Ordners, in dem er abgelegt ist – einen mehr praktischen Aspekt und versetzt Sie in die Lage, den Verlauf Ihres Arbeitsprozesses zu beobachten.

3. Halten Sie sowohl die Hauptaussage des gelesenen Textes (in Form eines Abstracts) als auch Ihren Fokus (die Fragestellung, unter der er exzerpiert wurde) fest.

Das Abstract und Ihr Fokus dienen Ihnen zur Orientierung, wenn Sie das Exzerpt weiterverarbeiten, und verhindern Fehlschlüsse: Ist das für die eigene Fragestellung Interessante im Text eher eine Nebensache oder die Hauptaussage? Worin genau lag Ihre Leseabsicht? – Denkbar ist es, dass Sie im Zuge der Vorbereitung Ihr Erkenntnisinteresse verlagern und deshalb die Leseergebnisse, die mit anderer Schwerpunktsetzung entstanden sind, nicht sinnvoll weiterverarbeiten können, also neu exzerpieren müssen.

4. Sammeln Sie im Hauptteil des Exzerptes (wörtliche) Zitate, die Sie mit eigenen Überlegungen ergänzen.
Auch wenn Sie in Ihrer Arbeit keine wörtlichen Zitate verwenden werden, ist es sinnvoll, im Exzerpt wörtliche Zitate zu sammeln: Auf diese Weise bleiben Sie nah an der Originalaussage. Notieren Sie Belege in der im Fach üblichen Form (Fußnote oder Klammer direkt im Anschluss). Beim späteren Schreiben können Sie relevante Stellen dann – auf der Grundlage Ihrer bis dahin intensiven Beschäftigung mit dem Thema – umformulieren und so in sinngemäße Zitate verwandeln. Routinemäßig sollten Sie Ihre im Exzerpt gesammelten Zitate in Anführungszeichen setzen und um vorangestellte Hinführungen und anschließende eigene Gedanken, Kommentare, Fragen ... ergänzen. Markieren Sie Ihre Ideen zur zitierten Stelle durch ein klar erkennbares Format (eine andere Farbe, eine besondere Schrift), sodass sie klar als eigene Zusätze erkennbar sind. Diese Strategie verhindert ein von vielen Schreibenden befürchtetes versehentliches Plagiieren.
5. In der Fußzeile des Exzerpts können Sie eigene Schlagwörter oder andere individuelle Zuordnungen ergänzen.
Bei umfangreicheren Arbeiten, in denen Sie viel Material einbeziehen, werden Ihnen Ihre eigenen organisatorischen Hinweise (das können – über ein individuelles System der Verschlagwortung hinaus – Hinweise zur Weiterverarbeitung oder auch Bemerkungen zur Vernetzung des Textes mit anderen Texten sein) dabei helfen, die Übersicht zu behalten.

Sinnvoll ist es, Exzerpte mit der Textverarbeitung zu schreiben (für jedes Exzerpt eine eigene Datei) und sie von vornherein so zu formatieren, dass die Seite (und damit der Textumfang) mit Blick auf die zu schreibende Arbeit beurteilt werden kann. Dies betrifft insbesondere die Seitenränder, Zeilenabstände und Schriftgrößen. Hier lässt sich das Arbeiten mit Formatvorlagen für den Haupttext, für wörtliche Zitate und eigene Anmerkungen ebenso trainieren wie die Bezugnahme auf Formulierungen anderer. So hat das Exzerpieren mehrere Vorteile:

- Indem Sie exzerpieren, fokussieren Sie Ihre Leseaktivitäten.

Da Sie durch Ihr Lesen ein Exzerpt vorbereiten wollen, lassen Sie sich nicht so leicht ablenken und interessieren sich deutlich weniger für – im Sinne Ihres Erkenntnisinteresses nebensächliche – Details. Mit dem Exzerpt – das Sie für sich und Ihre Arbeit schreiben – legen Sie sich Rechenschaft über Leseergebnisse ab.

- Indem Sie exzerpieren, fundieren Sie Ihre wissenschaftliche Arbeit.

In dem entstehenden Text geht es darum, Aussagen anderer aufeinander zu beziehen und auf dieser Basis mit Blick auf die Fragestellung zu argumentieren. Mit diesem Ziel ist es wichtig, bereits beim Lesen seine Gedanken zu ergänzen – und diese im Exzerpt in einer anderen Farbe oder Schrift vom Übrigen abzusetzen. So wird klar, was aus dem gelesenen Text stammt und was eigene Überlegungen sind.

Trennen Sie deutlich zwischen Fremdem und Eigenem.

- Im Exzerpt ist Ihnen möglich, zu einem einzelnen Text zu schreiben und zu denken.

Sie können leichten Herzens spontane Schlüsse sowie Ideen zur Weiterverarbeitung notieren – nur was Sie festgehalten haben, lässt sich später im eigenen Text argumentativ sinnvoll nutzen oder verwerfen – nur Sie werden mit Ihrem Exzerpt weiterarbeiten. Sie werden beim Schreiben Ihres Textes dankbar sein, dass Sie in Ihren Exzerpten mehr als nur Stichworte formuliert haben.

Schreiben Sie mehr als nur Stichworte!

- Im Exzerpt fällt das Formulieren eigener Gedanken leichter, weil es sich nicht an fremde Leser richtet.

Das Exzerpt ist Ihr ganz persönlicher Arbeitstext, es erleichtert das Schreiben auch deshalb, weil sich im Dialog mit jedem einzelnen gelesenen Text eigene Gedanken leicht entwickeln und zuordnen lassen.

- Ihre Exzerpte zeigen Ihnen Ihren Wissenzuwachs.

Sie werden bemerken, dass die ersten Exzerpte, die Sie zu einem Themenbereich anfertigen, nur erste vorsichtige

Einschätzungen und vor allem Fragen und Vermutungen enthalten. Aber bereits mit dem zweiten Exzerpt wird es Ihnen möglich, Vergleiche zu ziehen, Unterschiede zu erkennen, Bezüge herzustellen, zu kommentieren.

Wählen Sie aus, welche Texte Sie exzerpieren.

Wenn Sie einplanen, drei (bei einer umfangreicheren Arbeit etwa fünf) der für ein Kapitel oder Unterkapitel relevanten Texte zu exzerpieren, werden Sie irgendwann feststellen, dass während der Arbeit an einem Exzerpt das Kapitel, das Sie zu schreiben beabsichtigen, in Ihrem Kopf mehr und mehr an Kontur gewinnt. Jetzt sollten Sie mit dem Exzerpieren aufhören und mit dem Schreiben beginnen – Ihre Exzerpte bilden so Ihr Sprungbrett in den Text: Die auf ein Kapitel Ihrer Arbeit bezogenen Exzerpte werden weiterverarbeitet, indem eine neue Datei für das Kapitel angelegt wird, s. dazu S. 153 ff.

Sie sehen: Recherchieren ist viel mehr als Texte finden, und auch Lesen ist im Zusammenhang mit wissenschaftlichen Arbeiten mehr als Mitdenken und Verstehen. Um einen Text (und seine Relevanz für die gewählte Fragestellung) beurteilen zu können, müssen Sie sich nicht nur dessen Inhalt und Aussage vor Augen führen, sondern im Anschluss daran auch einen Bezug zu Ihrem Erkenntnisinteresse herstellen können. Die Überlegungen, die Sie hierbei anstellen, sollten Sie schriftlich in einem Exzerpt festhalten. Keiner der von Ihnen bearbeiteten Texte kann Ihre Antwort auf Ihre Fragestellung liefern, kein anderer Autor verfolgte Ihr Erkenntnisinteresse auf Ihrem Weg, hat seinen Text auf Ihren Fokus hin verfasst. Dies ist die Begründung dafür, dass man sich selbst an die wissenschaftliche Arbeit macht und gezielt liest, mitdenkt und schreibt, dass man Textvernetzungen nachvollzieht und neue Zusammenhänge herstellt. Daher: Es geht um Ihren Text, fangen Sie an!

4 Strukturieren und gliedern: Den roten Faden herausarbeiten und dabei sinnvoll und richtig zitieren

Ihre wissenschaftliche Vorbereitungsarbeit zielt darauf, einen Text zu schreiben. Klar ist: Es ist weder sinnvoll, in Ihrem Text den Weg Ihrer Recherche nachzuvollziehen (also den Leser in der Chronologie der Ereignisse darüber zu informieren, was Sie wann gelesen haben), noch weiterführend, die gelesenen Texte in einer anderen Abfolge (beispielsweise alphabetisch oder nach Erscheinungsjahren sortiert) nacheinander zusammenzufassen. Ihre Aufgabe ist es also, auf der Grundlage Ihres Erkenntnisinteresses Zusammenhänge herzustellen. Dank Ihrer Lesearbeit können Sie Ihren eigenen Blick schärfen: Ihre Sicht auf die Dinge, die Sie zur Perspektive der anderen Autoren in Beziehung setzen.

Trennen Sie deutlich zwischen Struktur (des Materials) und Gliederung (des Textes).

Ihnen liegt das Material vor, mit dessen Hilfe Sie Ihre Fragestellung beantworten können. Diese Antwort ist Ihr Textziel, auf dieses hin wählen Sie zunächst die zu behandelnden Inhalte aus. In einem zweiten Schritt entwerfen Sie die Gliederung Ihres Textes. Sie sollten also gedanklich klar trennen zwischen der Struktur des Themas bzw. Textinhalts und der Gliederung des Textes. Hierfür will Ihnen dieses Kapitel einige Leitlinien an die Hand geben.

4.1 Die Mindmap als Strukturierungshilfe

Sie sind dabei, sich genauer mit Ihrem Thema zu befassen. Bei der Lektüre lernen Sie andere Blickwinkel, andere Erkenntnisinteressen kennen, diese können Sie nach und nach zur eigenen Standortbestimmung hinzuziehen, indem Sie Ihr Ziel von den Zielsetzungen der anderen abgrenzen. Während Sie lesen und Ihre Exzerpte erarbeiten, klären Sie Facetten und Zusammenhänge Ihres Themas – Sie weisen Exzerpten Schlagwörter zu, die Ihnen dabei helfen, die von Ihnen gesammelten Aussagen und Ihre Überlegungen dazu zu filtern und zu systematisieren. Parallel dazu arbeiten Sie weiter an Ihrer Mindmap, indem Sie sie verfeinern und eventuell – sollten Sie neue Zusammenhänge erkennen – auch neu anlegen. Bei einer umfangreichen Arbeit empfiehlt es sich, eine übergeordnete Mindmap zu führen und für jedes der Hauptkapitel eine eigene Mindmap anzulegen, damit Sie Feinheiten erfassen können.

Prüfen, ergänzen und verfeinern Sie Ihre Mindmap(s).

Mindmaps als Hilfsmittel wissenschaftlichen Arbeitens

Am Anfang wissenschaftlichen Arbeiten stehen Themenfindung und -eingrenzung sowie die Formulierung und Begründung einer Fragestellung. Auf dieser Grundlage erfolgen Materialsuche und -auswahl. Den Abschluss bilden die Durchdringung des Materials mit Blick auf das Erkenntnisinteresse und das Verfassen eines für den außenstehenden Leser nachvollziehbaren Textes, der ihm in sinnvoll aufeinander aufbauenden Schritten den Weg zur Beantwortung der Fragestellung zeigt. In allen Phasen kann Ihnen eine (jeweils weiterentwickelte) Mindmap eine Hilfe sein.

- Wissenschaftliches Arbeiten ist gekennzeichnet durch systematisches Vorgehen. Die Mindmap zeigt die von Ihnen auf der Grundlage Ihres Erkenntnisinteresses mit Blick auf Ihre Fragestellung herausgearbeiteten Zusammenhänge, die Struktur des Themas.
- Wissenschaftliches Arbeiten ist gekennzeichnet durch objektives Begründen und die Bezugnahme auf Texte anderer. Die Mindmap belegt Ihre Auswahl, indem sie zeigt, welche Quellen wo hinzugezogen wurden. An jedem Zweig der Mindmap sollten jetzt mindestens drei Quellen genannt sein.
- Entsteht die wissenschaftliche Arbeit auf der Grundlage von empirischer Analyse, so lassen sich auch diese Ergebnisse in der Mindmap dokumentieren und so in einen Bezug zu den Inhalten der gelesenen Texte bringen.

Ihre Mindmap zeigt Ihnen in thematischer Ordnung, was Sie durch Ihre bisherige Lesearbeit wissen. Wenn Sie den

Endzweigen Ihrer Mindmap die von Ihnen zum jeweiligen Thema exzerpierten Texte zuordnen, dient Ihnen die Mindmap zugleich als Ordnungshilfe für Ihr bisher erarbeitetes Material.

Die Mindmap dient Ihnen als Kompass für den Stand Ihrer Vorarbeiten.

Der Blick auf Ihre Mindmap zeigt Ihnen auch die Struktur Ihres Themas: Sie können nun verschiedene Wege über die Äste und Zweige hinweg durchspielen, um Ihre Fragestellung Schritt für Schritt zu beantworten. Auch wenn Sie davon ausgehen, die Gliederung Ihres Textes bereits im Kopf zu haben, sollten Sie Alternativen erproben, um sich bewusst für einen Textverlauf zu entscheiden.

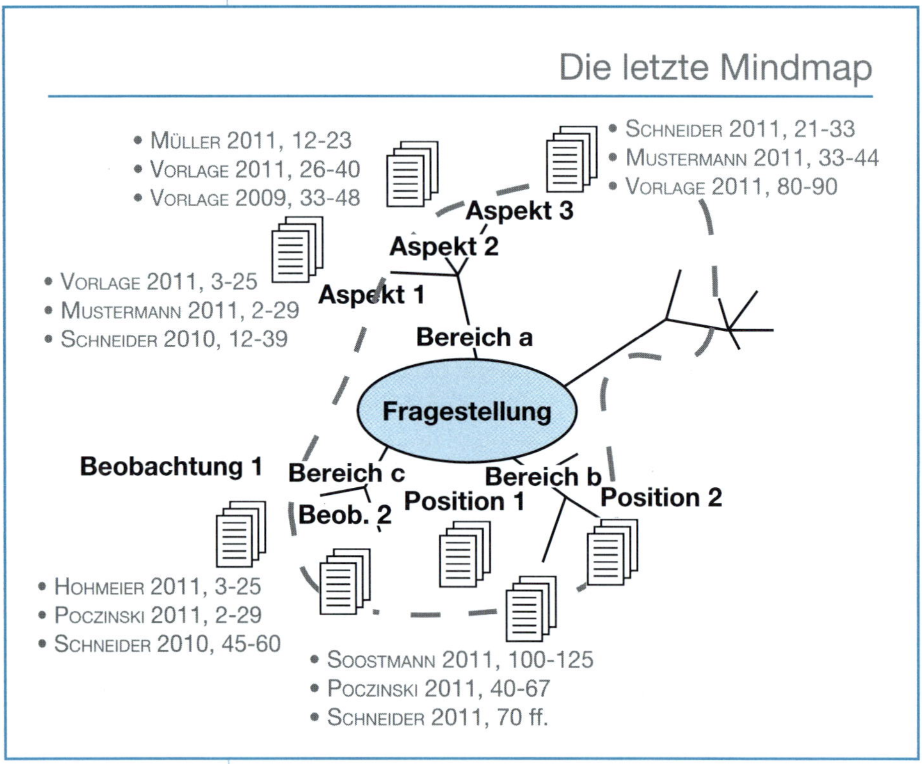

Abb. 7: Komplexe Mindmap als Ergebnis wissenschaftlichen Arbeitens

4.2 Die Fragestellung als Strukturierungshilfe

Eine erste Leitlinie für die Art, in der Sie das Erarbeitete darstellen können, liefern Ihnen Ihr Erkenntnisinteresse und Ihre **Fragestellung,** die Sie während Ihrer den Text vorbereitenden Arbeiten nicht aus dem Auge lassen sollten. Um Ihren Text planen zu können, stellen Sie sich die Äste und Zweige Ihrer Mindmap als Kapitel und Unterkapitel Ihres Textes vor.

Mit Blick auf den geplanten Text ist es wichtig, in der Mindmap Aspekte des Themas und zugehörige Forschungspositionen (und gegebenenfalls auch eigene Beobachtungen) so zu ordnen, dass es Ihnen möglich wird, zu entscheiden, wie Sie sie im Rahmen des vorgegebenen Textumfangs nachvollziehbar darstellen können:

Planen Sie mithilfe der Mindmap Ihren Text.

- Denkbar ist, dass die Äste der Mindmap Aspekte des Themas erfassen und bei den Verzweigungen verschiedene theoretische Positionen berücksichtigt werden.
- Es ist auch möglich, an einem Ast Sachaspekte, an einem anderen Forschungspositionen zu notieren.
- Weiterhin können Sie einen Ast einzeichnen, mit dessen Hilfe Sie Methode und Ergebnisse Ihrer eigenen Untersuchung, Beobachtung oder Befragung systematisieren.

Den Textverlauf festlegen

Um zunächst einen groben Textverlauf festzulegen, sollten Sie sich sechs Fragen stellen und für Ihren Text beantworten:

- Was ist das Textziel?

Das Textziel, die Aussageabsicht, wird von der Textsorte mitbestimmt.

- Was ist der Textinhalt?

Der Textinhalt, das Thema, kann von der Textsorte beeinflusst sein. Die Eingrenzung eines Inhalts, Art der Behandlung eines Themas bzw. der Weg, auf dem ein

Argumentationsziel erreicht werden kann, ist abhängig von der spezifischen Fragestellung, die zu untersuchen ist, bzw. von der Art der Mitteilung, die zu machen ist.

- Was gehört nicht (mehr) zum Textinhalt, was soll definitiv nicht behandelt werden?

Auch die Elemente außerhalb dieser Grenze sollte man ausdrücklich benennen, um nicht zu weit zu gehen und sich so in Nebensächlichkeiten zu verlieren. Die Argumentation soll klar auf das Textziel hin ausgerichtet sein.

- Welche Teile des Textinhalts gehören wie zusammen, wie ist die Struktur des Themas?

Die Struktur des Themas, die innere Ordnung von Teilthemen oder Argumenten, ist bestimmt durch die Sachlogik, aber auch durch die Perspektive, unter der ein Gegenstand betrachtet wird bzw. vermittelt werden soll.

- Welcher Teil des Textinhalts ist ein geeigneter Zielpunkt?

Der Aufbau einer Argumentation geschieht immer auf ein Ziel hin, der Textverlauf ist somit abhängig von der Bestimmung eines geeigneten Zielpunkts, eines Textziels.

- Welcher Teil des Textinhalts ist ein geeigneter Anfangspunkt?

Der Anfangspunkt und mit ihm der Gang der Argumentation kann häufig unterschiedlich gesetzt werden. Um das Argumentationsziel bzw. Textziel zu erreichen, sind mehrere Wege möglich, die die benannten Teile des Textinhalts in unterschiedlicher Reihenfolge abarbeiten. Dabei sind – bis auf das Ziel – oft alle Stationen austauschbar, wodurch unterschiedliche Schwerpunktsetzungen bzw. Fokussierungen entstehen.
Diese sechs Fragen skizzieren die Möglichkeiten, die für einen Argumentationsweg bestehen, sie helfen dabei, einen roten Faden zu bestimmen. Es ist möglich, dass – selbst bei übereinstimmender Textsorte und übereinstimmendem Textziel – unterschiedliche Texte (Textverläufe) zu einem Thema denkbar sind. In einem solchen Fall müssen Sie entscheiden.

4.3 Textsorte und Textumfang als Strukturierungshilfe

Eine zweite Leitlinie für die Entscheidung, wie Sie das Erarbeitete in Ihren Text einbringen, liefern Ihnen **Textsorte und Textumfang:** In einer fünfzehnseitigen Seminararbeit müssen Sie anders portionieren als in einer fünfundzwanzig- oder sechzigseitigen Abschlussarbeit.

Unabhängig vom Thema gibt es unterschiedliche Möglichkeiten, Einteilungen vorzunehmen oder Schwerpunkte zu setzen (die beispielsweise die Menge der Zitate beeinflussen) – und damit immer mehrere Möglichkeiten für die Darstellung. Allerdings ist zu bedenken: Bei einer wissenschaftlichen Arbeit kommt es sowohl auf die Sache als auch auf die Theorie an. Unabhängig vom Thema, das Sie bearbeiten, sollten Sie in Ihrer Arbeit daher nicht ausschließlich die sachbezogenen Aspekte darstellen, sondern auch die Theorieebene mit einbeziehen, indem Sie wörtlich oder sinngemäß zitieren. Achten Sie also beim Strukturieren darauf, dass Ihre Mindmap nicht nur den Sachinhalt darstellt, sondern zugleich auch Forschungspositionen abbildet – setzen Sie (für Ihre Arbeit und für einzelne Kapitel) jeweils einen entsprechenden Fokus.

Bringen Sie die Sach- und die Theorieebene ein.

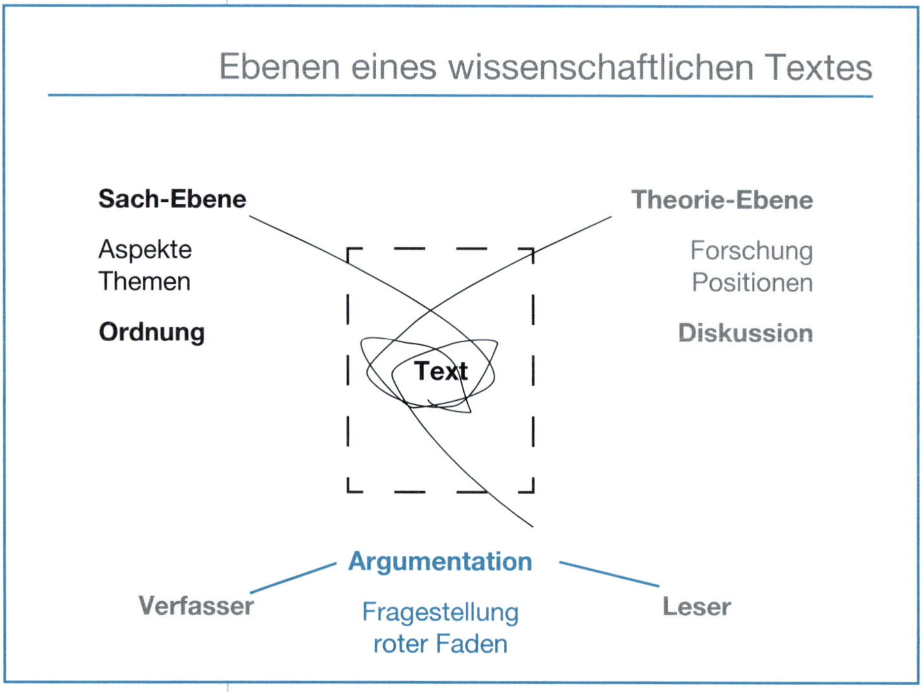

Abb. 8: Die Ebenen eines wissenschaftlichen Textes

Der Gegenstand und die Forschung zum Thema – beides sollte in der Argumentation Berücksichtigung finden:

- Informieren Sie also sowohl über die Sache (indem Sie sie beschreiben, erklären, Begriffe definieren und mit Beispielen veranschaulichen)
- als auch über die Theorie (indem Sie Autoren Ihrer Wahl zitieren, verschiedene Forschungsperspektiven differenzieren, Definitionen vergleichen).

So vermittelt Ihr Text zwischen Sachebene und Theorieebene: Indem Sie Zitate so einbinden, dass nicht nur der Gegenstand anschaulich wird, sondern auch Forschungspositionen, stellen Sie Bezüge zu anderen Texten her, sodass der Leser Ihres Textes Kenntnisse über die Sache und über Forschungspositionen sowie Quellen gewinnt. Alles in allem können Sie Ihren Text auffassen als ein von Ihrem Erkenntnisinteresse geleitetes, auf die Beantwortung Ihrer Fragestellung ausgerichtetes Mit- und Weiter-

Allgemeines Textziel eines wissenschaftlichen Textes ist die nachvollziehbare Argumentation mit Bezug zur Forschung.

denken der Texte, mit denen Sie sich zum Thema kundig gemacht haben.
Der argumentative Textaufbau wird durch die Gliederung verdeutlicht und unterstützt. Sie spiegelt das Erkenntnisinteresse wider, indem sie Elemente des Themas, fokussiert auf die Fragestellung, zueinander in Beziehung setzt. In einer empirischen Arbeit hingegen orientiert sich die Gliederung an den Schritten des Forschungsprozesses.

Zwei Formen der Textgliederung

Die Gliederung des Textes kann von der Textsorte vorgegeben sein oder aus dem Thema heraus entwickelt werden. **Textsortenspezifische Gliederungen** sollen dazu dienen, Texte zu normieren und dadurch vergleichbar zu machen. Ein gängiges Schema für Texte in den empirischen Wissenschaften ist zum Beispiel:

- Einleitung
- Grundlagen
- Versuchsbeschreibung
- Ergebnisse
- Diskussion
- Zusammenfassung
- Literaturangaben

Erkundigen Sie sich, ob es für den Text, den Sie schreiben, spezielle Vorgaben gibt.

Für die **themenspezifische Gliederung** gibt es zwei Verfahren. Wenn eine Gliederung in Bezug zum Thema des Textes steht, ist es möglich

- von Merkmalen und Aspekten der Sache oder
- von unterschiedlichen Betrachtungsweisen in der Theorie

auszugehen. Der gewählte Ansatz spiegelt sich zumeist im Titel der Arbeit wider, vgl. »Die Phasen des Schreibprozesses« (ausgehend von der Sache) und »Modelle des Schreibprozesses« (ausgehend von der Theorie). Beide Texte werden Bezüge zwischen der Sach- und der

Theorieebene herstellen, nur jeweils von einem anderen Schwerpunkt aus – wenn Sie so wollen, sind in der Darstellung Standbein und Spielbein jeweils anders verteilt. Bei größeren Arbeiten ist es möglich, in den Hauptkapiteln den Fokus der Darstellung zu wechseln.

Die Gliederung des Textes soll die Argumentation nach außen hin deutlich werden lassen. Sie können – je nach Thema – verschiedene allgemeine Ordnungsmuster nutzen, etwa

- eine chronologische Reihenfolge oder
- eine logisch-hierarchische Ordnung.

Das gewählte Gliederungsschema zeigt die Textstruktur an.

Durch eine entsprechende Nummerierung werden Beziehungen zwischen den Kapiteln der Arbeit angezeigt: Will man eigenständige Teile eines Textes als solche ausweisen, kann man beispielsweise mit A und B verdeutlichen, dass zwei unterschiedliche Herangehensweisen (etwa ein theoretischer und ein praktischer Teil) vorliegen.

Hierarchische Nummerierungen sollten echte Hierarchien abbilden.

Die Nummerierung der Kapitel macht Zusammengehörigkeiten deutlich (so bildet ein 2.1 zusammen mit 2.2 und 2.3 ein Kapitel 2) und zeigt den Stellenwert von Inhalten für die Textaussage an: Das in 2.2.2 Dargestellte ist Teil von 2.2 – und insoweit abhängig. Sollte es eigenständig neben 2.2 stehen, müsste es als 2.3 nummeriert werden. Solche Überlegungen lassen sich mit Blick auf eine Mindmap schnell nachvollziehen.

Nutzen Sie allgemeine Prinzipien und Muster als Entscheidungshilfe in Zweifelsfällen.

In der Regel ist Ihnen die Gliederung Ihres Textes klar. Wenn Sie zwischen Alternativen schwanken, können Sie, um zwei oder drei mögliche Gliederungen in ihrer Plausibilität zu beurteilen und den geeignetsten Argumentationsgang sowie eine angemessene Argumentationsstruktur zu bestimmen, auf **allgemeine Gliederungsprinzipien** und **Argumentationsmuster** sowie auf **Typen von Argumenten** zurückgreifen.

4.4 Von der Mindmap zur Gliederung

Wer die Äste und Zweige seiner Mindmap spontan durchnummeriert, erstellt gewissermaßen aus dem Bauch heraus die Gliederung seines Textes, die den roten Faden der Argumentation abbildet: Äste bilden Hauptkapitel, Zweige bilden Unterkapitel.

In der Regel werden Sie beim spontanen Nummerieren der Äste und Zweige Ihrer Mindmap allgemeine Gliederungsprinzipien berücksichtigt haben – gibt es beispielsweise eine Chronologie, so werden Sie die Äste und Zweige wahrscheinlich der Abfolge der Zeit entsprechend nummeriert haben. Gibt es eine Abfolge vom Speziellen zum Allgemeinen, könnte es sein, dass Sie diese berücksichtigt haben oder gerade umgekehrt vom Allgemeinen zum Speziellen geordnet haben.

Die meisten intuitiven Ordnungen folgen allgemeinen logischen Prinzipien.

Allgemeine Prinzipien, die herangezogen werden, um Abfolgen zu bilden, helfen dabei, eine vielschichtige Thematik zu linearisieren. Sie sind häufig bereits im Thema angelegt und können durch geeignete Argumentationsmuster unterstützt und ausgestaltet werden.

Für die Überführung eines stark strukturierten Themas in einen linearen Text bestehen grundsätzlich drei Möglichkeiten. Das Thema kann

- seiner zeitlichen Ordnung folgend,
- seiner inhaltlichen Ordnung gemäß oder
- einer bestimmten Aussageabsicht entsprechend

dargestellt werden. Folglich werden drei charakteristische Gliederungsprinzipien unterschieden, die drei typischen Ordnungskriterien entsprechen und nicht selten von der Fragestellung nahegelegt werden.

Allgemeine Gliederungsprinzipien

Das chronologische Prinzip

Wenn Sie Material haben, das sich aufgrund des chronologischen Prinzips ordnen lässt, können Sie Aussagen dem allgemeinen zeitlichen Verlauf zuordnen. Entsprechend können Sie einen Phasenverlauf oder historische Etappen erfassen und abbilden.
Das chronologische Gliederungsprinzip bietet sich an bei Texten oder Kapiteln, die eine Entwicklung erfassen wollen. In einer Mindmap ist ein chronologisches Ordnungsprinzip daran erkennbar, dass die Äste (oder auch die Zweige eines Astes) ein Nacheinander abbilden und daher kaum Vernetzungen aufweisen. Zumeist kann die Mindmap in genau einer Abfolge gelesen werden.

Das stoffliche Prinzip

Wenn Ihr Material durch seine Vielfalt eine stark verästelte und vernetzte Struktur aufweist, können Sie diese aufgrund des stofflichen Prinzips abbilden. Hier gibt es zwei Möglichkeiten:

- Vielleicht können Sie Ihr Material vom Allgemeinen zum Speziellen (deduktives Vorgehen) oder vom Speziellen zum Allgemeinen (induktives Vorgehen) gliedern.
- Vielleicht drängt sich bei Betrachtung des Materials kein Zusammenhang auf und Sie haben die Wahl. In diesem Fall können Sie drei isolierte Teile erarbeiten, die auch für sich stehen könnten.

Achten Sie darauf, wesentlichen Aspekten und Zusammenhängen Ihres Themas den ihnen angemessenen Stellenwert zuzuweisen.
Das stoffliche Gliederungsprinzip eignet sich insbesondere für eine facetten- oder aspektreiche Behandlung eines Themas aus mehreren Perspektiven. In einer Mindmap ist das stoffliche Prinzip daran erkennbar, dass Äste sehr unterschiedlich gestaltet sind und unter Umständen viele Vernetzungen aufweisen. Mehrere Leseweisen der Mindmap – und somit mehrere Textverläufe – sind denkbar.

Das argumentative Prinzip
Bietet sich Ihr Material für eine Erörterung oder Beurteilung an, so sollten Sie es nach dem argumentativen Prinzip strukturieren. Lassen Sie sich von der Anzahl der Positionen leiten und formulieren Sie eine überschaubare Anzahl von Thesen, die Sie der Aussageabsicht entsprechend mit Beispielen oder Argumenten belegen.
Das argumentative Gliederungsprinzip eignet sich besonders für erörternde, abwägende Darstellungen. In einer Mindmap ist das argumentative Prinzip daran erkennbar, dass es zwei oder mehrere ähnlich gestaltete Äste gibt, die aufgrund ihrer Ähnlichkeit auch untereinander vernetzbar sind. Auch hier sind mehrere Leseweisen der Mindmap möglich.

Die Gliederung unterstützt die Beantwortung der Fragestellung.

Das gewählte Gliederungsprinzip sollte mit der Schwerpunktsetzung korrespondieren, denn es beeinflusst die Formulierung des Textes. Innerhalb eines Textes folgen die Hauptkapitel einem Gliederungsprinzip, innerhalb der Kapitel wiederum können andere Prinzipien zugrunde liegen.
In Ihrer Mindmap haben Sie vor Augen, was Sie wissen. Dank Ihrer Exzerpte haben Sie das Material, aus dem Sie Ihren Text weben werden, bereits im Computer. Daher können Sie jetzt bestimmen, wie Sie zum Thema schreiben wollen. Machen Sie sich nun kurz Gedanken über die Einleitung:

- Was ist das Thema und mit welchem Erkenntnisinteresse wird es bearbeitet?
- Welche Fragestellung soll beantwortet werden?
- In welchen Schritten soll dies geschehen?
- Was muss man als Erstes wissen, wenn man die Frage beantworten will?
- Welche weiteren Voraussetzungen müssen geklärt sein?
- Welche verschiedenen Positionen gibt es? ...

Beschreiben Sie Anliegen und Aufbau der Arbeit (Warum wird was wann wie gemacht?).
Skizzieren Sie nun den Schluss, die Zusammenfassung: Was ist das Wesentliche, das Ergebnis?
Die Antworten auf all diese Fragen können Sie mit einem Blick auf die Mindmap geben. Spielen Sie mehrere mögliche Textverläufe (Fragereihen) durch und entscheiden Sie sich für die, die am zielstrebigsten auf den von Ihnen anvisierten Schluss hinführt. Formulieren Sie Überschriften zu den Teilfragen – dann haben Sie Ihre Gliederung, die die Struktur der Mindmap in eine Reihenfolge bringt und gewissermaßen als Webplan für Ihren Text dient. So entwickeln Sie am Material Ihre Gliederung. Sie können dabei auch auf allgemeine Gliederungsmuster zurückgreifen.

4.5 Textgliederung (I): Der Dreischritt

Der Dreischritt ist ein einfaches, gut zu überschauendes Ordnungsmuster: Einleitung – Hauptteil – Schluss. Dieses Muster übernimmt die Funktion der Orientierung: Es hat für den Leser und zugleich für den Verfasser die Aufgabe, die Aufmerksamkeit zu fokussieren.

Die Einleitung legt die Grundlage dafür, wie der Leser den Text mitdenkt.

In einem einleitenden Kapitel (das als **Einleitung** oder mit einer dem Thema entsprechenden Überschrift gekennzeichnet wird) führen Sie zum Thema hin: Dazu sollten Sie unabhängig von Ihrer Person aus dem Sachzusammenhang deutlich machen, warum das Thema von Interesse ist. Versuchen Sie, den Leser neugierig zu machen.
Im Anschluss sollten Sie die Fragestellung und die Zielsetzung Ihrer Arbeit benennen und erläutern.
Es schließen sich die Kapitel der Arbeit an (die den Hauptteil ausmachen, der allerdings als solcher nicht eigens in der Gliederung ausgewiesen wird). Die Anzahl der Kapitel entspricht den Schritten der Argumentation. Kapitel können ihrerseits in Unterkapitel unterteilt sein – dies veranschaulicht die hierarchische Ordnung zusammengehöriger Themen.

Der Schluss bildet die Grundlage dafür, wie der Leser den Text weiterdenkt.

In einem abschließenden Kapitel (betitelt als **Schluss, Zusammenfassung, Fazit und Ausblick** oder mit einer dem Thema entsprechenden Überschrift) werden die Ergebnisse der Arbeit zusammengefasst, kommentiert und gegebenenfalls in einen weiteren Kontext gestellt. Dadurch ist der Schluss mehr als eine Wiederholung der im Hauptteil erzielten Erkenntnisse. Einleitung und Schluss spielen als wesentliche Textelemente zusammen, sie bilden Start und Ziel des Argumentationsgangs.

Tipps für Einleitung und Schluss

Einleitung und Schluss dienen der Einordnung, beide sind nicht nur beim Dreischritt als erstes und letztes Kapitel bzw. erster und letzter Satz eines Textes die Elemente, die den Leser in den Text und den Textinhalt hineinführen und auch wieder entlassen. Zusammen bilden sie den Rahmen eines Textes:

- Damit der Rahmen als Rahmen erkennbar bleibt, sollte der Umfang von Einleitung und Schluss nicht mehr als jeweils 10 % des Hauptteils betragen.
- Die Inhalte von Einleitung und Schluss sollten aufeinander abgestimmt und auf den Haupttext hin ausgerichtet sein. Abhängig von der für den Hauptteil gewählten Argumentation unterscheiden sich die Funktionen von Einleitung und Schluss.

Die Einleitung dient der Hinführung. Hier bieten Sie dem Leser einen Anknüpfungspunkt und legen die Basis für den Gedankengang des Textes, indem Sie (a) Ihre Fragestellung klar benennen und nachvollziehbar machen und (b) einen Überblick über das geben, was in den Kapiteln der Arbeit behandelt wird: Sie beschreiben den Aufbau des Textes und informieren zugleich darüber, mit welcher Zielsetzung welcher Aspekt in welcher Weise behandelt wird. So fungiert Ihre Einleitung gewissermaßen auch als Leseanleitung.

Ein Schluss kann unterschiedliche Funktionen für den Text übernehmen. Dem Hauptanliegen des Schlusses entsprechend, das sich aus der Argumentation ergibt, können Sie den Schluss als »Zusammenfassung«, »Fazit«, »Resümee« oder »Ausblick« betiteln:

- Das Fazit stellt – im Gegensatz zur reinen Zusammenfassung – nicht alle Punkte in ihrer Abfolge dar, sondern hebt in pointierter Form das Wesentliche hervor.
- Eine resümierende Zusammenfassung ist immer mehr als die bloße Wiederholung der im Hauptteil erarbeiteten Ergebnisse.
- Ein Ausblick stellt die Ergebnisse der Arbeit darüber hinaus in einen Zusammenhang mit weiterführenden Fragestellungen – er denkt also die Ergebnisse weiter.

Auch für Sie selbst bilden Einleitung und Schluss eine Orientierung, einen Handlungsrahmen – wenn Sie diese beiden Textelemente zu Beginn des Schreibprozesses formulieren. So bestimmen Sie Start und Ziel und führen sich noch einmal vor Augen, warum Sie worüber schreiben, was Sie hervorheben wollen und – ganz wichtig – wohin Ihr Text Sie bringen soll.

Nutzen Sie Einleitung und Schluss, um Ihre Textidee zu fixieren.

Die Einleitung fungiert – ähnlich wie ein Exposé (s. S. 69 ff.) – als Maßstab für die Textidee. Und auch hier gilt: Dass sich beim Schreiben die Dinge noch einmal ändern können, liegt in der Natur der Tätigkeit, Schreiben dient auch dem Erkenntnisgewinn. Eine nicht mehr passende Einleitung können Sie ja jederzeit überarbeiten, genauso wie Sie die Zielvorgabe eines vorab formulierten Schlusssatzes jederzeit korrigieren oder nachjustieren können.

4.6 Textgliederung (II): Der Fünfschritt

Eine Argumentation entsteht durch die Anordnung von Elementen im Hauptteil. Man kann sich die möglichen Varianten der Anordnung veranschaulichen, wenn man davon ausgeht, dass der Hauptteil aus 3 Elementen besteht, sodass die Argumentation insgesamt 5 Schritte hat.
Der Fünfschritt ist ein weitverbreitetes formales Gliederungsschema: Er bildet seit der Antike die Basis für die meisten Modelle zum Redeaufbau. Er eignet sich besonders gut für Überzeugungsreden – auch in geschriebenen Texten ist es aber durchaus sinnvoll, mithilfe des Fünfschritts zu argumentieren. In den Fünfschrittmustern sind Erfahrungen verarbeitetet, wie ein beliebiges Thema für den Hörer nachvollziehbar gemacht werden kann. Dies lässt sich auf geschriebene Texte übertragen. Sie können das auch auf der Satzebene ausprobieren: Legen Sie in fünf Sätzen dar, warum man beispielsweise auch beim wissenschaftlichen Schreiben nicht auf Pausen verzichten sollte. Sie werden sich wundern: Auch in nur fünf Sätzen können Sie Ihr Ziel erreichen.

Der Fünfschritt hilft beim Portionieren.

Hinter dem Prinzip des Fünfschritts steckt die Erkenntnis, dass Argumente nicht durch ihre Vielzahl überzeugen, sondern dadurch, wie sie aneinandergereiht sind.

Typische Fünfsatzmuster

Als grundlegende Muster für das Argumentieren in fünf Schritten lassen sich

- Kette (geradlinige Darlegung)
- Waage (abwägende Darstellung) und
- Rhombus (dreifache Annäherung/Perspektive/Begründung)

unterscheiden.

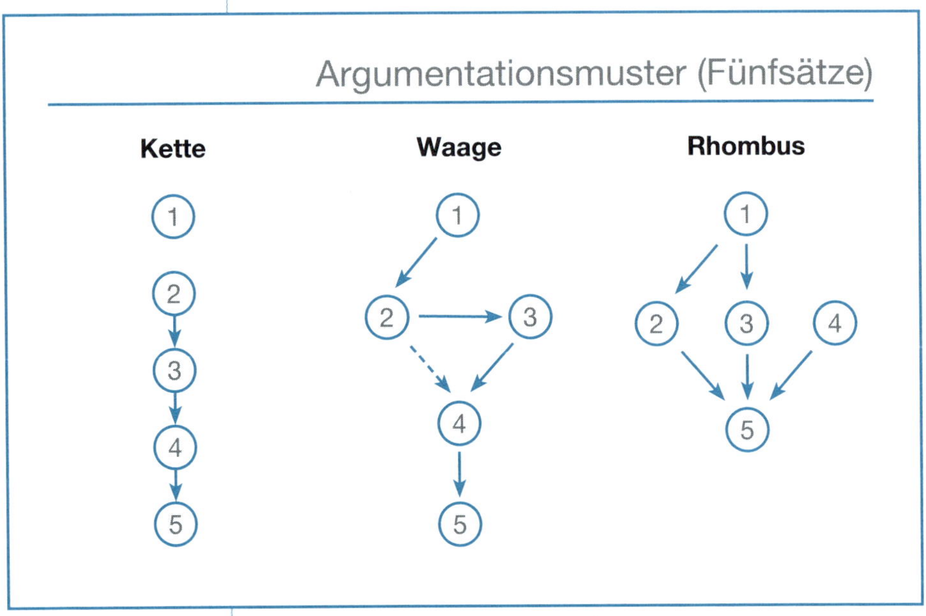

Abb. 9: Drei charakteristische Fünfsätze

Die Fünfsätze korrespondieren mit den allgemeinen Gliederungsprinzipien

- der chronologischen Darstellung und des induktiven/deduktiven Schlussfolgerns,
- des vergleichenden Abwägens und
- des dreifachen Begründens.

Die Fünfsätze schaffen klare Ordnungsstrukturen durch die Art der Bezüge zwischen drei Elementen im Mittelteil bzw. Schritten der Argumentation zwischen Einleitung und Schluss. Diese grundsätzlichen Strategien der Ordnung bleiben erhalten, auch wenn es insgesamt 6 oder 7 Schritte geben sollte.

4.6.1 Die Kette

Sie können die Kapitel zwischen Einleitung und Schluss nacheinander so anordnen, dass im Ganzen eine Kette entsteht. Das Typische einer Argumentationskette ist ihr linearer Aufbau: Die im vorherigen Schritt erarbeiteten

Inhalte bilden die Grundlage für den jeweils folgenden Schritt. Ein solches Muster erlaubt

- die chronologische Darstellung einer Entwicklung in Etappen,
- die Beschreibung eines Phasenverlaufs,
- die Systematisierung historischer Ereignisse, aber auch
- die schrittweise Begründung, Konkretisierung oder Erläuterung eines Sachverhalts.

In einer fünf- oder mehrgliedrigen Kette hat der Text einen geradlinigen Aufbau. Formulieren Sie den Text so, dass sich das Folgende aus dem Vorherigen entwickelt. Somit muss der Schluss keine Zusammenfassung leisten; er entspricht eher einem Fazit oder einem Ausblick, indem er das zuvor Dargestellte weiterdenkt.

4.6.2 Die Waage (abwägende Darstellung)

Eine weitere Möglichkeit der Anordnung der Elemente im Mittelteil besteht in einer abwägenden Gegenüberstellung, die dem Ganzen die Form einer Waage gibt. Dieses Muster ermöglicht

- den argumentativ abwägenden Vergleich zweier Positionen oder Situationen,
- die Erörterung von Gründen und Gegengründen bzw. Vorteilen und Nachteilen oder
- die Darstellung dreier Elemente, Theorien, Positionen oder Situationen in der Struktur These – Antithese – Synthese.

Auch hier wird eine Art Vergleich erarbeitet: Beim Vergleich dreier Elemente ist es wichtig, zu Beginn einen Kriterienkatalog zu erarbeiten, einen Maßstab, an dem sich alle drei Elemente messen lassen, damit sich Gemeinsamkeiten und Unterschiede überhaupt erst verdeutlichen lassen. Auf dieser Grundlage kann entschieden werden, ob eines der drei Elemente eine vermittelnde Funktion erhalten kann, sodass sich das abwägende Muster ergibt. Formulieren Sie den Text so, dass im Anschluss an eine Einleitung beispielsweise zunächst eine Position dargestellt

und auf dieser Grundlage dann die zweite beschrieben wird. Für das Folgende ergeben sich zwei Möglichkeiten:
a) Die beiden Textteile wurden so aufgebaut, dass sich nun ein Vergleich anschließt. Der Schluss eines so aufgebauten Textes muss nun etwas darüber Hinausgehendes leisten, indem er etwa einen Ausblick gibt oder eine Anwendung vorführt.
b) Beide Textteile wurden isoliert formuliert, und es gibt eine dritte Position, die in etwa die Mitte der beiden Extreme darstellt. Diese wird referiert, bevor im Schluss ein Resümee oder ein Fazit gezogen wird. Im Gegensatz zu einer Anordnung im Rhombus werden hier Vergleiche (und damit Beziehungen) zwischen Position eins und Position zwei sowie anschließend zwischen Position eins, Position zwei und Position drei hergestellt, sodass sich das Muster »nicht A, nicht B, sondern C« ergibt. Anders als im Rhombus empfiehlt es sich hier, den vierten Schritt bei der Planung von Schritt zwei und drei mitzubedenken, eventuell das entsprechende Kapitel sogar im Vorhinein fertigzustellen, damit die beiden anderen direkt daran angepasst werden können.

4.6.3 Der Rhombus

Sie können die Elemente des Mittelteils auch nebeneinanderstellen, sodass sich das Ganze als Rhombus beschreiben lässt. Ausgehend von einer Fragestellung, einer These bzw. einem zentralen Problem werden strahlenförmig drei Perspektiven auf die Frage, die These, das Problem gerichtet und ohne unmittelbaren Bezug zueinander beschrieben. Dieser wird erst im zusammenfassenden fünften Schritt ausdrücklich hergestellt. Dieses Muster ist typisch für

- die dreifache Begründung,
- die zunächst isolierte Erörterung dreier ausgewählter Aspekte des Themas oder
- die schlaglichtartige Beleuchtung von Situationen oder Sachverhalten.

Formulieren Sie den Text so, dass im Anschluss an eine Einleitung drei voneinander isolierte Textteile nebeneinanderstehen, deren wechselseitige Bezüge Sie in einem anschließenden Kapitel herstellen. Hier wird besonders deutlich, dass im Schlussteil die Teilergebnisse zusammengefasst und eingeordnet werden müssen.

4.7 Textgliederung (III): Formale Gliederungsmuster

Die Gliederung eines Textes (das Inhaltsverzeichnis) sollte nicht nur den Inhalt, sondern auch dessen Ordnung (den Gang der Argumentation) abbilden. Daher werden Kapitelüberschriften nicht nur aufgelistet, sondern auch mithilfe von Gliederungsschemata geordnet. In jedem dieser Ordnungsschemata werden die Beziehungen zwischen den Kapiteln der Arbeit verdeutlicht. Dabei ist unbedingt zu beachten, dass dort, wo ein Unterkapitel ausgegliedert wird, mindestens auch ein zweites Unterkapitel vorhanden sein muss. Eine einfache Ausgliederung wäre sinnlos – was sich an der Mindmap deutlich zeigt: Hier ist eine solche Ausgliederung nicht wahrnehmbar, eine Verästelung oder Verzweigung entsteht nur bei mindestens zwei Elementen.

4.7.1 Die hierarchisierende Gliederung

Gängig ist das Schema der numerischen Untergliederung **(Hierarchisierung).** Die Vorstrukturierung des Textinhalts mithilfe einer Mindmap bildet die Hierarchie der Untergliederung ab. Mehr als vier Ebenen sollten jedoch mit diesem Schema nicht abgebildet werden. Diese Art der Gliederung signalisiert, dass der gesamte Text *einer* Argumentation folgt. Die Kapitel können nach eigenen Argumentationsmustern aufgebaut sein, haben jedoch für die Gesamtargumentation tragende Funktionen.

4.7.2 Die aufteilende Gliederung

Bei einer eher symmetrischen Struktur des Materials, die mehrere Herangehensweisen oder Perspektiven abbildet, sollten Sie prüfen, ob der Text in große, relativ selbstständige Teile unterteilt werden kann, die dann als Teil A, B oder Teil I, II usw. benannt werden **(Aufteilung).** Innerhalb jedes dieser Teile werden dann Kapitel und Unterkapitel wie gewohnt nummeriert. In einer Mindmap ist eine solche Struktur des Themas an wenigen Hauptästen zu erkennen, die Äste und Verzweigungen aufweisen und untereinander in Beziehung gesetzt werden können. Das Gliederungsmuster zeigt, dass es Teilargumentationen gibt, die relativ eigenständig nebeneinanderstehen. Einleitung und Schluss müssen hier eine deutlich rahmende Funktion übernehmen: Sie gewährleisten, dass sich die Teile zu einem Ganzen zusammenfügen.

4.7.3 Textgliederung durch das Layout

Die grobe Textgliederung durch Kapitel wird durch die Feingliederung des Layouts unterstützt. Beim Formulieren sollten beide Formen der äußeren Gliederung zusätzlich auch sprachlich unterstützt werden – durch die Verwendung von textverknüpfenden Wörtern (s. dazu S. 169). Die Mittel der Feingliederung werden eingesetzt, um zu pointieren und zu fokussieren und so den Leser darin zu unterstützen, den einem Text zugrunde liegenden Gedankengang nachzuvollziehen.
Innerhalb der Kapitel wird mithilfe von **Absätzen** und **Abschnitten** gegliedert:

- Ein Absatz kennzeichnet einen Gedankenschritt, durch einen einfachen Zeilenwechsel wird eine Gruppe von Sätzen zusammengefasst.
- Ein Abschnitt kennzeichnet innerhalb eines Kapitels oder Unterkapitels einen Gedankengang, durch einen doppelten Zeilenwechsel wird eine Gruppe zusammengehöriger Absätze zusammengefasst. (vgl. dazu auch S. 191)

Der Binnengliederung des Textes dienen auch die Kennzeichnung von Eigennamen, die Hervorhebung von Begriffen, wenn sie zum ersten Mal verwendet werden, sowie die Formatierung von Zitaten als Block. Für ergänzende Anmerkungen oder weiterführende Beispiele, kommentierende Zitate oder Hinweise auf weitere Literatur werden Fußnoten genutzt, Exkurse (lateinisch *excursus* = Streifzug: Einschübe, die Zusammenhänge erläutern, die jenseits des Argumenationsgangs liegen) werden in kleinerer Schrift und einzeilig gesetzt. Mittel wie diese sollen dem Leser eine kursorische Lektüre des Textes erleichtern und zeigen zugleich Rang und Funktion der jeweiligen Elemente für die Argumentation an. Dies gelingt jedoch nur, wenn sie in allen vergleichbaren Fällen und einheitlich verwendet werden.

4.8 Argumentieren

Das lateinische Wort *arguere* wird mit »erhellen«, »veranschaulichen« übersetzt. An der Wortbedeutung wird deutlich, was eine Argumentation soll (und vielleicht auch, was sie nicht soll): Man argumentiert, um einen Gedankengang nachvollziehbar zu machen. Argumentation findet also nicht nur dann statt, wenn man jemanden von etwas überzeugen möchte, sondern auch immer dann, wenn man jemandem etwas erklären will.
Argumente sind in der engen Wortbedeutung »Beweismittel«. Sie dienen dazu, seine Überlegungen nachvollziehbar zu machen, d. h., sie dem Vorwissen eines Gegenübers angemessen zu verdeutlichen. Als Argumente sollten daher solche Aussagen herangezogen werden, die den Grundsätzen der Plausibilität und Glaubwürdigkeit entsprechen.

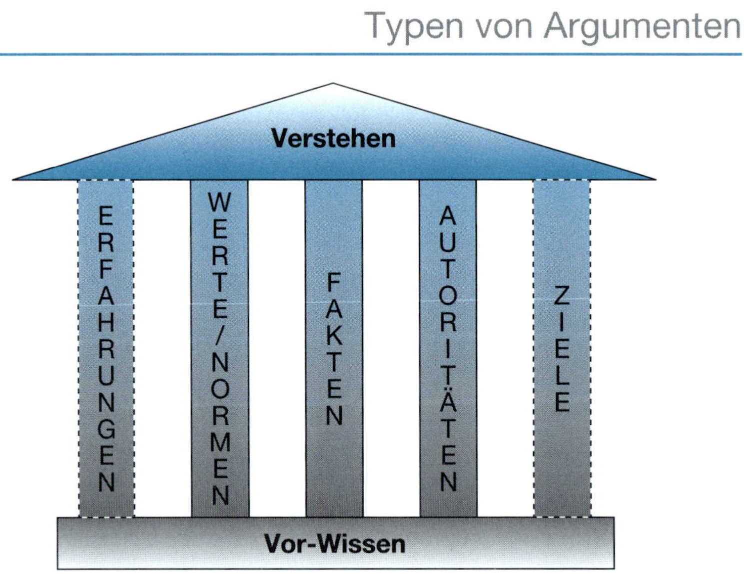

Abb. 10: Typen von Argumenten

Typen von Argumenten

Mit den Argumentationstypen sind typische Verfahren und zugleich typische Bereiche abgedeckt, aus denen eine Argumentation aufgebaut werden kann.
Zahlen, Daten und Fakten, Experimentergebnisse oder Umfrageergebnisse sowie Statistiken sind eine Form von Belegen, die in der abendländischen Tradition als besonders objektiv gelten. Sie werden zumeist als Tatsachen betrachtet und oft (zu) wenig hinterfragt. Wenn Sie Ihre Argumentation auf Datenmaterial aufbauen wollen, müssen Sie

- überprüfen, wie repräsentativ die Zahlen, Daten, Fakten sind,
- offenlegen, wie Sie an die Daten gekommen sind,
- angeben, auf welcher Grundlage Zahlenverhältnisse errechnet sind oder
- aus welcher Quelle Zahlen stammen.

Sie sollten – wenn nötig – selbst auf Schwächen des Materials oder konträre Untersuchungen hinweisen und Ergebnisse durch weitere Argumente relativieren.
Zu den **allgemein anerkannten Werten** zählen beispielsweise Normen und Regeln, die in Volksweisheiten oder Gesetzen tradiert sind. Bei genauerer Betrachtung dieser Sätze wird deutlich, dass sie häufig – im Sinne des Wortes – »gesetzt« sind, sodass sich ihre Allgemeingültigkeit streng genommen auf einen begrenzten Bereich bezieht. Sie müssen also bei der Verwendung allgemein anerkannter Werte den Adressaten Ihres Textes berücksichtigen und überprüfen, ob ihn die von Ihnen angeführten Sätze überzeugen können. Wenn Sie in Ihrer Argumentation auf Allgemeingültiges verweisen, sollten Sie sich klarmachen,

- auf welcher Grundlage Sie Sätze als allgemeingültig betrachten,
- inwieweit Sätze zu relativieren sind bzw.
- welche Gegenregeln existieren.

Sollte der Aufwand zur Stützung eines allgemeingültigen Satzes (der ja zur Stützung einer These dienen soll) zu groß werden, suchen Sie besser Argumente aus anderen Bereichen.

Erfahrungen

Um eine These zu stützen, können Sie auf (eigene oder fremde) Erfahrungen verweisen. Diese müssen aber für den Leser plausibel sein. Sie müssen abschätzen, wie eine Erfahrung, die immer auf einer individuellen Interpretation von Ereignissen basiert, eingesetzt werden kann – ob sie

- veranschaulichend wirkt,
- überzeugen kann oder
- als vorweggenommenes Gegenargument dienen soll.

Individuelle Erfahrungen erscheinen im Kontext wissenschaftlichen Arbeitens als zu subjektiv, um eine Argumentation tragen zu können. Dennoch machen sie vieles am konkreten Fall deutlich. Es bleibt somit immer zu prüfen, inwieweit sie – beispielsweise durch Fragebögen oder Interviews – verallgemeinert werden können.

In den verschiedenen Bereichen der Wissenschaft existiert eine Reihe unterschiedlicher **Traditionen und Schulen**. Darunter versteht man eine bestimmte inhaltlich geprägte Denk- und Forschungsrichtung in einem Fach. Oft geht eine Schule von einem (einzelnen) Begründer aus und wird dann von seinen Schülern weitergeführt: z. B. die Schule der Psychoanalyse, ausgehend von Sigmund Freud.
Für die Argumentation macht es daher einen Unterschied, ob sich ihr Verfechter dieser oder jener Tradition bzw. Schule verschrieben hat. Entsprechend ist es wichtig,

- dem Leser die vom Schreiber eingenommene Perspektive deutlich zu machen,
- einschlägige Argumentationszusammenhänge zu skizzieren und
- andere (Gegen-)Positionen in der Argumentation mindestens mitzudenken, wenn nicht gar mitzuberücksichtigen.

Lehrsätze

Lehrsätze sind in einem bestimmten (Fach-)Gebiet gültige Aussagen innerhalb eines theoretischen Zusammenhangs, die eine Schlussfolgerung beinhalten. Sie sind verallgemeinerte Erfahrungen, selbst Endprodukte einer argumentativen Darstellung, gelten aber dennoch als bewiesen. Aufgrund ihres Ergebnischarakters können Lehrsätze jedoch den Ausgangspunkt für weitere Überlegungen bilden.
In fachlichen Zusammenhängen dienen Lehrsätze in der Regel als Grundlage einer Argumentation. Lediglich neue Lehrsätze sind in Bezug zu vorhandenem Wissen oder zu anerkannten Erkenntnissen bzw. Gesetzmäßigkeiten zu setzen. Wenn Sie mithilfe von Lehrsätzen argumentieren wollen, sollten Sie prüfen,

- welchem Wissensbereich Ihr Thema angelagert ist,
- ob es gegensätzliche Lehrmeinungen gibt und
- welche Kritik an einem Lehrsatz geübt wird.

Autoritäten
Als Autoritäten gelten Personen (lebende oder verstorbene Politiker, Wissenschaftler, Künstler) oder Denkmuster (etwa die Paradigmen der Systemtheorie oder Psychoanalyse), deren Aussagen als beweiskräftig angesehen werden. Ähnlich wie Lehrsätze sind auch Autoritäten fachgebietsabhängig. Wer sich auf Autoritäten berufen möchte, muss

- sicherstellen, dass diese dem Leser auch als solche bekannt sind,
- darauf achten, herausragende Fachvertreter heranzuziehen,
- gegebenenfalls herausstellen, in Bezug worauf bzw. in welcher Funktion diese Person als Autorität gilt,
- prüfen, ob, und wenn ja, welche Einwände gegen die Person von wem hervorgebracht und wie sie begründet werden.

Wenn Sie sich auf Autoritäten berufen, sollten Sie dies nur im Ausnahmefall pauschal oder generell tun. Die Meinung oder Position einer Autorität gewinnt eine deutlichere Wirkung in Ihrer Argumentation, wenn Sie sie auch wörtlich zitieren und damit zum Ausgangspunkt, Ziel oder Gegenpol Ihrer Darstellung machen.

Ziele
Jede Argumentation wird auf das Argumentationsziel hin aufgebaut. Darüber hinaus ist es möglich, auch einzelne Aussagen dadurch zu untermauern, dass ihre Funktion hinsichtlich eines bestimmten Ziels dargestellt wird. Dieses Ziel kann

- ein Teilziel des Textes sein oder
- ein allgemeines Ziel, das den Rahmen der Diskussion, innerhalb derer der Text formuliert wird, bestimmt.

Wenn Sie sich auf Ziele berufen, um eine Aussage zu stützen, sollten Sie klären,

- welchen Stellenwert diese in Ihrer Argumentation haben,

- dass diese auch für den Leser erkennbar und nachvollziehbar sind,
- ob diese Ziele in Teilziele zerlegt werden können und
- ob diesen Zielen entgegengesetzte Ziele gegenübergestellt werden können.

In der Regel werden beim Schreiben die Typen von Argumenten kombiniert, insbesondere wenn Gegenaussagen bzw. Gegenargumente entkräftet werden sollen. Aufgabe der Textproduktion ist es nun, diese Argumente so auf die Fragestellung hin zu formulieren und anzuordnen, dass diese schrittweise beantwortet wird.

4.9 Zitieren (I): Auf Texte Bezug nehmen

In wissenschaftlichen Texten wird zitiert, um ausdrücklich kenntlich zu machen, dass und wie die sachliche Information, Position oder auch Meinung eines anderen in die eigene wissenschaftliche Arbeit eingearbeitet wurde. Das ist besonders wichtig, wenn ein Begriff im Zusammenhang mit seiner Definition zitiert wird, wenn Argumente referiert werden oder wenn Datenmaterial anderer (z. B. Statistiken) verwendet wird.
Fassen Sie Ihren Text auf als eine Weiterverarbeitung der Texte, mit denen Sie sich zum Thema informiert haben – nicht als eine bloße Wiedergabe. Machen Sie sich also Gedanken darüber, wo ein wörtliches Zitat von Nutzen ist.

Funktionen der Zitate

Als zentrale Argumente im wissenschaftlichen Text bilden Zitate die Verbindung zwischen eigenen Überlegungen und Gelesenem, sie werden mit Blick auf die eigene Fragestellung ausgewählt: Die Grundfunktion des Zitats besteht darin, eigene Thesen und Argumente abzusichern und Bezüge innerhalb des wissenschaftlichen Diskurses anzuzeigen. Um eigene Gedankengänge (wie auch fremde Gedankengänge) nachvollziehbar und nachprüfbar zu machen, werden wörtliche oder sinngemäße Zitate in den Text integriert. Ein Zitat kann an unterschiedlichen Stellen der Arbeit unterschiedliche Zwecke erfüllen:

- Ein Zitat kann den **Ausgangspunkt** der Argumentation bilden.

Wenn in einem Zitat eine Aussage formuliert wird, an die die eigene Argumentation anschließt, dient das gewissermaßen als Anknüpfungspunkt.

- Ein Zitat kann zur **Absicherung** eines Argumentationsschritts dienen.

Das Zitat als Absicherung folgt auf eine selbst formulierte Aussage, es stellt den Bezug zur Forschung her.

- Ein Zitat kann als **Stützung** eines Argumentationsschritts eingesetzt werden.

Das Zitat als Stützung ist immer ein zweites Zitat – es kann die eigene oder aber auch eine zitierte Aussage untermauern oder erläutern, indem weitere Autoren, Beispiele und Argumente genannt werden.

- Ein Zitat kann als **Gegenpol** verwendet werden.

Eine Aussage, in der eine Gegenmeinung vertreten wird, kann zitiert werden, um die gemeinte Aussage davon abzugrenzen. Denkbar ist es, zwei Forschungspositionen zu kontrastieren, möglich ist es auch, den eigenen Gedankengang aus der Gegenposition zu entwickeln.

- Ein Zitat kann in der Fußnote als **Anmerkung** genutzt werden.

Diese Einsatzmöglichkeit dient dazu, beim Lesen entdeckte interessante, aber in Bezug auf das Erkenntnisinteresse der eigenen Arbeit eher nebensächliche Aussagen einzubinden. Wichtig: Alle Zitate, die für die Nachvollziehbarkeit der Textaussage zentral sind, gehören in den Text.

- Ein Zitat kann als **Motto** verwendet werden.

Kurze, charakteristische Zitate können wie Aphorismen dem gesamten Text oder einzelnen Kapiteln vorangestellt werden, um einen besonderen Fokus anzuzeigen. Damit ein Motto funktioniert, muss es allgemein verständlich sein. Nach der Lektüre des gesamten Textes muss der Leser den genauen Bezug zur Textaussage erschließen können.

- Ein Zitat kann als **Textbaustein** dienen.

Werden Formulierungen in eigene Sätze integriert oder längere Textpassagen ohne erkennbaren Bezug in den eigenen Text eingefügt, so wirken diese Zitate lediglich als fremde Textbausteine, für den Leser in Funktion und Aussage nicht nachvollziehbar – Zitate dieser Art sollten Sie vermeiden.

- Ein Zitat kann **Gegenstand** der Analyse sein.

Wird eine längere Textpassage aus einer Primärquelle wörtlich zitiert, um sie im Anschluss genauer zu untersuchen, sollte dies vorab deutlich angezeigt werden; nachfolgend sollte auf einzelne Bestandteile interpretierend Bezug genommen werden.

- Ein Zitat kann als **Fazit** den Gedankengang zusammenfassen und pointieren.

Ein Zitat, in dem eine Erkenntnis auf den Punkt gebracht wird, kann den Schlusspunkt einer Argumentation bilden, sollte jedoch nicht der letzte Satz im eigenen Text sein.

Zitieren Sie, um Ihre Argumentation nachvollziehbar und verständlich zu machen.

Abbildungen, Diagramme und Schaubilder übernehmen in Arbeiten, in denen der Bezug zu empirischen Beobachtungen hergestellt wird, ähnliche Funktionen, indem sie als Ausgangspunkt, Absicherung oder Stützung in den Text eingebunden werden.

4.10 Zitieren (II): Zitierregeln beachten

Man unterscheidet **wörtliche Zitate,** die den Wortlaut des zitierten Textes übernehmen, von **sinngemäßen Zitaten,** die sich gedanklich anlehnen, und **Verweisen,** die auf Texte aufmerksam machen, die in der Arbeit nicht näher behandelt werden.

Wörtliche Zitate, die länger als zwei Zeilen sind, können – selbst wenn es sich um integrierte Zitate handelt – deutlich vom übrigen Text abgehoben werden, indem sie z. B. engzeilig, in einer kleineren Schrift und mit jeweils 1 cm Einzug vom rechten und linken Rand gesetzt werden. So sind sie bereits auf den ersten Blick als eigenständiges Textelement erkennbar. Die Formatierung erinnert Sie daran, dass Sie in Ihrem Text auf das Zitat Bezug nehmen müssen – und verhindert so ein Patchwork aus zitierten Stellen ohne Überleitungen, das bereits optisch nicht überzeugen würde.

WISSENSCHAFTLICHES ARBEITEN 3

2 Was versteht man unter Wissenschaftlichkeit?

UMBERTO ECO benennt in seinem Ratgeber „Wie man eine wissenschaftliche Abschlußarbeit schreibt“[1] vier Kriterien für Wissenschaftlichkeit. Damit bietet er eine Grundlage, die insbesondere in Bezug auf das Zitieren als Leitlinie für das Verfassen einer Seminararbeit bzw. eines Referates dienen kann. ECO veranschaulicht die Anforderungen an verschiedenen Themen, „um nachzuweisen, daß die Anforderungen [...] auf jede Art von Untersuchung anwendbar sind“ (1993, S. 45).

Mit seinem ersten Kriterium fokussiert ECO auf die im Rahmen der wissenschaftlichen Arbeit behandelte Thematik. Er stellt fest:

> „1. Die Untersuchung behandelt einen **erkennbaren Gegenstand, der so genau umrissen ist, daß er auch für Dritte erkennbar ist.**“ (ECO 1993, S. 40; Hervorh. im Original)

Den Gegenstand erkennbar machen, bedeutet, sich selbst Gedanken über den Gegenstand zu machen und so das Thema und ein Erkenntnisinteresse festzulegen. Kein Gegenstand muss aus genau einer Richtung untersucht werden; zwar bietet es sich in vielen Fällen an, genau eine Position einzunehmen, doch wird auch diese erst und besonders dann klar, wenn man einen Vergleich sucht.
Man benötigt also eine Perspektive, eine Fragestellung, unter der man das Thema behandeln will. Diese muss auch für (unbeteiligte) Dritte plausibel sein. Um sie nachvollziehbar zu machen, sollte die Untersuchung – gemäß ECOs zweitem Kriterium – anknüpfen an das, was schon wissenschaftlich erforscht ist: ECO betont, eine wissenschaftliche Untersuchung müsse über ihren Gegenstand Dinge sagen, die noch nicht gesagt worden seien, oder ihn aus einer neuen Perspektive zeigen (vgl. ECO 1993, S. 41). Geht die eigene Arbeit nicht über andere hinaus, „ist es verlorene Zeit (oder ein Plagiat) eine weitere zu schreiben“ (ECO 1993, S.42).

Grundsätzlich gilt es also, das, was wissenschaftlich untersucht wird, in die Tradition der Forschung einzuordnen. Dazu sollte man auf etablierte Forschungsergebnisse aufbauen und ihre (verschiedenen) Perspektiven berücksichtigen, indem man diese in den eigenen Text einbezieht – sei es als Ausgangspunkt der Argumentation, als Verstärkung der eigenen Position oder als Gegenpol. Der so entstehende wissenschaftliche Text kann „für andere von Nutzen“ (ECO 1993, S. 42) sein: Er sollte zitierfähig sein. Dies ist aber nur möglich, wenn der Text (wie mit Kriterium vier[2] beschrieben) die Angaben enthält, die es ermöglichen, seine Argumentation nachzuvollziehen und zu überprüfen – zu solchen Angaben zählen wörtliche und sinngemäße Zitate mit ihren Belegen sowie das Literaturverzeichnis.

---

1 Dieses Zitat und auch alle weiteren wörtlichen Zitate in dieser Arbeit sind der jeweils gültigen Rechtschreibung entsprechend unverändert übernommen.

2 ECO beschreibt diese als **„Angaben [...] , die es ermöglichen, nachzuprüfen, ob ihre Hypothesen falsch oder richtig sind,“** und insofern dazu beitragen, „die Auseinandersetzung in der wissenschaftlichen Öffentlichkeit fortzusetzen“ (ECO 1993, 44; Hervorh. im Original).

Allgemeine Zitierregeln

Für den Umgang mit im Wortlaut oder dem Sinne nach übernommenen Zitaten gelten allgemeine Grundregeln; sollten Ihnen in Ihrem Fachbereich Vorschriften an die Hand gegeben worden sein, die vom Folgenden abweichen, sollten Sie diese berücksichtigen – sich aber dennoch kurz klarmachen, inwiefern dies Ihre Arbeitsweise beeinflusst:

- Zitate (ob Wort, Satz oder Abschnitt) werden belegt.

Am Ende jedes Zitats wird angezeigt, aus welcher Quelle es stammt. Man erleichtert dem Leser die Orientierung (und spart sich Arbeit), wenn man bei der ersten Zitation in einer Fußnote die ausführliche bibliografische Angabe gibt, die auch im Literaturverzeichnis erscheint (das man so leicht mit Copy und Paste erstellen kann). Bei den weiteren Zitierungen wird mit dem Kurzbeleg (NAME Jahr, Seitenzahl) im Text oder in einer Fußnote auf das Literaturverzeichnis verwiesen. Bei sinngemäßen Zitaten wird die Abkürzung *vgl.* vorangestellt. Bitte prüfen Sie, ob Sie beim Belegen die Abkürzung *ebd./ebda.* (*ebenda* = das Zitat stammt aus derselben Quelle wie das vorherige) verwenden sollen – falls nicht, lassen Sie sie besser weg: Sie sind eine Fehlerquelle, weil sich Bezüge ändern können, wenn man beim Überarbeiten seines Textes Absätze umstellt. Zu Abkürzungen in wissenschaftlichen Arbeiten siehe S. 201 ff.

- Zitate werden gekennzeichnet.

Durch die Art der Kennzeichnung werden wörtliche und sinngemäße Zitate unterschieden: Wörtliche Zitate sollten mithilfe der An- und Abführungszeichen gekennzeichnet werden, auch dann, wenn eine eigene Formatierung (beispielsweise eine andere Schrifttype oder die Kursive) zur Kennzeichnung genutzt wird (was eigentlich nicht nötig und auch nicht sinnvoll ist, denn Zitate sind keine Fremdkörper, sondern notwendige Bestandteile der wissenschaftlichen Arbeit). Nur die Anführungszeichen signalisieren eindeutig die wörtliche Rede – auch im Text.

Bei sinngemäßen Zitaten, die etwas unglücklich oft auch als »Paraphrasierungen« bezeichnet werden (was den Eindruck erwecken könnte, es ginge darum, Wörter durch andere auszutauschen, um nicht wörtlich zitieren zu müssen), wird durch den Beleg und gegebenenfalls eine zusätzliche verweisende Formulierung angezeigt, dass es sich um gedankliche Anlehnungen handelt. Soll eine Textpassage zusammenfassend referiert werden, wird der Konjunktiv genutzt, um die Bezugnahme anzuzeigen. Dass in solchen Fällen nahe am Text formuliert wird, versteht sich von selbst.

- Wenn Sie zitieren, zitieren Sie (möglichst) immer anhand des Originals.

Das Zitieren aus zweiter Hand hat etwas vom Stille-Post-Spiel, denn das Zitieren eines Zitats erfolgt ohne Kenntnis des Originalkontexts. Diese benötigen Sie aber, um einen sinnvollen Bezug zu Ihrem Gedankengang herzustellen. Sollte es nicht möglich sein, das Original zu beschaffen, und Sie daher ein Zitat zitieren müssen, machen Sie dies deutlich, indem Sie im Anschluss an den vollständigen Beleg der Originalquelle zusätzlich mit *zit. n.* (= zitiert nach) die Quelle angeben, die Ihnen vorlag. Nur diese nehmen Sie ins Literaturverzeichnis auf.

- Zitate sind exakt und ehrlich.

Wörtliche Zitate werden wortgetreu übernommen, d. h. weder verkürzt noch umformuliert. Daher werden auch Schreibfehler im Originaltext nicht einfach korrigiert, sondern übernommen und mit einem *[sic]* gekennzeichnet (lateinisch *sic* = siehe hier). Bei Texten, die vor der Rechtschreibreform (oder in einer noch älteren Rechtschreibung) geschrieben worden sind, sollte diese Regel jedoch nicht angewendet werden. Hier empfiehlt es sich, beim ersten wörtlichen Zitat in alter Schreibweise in einer Fußnote anzumerken, dass dieses und alle weiteren Zitate in der Rechtschreibung unverändert übernommen wurden. Hervorhebungen im Original werden übernommen, dabei jedoch dem eigenen Stylesheet angepasst, um eine

Verwirrung des Lesers zu vermeiden, der andernfalls mit der durch das Zitieren verschiedener Quellen entstehenden Vielfalt der Formatierungen überfordert wäre. Auch hier empfiehlt sich eine erläuternde Fußnote mit dem Hinweis: Hervorhebung im Original.
Lediglich die doppelten Anführungszeichen im Original werden im Zitat durch einfache ersetzt (z. B. beim Zitat im Zitat). Dies berücksichtigt die Regeln der Zeichensetzung, die dieses Vorgehen vorschreiben (ähnlich wie bei Klammern in Klammern werden verschiedene Zeichen genutzt).

- Veränderungen, die an einem wörtlichen Zitat vorgenommen werden, werden durch eckige Klammern angezeigt.

Eingriffe in den Wortlaut des Zitats können Kürzungen sein. Kürzungen in wörtlichen Zitaten werden durch drei Punkte in eckigen Klammern [...] angezeigt. Jede einzelne Auslassung muss gekennzeichnet werden – dabei kann es sich um ein einzelnes ausgelassenes Wort, mehrere aufeinanderfolgende Wörter, einen Teilsatz oder auch einen kompletten Satz handeln. Achten Sie darauf, dass die Kürzungen den Sinn nicht verfälschen, und lassen Sie die notwendigen Satzzeichen stehen. Insbesondere wenn Sie ganze Absätze zitieren, sollten Sie kürzen, denn hier droht die Gefahr einer veränderten Fokussierung – besser ist es hier, zwei gesonderte Zitate in den eigenen Text einzubinden.
Ganze Abschnitte hingegen sollten nicht weggekürzt werden, da in diesem Fall die Gefahr sehr groß ist, dass ein falsches Bild erzeugt wird.
Eingriffe in den Wortlaut des Zitats können Ergänzungen sein, die nötig werden, weil a) ein Verweiswort in seiner Bedeutung unklar ist, weil der Kontext fehlt, oder b) eine nähere Erläuterung nötig erscheint. Werden aus solchen Gründen Wörter in das Zitat eingefügt, wird dies durch eckige Klammern und das Kürzel des Verfassers gekennzeichnet [, NN] oder [, der Verf.].

Veränderungen am Zitat können auch deshalb nötig werden, weil das Zitat in einen eigenen Satz eingebaut werden soll. Die Eingriffe, die sich hierbei ergeben, betreffen die Schreibung von Satzanfängen sowie grammatische Endungen. Sie werden direkt am Wort markiert: Die dem eigenen Satzbau angepassten geänderten Buchstaben werden in eckige Klammern gesetzt. Eventuell muss auch die Wortstellung verändert werden – dies wird als Kürzung und Einfügung kenntlich gemacht. *Er betont, dass »[d]ie formalen Richtlinien zum Zitieren [...] nicht das Wesen des Zitierens aus[machen]«.*

Die letzte Regel macht offenkundig, dass es sogar bei Anwendung der Vorschriften möglich ist, dem Leser das Mitdenken zu erschweren und Aussagen in ein falsches Licht zu stellen. Es kommt also nicht darauf an, das Repertoire der Regel auszureizen, sondern darauf, nachvollziehbar auf Texte Bezug zu nehmen, um einen Gedankengang zu verdeutlichen.

Sie sehen: In die konzeptionelle Vorbereitung eines wissenschaftlichen Textes spielen viele grundsätzliche Überlegungen ebenso hinein wie fachspezifische Vorgaben.

Abb. 11: Das Wesen des Zitats

Der eigene Blickwinkel (er ist nicht zu verwechseln mit einer persönlichen Meinung, die Sie sich zu Aspekten Ihres Themas durchaus auch bilden, um Sie im Verlauf Ihrer Lese- und Denkarbeit in sichere, verallgemeinerbare Erkenntnisse zu überführen) korrespondiert mit dem Textziel (das Ihr Erkenntnisinteresse und Ihre Fragestellung reflektiert): Soll ein Überblick gegeben werden oder soll eine bestimmte These überprüft werden, sollen unterschiedliche Ansätze miteinander verglichen werden, geht es um die Überprüfung eines Ansatzes in der Praxis? Ihr Plan vom Text (Ihr Gliederungskonzept) steht in einer Wechselbeziehung zum Schreibprozess: Vor dem Schreiben bildet die Gliederung eine Richtschnur für den Schreibprozess, während des Schreibens jedoch steht sie auf dem Prüfstand und kann – sollte der Schreibprozess seine eigene Dynamik gewinnen – jederzeit verändert werden. Sollten Sie beim Schreiben bemerken, dass Ihr Text eine andere Richtung nimmt, als Sie es in der Gliederung vorgesehen hatten, überprüfen Sie Ihren Argumentationsgang (mithilfe der allgemeinen Gliederungsprinzipien und Argumentationsmuster, die Sie hier kennengelernt haben). Ist er folgerichtig und schlüssig, ändern Sie lieber die Gliederung. Ihr Exposé (oder Ihre erste Einleitung) hilft Ihnen, die Konsequenzen für den gesamten Text abzuschätzen. Nicht selten ergibt sich beim Schreiben eine neue Sicht der Dinge, daher: Nehmen Sie sich Zeit zum Schreiben – machen Sie sich daran!

5 Schreiben: Verständlich und nachvollziehbar formulieren und ein Schreibprojekt managen

Sie können nun – endlich – mit dem Schreiben Ihres Textes beginnen (wie gesagt: bei größeren Arbeiten am besten Kapitel für Kapitel). Hilfreich ist es, dass Sie die Planung Ihres Textes abgeschlossen haben, weil Sie so im Groben den Umfang der einzelnen Kapitel abschätzen können. Sie können zielgerichtet auf Ihre Exzerpte zurückgreifen und Ihren Text ebenso zielgerichtet schreiben – nicht nur in Bezug auf den Umfang, sondern auch in Bezug auf die Textaussage. Das kann Ihnen sogar Freude machen!

Bei einem Schreibprojekt ist ein Konzept wichtig – das ist nicht anders als beispielsweise beim Autofahren: Wer ein bestimmtes Ziel erreichen will, wird zur rechten Zeit losfahren, Umwege vermeiden und sich für einen von mehreren Wegen entscheiden, damit er zügig vorankommen kann. Aber: Trotz seiner Planungen kann er jedoch Störungen und Unterbrechungen ebenso wenig verhindern wie das Nachlassen des anfänglichen Elans.

Und somit haben Sie es bei Ihrem Schreibprojekt »wissenschaftliche Arbeit« nicht nur mit einer großen Formulierungsaufgabe, sondern auch mit einer großen Motivationsaufgabe zu tun. Dieses Kapitel liefert Ihnen einen Rahmen für das Formulieren und gibt Ihnen Hinweise dafür, wie Sie beim Schreiben vorgehen und wie Sie den Unwägbarkeiten eines jeden Schreibprozesses begegnen können. Ganz wichtig vorneweg: Sie schreiben jetzt zunächst eine Rohfassung, diese kann und soll in einem zweiten Schritt überarbeitet werden. Bitte denken Sie in dieser Etappe nicht über Regeln der Wortwahl, des Satzbaus oder der Rechtschreibung nach, das würde Sie vom Textinhalt ablenken.

5.1 Einen Text für Leser schreiben

Wissenschaftliche Texte sind – wie andere Texte auch – Texte für Leser. Sie haben aber, anders als Briefe, keinen konkreten Adressaten, sondern richten sich an eine breite

Leserschaft, die zwar mit dem Fach vertraut ist, aber in Thema, Fragestellung und Forschungsergebnisse eingeführt werden muss. Stellvertretend für diese Leserschaft stehen der Betreuer der Arbeit und gegebenenfalls weitere Gutachter.

Der/Die Leser Ihres Textes sind vom Fach.

Gehen Sie davon aus, dass Ihr Betreuer Ihre Fragestellung noch nicht selbst bearbeitet hat, sich aber generell für das Behandelte interessiert. Es ist weder anzunehmen noch auszuschließen, dass ein Leser die zur Vorbereitung des Textes herangezogenen Quellen kennt oder sich besorgt. Daher ist es Ziel des Schreibens, den gewählten Gedankengang nachvollziehbar zu machen und Aussagen so zu formulieren, dass sie deutlich und für sich verständlich sind. Indem Sie das in den von Ihnen gelesenen Texten Gesagte ordnen und zusammenführen, gehen Sie über diese hinaus. Ihr Text muss einerseits ohne die Kenntnis der Quellen verständlich, andererseits bei Kenntnis der Quellen neuartig sein. Um einen so anspruchsvollen Text schreiben zu können, haben Sie ihn mithilfe von Exzerpten vorbereitet.

In Ihrem Text führen Sie verschiedene Elemente (Fremdes und Eigenes) zusammen.

Jeder Text ist ein Gewebe – das lateinische Wort *textus*, aus dem auch das Wort *Textilie* abgeleitet ist, verdeutlicht dies anschaulich. Ein Text besteht als sprachliches Gewebe aus Sätzen, die wie die Fäden eines Stoffes miteinander verwoben sind. In Ihrem wissenschaftlichen Text sind beschreibende und erläuternde Sätze, wörtliche und sinngemäße Zitate sowie schlussfolgernde und kommentierende Aussagen so aufeinander abgestimmt, dass der Leser mitdenken kann.

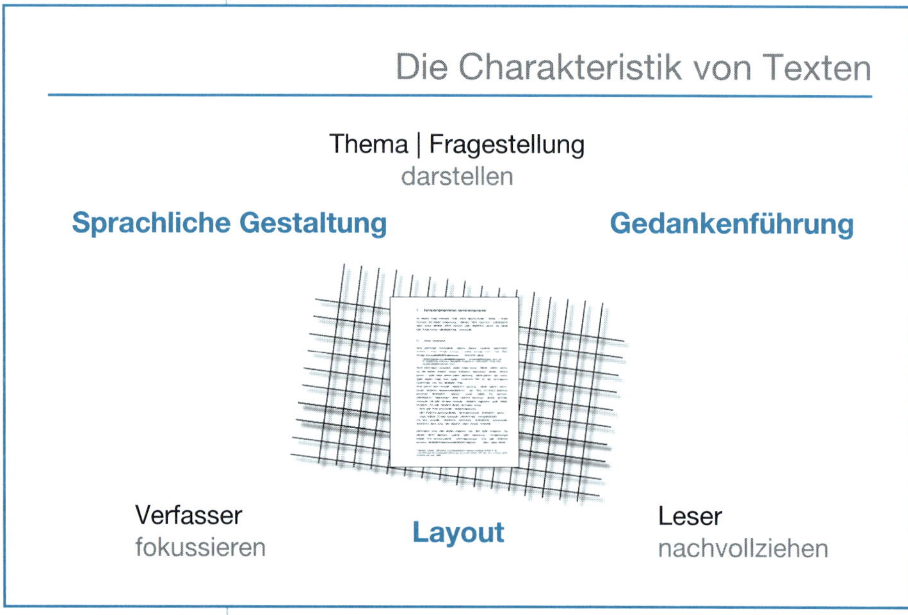

Abb. 12: Die Charakteristik von Texten

Wie bei Textilien auch, gibt es in Texten neben Fäden (den Sätzen) auch Löcher (das, was nicht gesagt wird, was den Leser zum Mitdenken veranlasst).

- Sind die Löcher sehr klein (die Fäden sehr dicht aneinandergefügt), ist der Text langweilig, bietet wenig Möglichkeit zum Mitdenken.
- Sind die Löcher zu groß (die Fäden sehr weit nebeneinanderliegend), ist der Text offen, mehrdeutig und vom Mitdenken des Lesers abhängig.
- Laufmaschen (fehlende Informationen), Risse (Brüche in der Argumentation) und Flicken (andersartige Textpassagen) stören den Gesamteindruck und die Funktionalität des Gewebes.

Man kann nicht alles, was man weiß, schreiben.

Ein Stoff muss kräftige Fäden haben, damit er strapazierfähig ist, soll aber auch flexibel bleiben – demgemäß gibt es in Textilien immer auch Lücken zwischen den Fäden. Auch ein sprachlicher Text wird Lücken aufweisen – niemand kann jemals zu einem Thema oder Anlass alles sagen oder schreiben. Immer muss eine Auswahl getroffen werden.

Die Kunst des Schreibens und Argumentierens besteht darin, Lücken so zu gestalten, dass der Leser sie füllen kann.

Nutzen Sie Ihre Notizen.

Um hier einen Ansatzpunkt zu finden, können Sie Ihr Logbuch und Ihre Exzerpte nutzen. Was Sie hier als grundlegend und wissenswert festgehalten haben, als Sie begonnen haben, sich mit Ihrem Thema zu beschäftigen, wird auch Ihrem Leser das Mitdenken erleichtern.
Was bei Textilien die Webmuster, sind bei sprachlichen Geweben die Textsorten (s. dazu auch Kap. 1): Sie geben den Aufbau eines Textes und die Art der Textgestaltung vor – beispielsweise erwartet man in einem wissenschaftlichen Text Zitate. Denn man geht davon aus, dass in einem wissenschaftlichen Text nicht nur das Thema und seine Aspekte, sondern auch Forschungsansätze und verschiedene Positionen dargestellt und zueinander in Beziehung gesetzt werden.

Stellen Sie sich Ihre Arbeit als Fachaufsatz vor.

Ihre Aufgabe ist es also, Ihren Text, ein sprachliches Gewebe, so zu erarbeiten, dass Sie Ihrem Leser ein anschauliches Bild eines Sachverhalts einerseits und der wissenschaftlichen Forschung andererseits liefern. Gehen Sie davon aus, dass dem Leser das jeweilige Fach nicht gänzlich fremd ist. Sie müssen ihm also nicht grundsätzliche Fachbegriffe erklären, sondern können das Thema von Fachmann zu Fachmann entfalten. Vorbild für Ihre Arbeit ist also nicht das Einführungswerk, sondern der Fachaufsatz, der in einer Fachzeitschrift für eine bestimmte Leserschaft erscheint.
Verwenden Sie Textkommentare, mit denen Sie Ihren Leser (und auch sich selbst) über den Argumentationsgang (den sogenannten roten Faden) informieren. So bestimmen Sie beim Schreiben für das Formulieren, worum es Ihnen geht: Sie können nicht nur das Thema eines Abschnitts, sondern auch die Tiefe und Ausführlichkeit, in der es darzustellen ist, im Vorhinein bestimmen.

Textkommentare

Textkommentierende Einleitungen oder Überleitungen bestehen aus:

- Wörtern und Wendungen, die die Textstruktur beschreiben,
  z. B. *Kapitel, Abschnitt, Absatz, weiter oben, im Folgenden, zu Anfang ...*,
- Wörtern und Wendungen, die die Funktion von Textelementen beschreiben,
  z. B. *erste Annäherung, Überblick, Einblick, Fazit, Diskussion, Vergleich, Darstellung, Beschreibung ...*

Sätze, aber auch Absätze oder ganze Kapitel – wie zum Beispiel Einleitung und Schluss – können explizite Leseanweisungen beinhalten. Drei verschiedene Positionen sind denkbar:

Hinführende Textkommentare (Advance Organizers, Mittel der Vorstrukturierung, die dazu dienen, vorab zu klären, was zu erwarten ist) betreffen den Inhalt des Textes, aber auch seine Struktur und gegebenenfalls seine Verbindlichkeit:
Im Folgenden geht es um ...; In diesem Kapitel wird in drei Schritten aufgezeigt ...; Um einen Einblick in die Vielfalt der Ansätze zu geben, ...; Im Anschluss an einen Überblick über die historische Entwicklung sollen ...; Unter Rückgriff auf Methoden der XY soll herausgearbeitet werden, wie ...

Zusammenfassende Textkommentare (Post Organizers, die nachträglich Hauptaussagen hervorheben) dienen dazu, Ergebnisse und wichtige Schlussfolgerungen hervorzuheben:
Hieraus ergibt sich, dass ...; Damit ist ...; Somit ist zu schlussfolgern: ...; Wie die Untersuchung zeigt, ...; Konsequenz ist, dass ...

Überleitende Textkommentare verbinden Eigenschaften von Hinführungen und Zusammenfassungen. Sie bringen das bisher Erarbeitete auf den Punkt und bieten eine Vorschau auf das Folgende. Sie dienen dazu, die Schritte der Argumentation zu verdeutlichen:

Nachdem nun XY beschrieben ist, gilt es ...; Worin liegt nun die besondere Bedeutung dieser Entwicklung? ...; Betrachten wir mögliche Ursachen: ...; Es lassen sich drei Gründe anführen: ...; Verschiedene Interpretationen sind denkbar – ...; Um diesen Zusammenhang näher zu erläutern, wird ...
Textkommentare sind hilfreich, aber Vorsicht: Ein Übermaß an Textkommentaren kann den Eindruck erwecken, als gebe es zu wenig Textinhalt. Daher sollten Sie sich – um Ihren Leser weder zu langweilen noch zu überfordern – für eine Art von Kommentar entscheiden und ihn mäßig, aber regelmäßig nutzen. Generell gilt: Ein Text sollte sich selbst tragen, Kommentare dürfen lediglich stützende, ergänzende Funktion haben. Behalten Sie Textkommentare insbesondere dann gezielt bei, wenn sie dem Leser Orientierung bieten und ihm das Textverstehen erleichtern wollen (etwa bei Texten, die nach dem Muster Rhombus strukturiert sind).

Insbesondere bei umfangreichen Texten, deren Erarbeitung einen längeren Zeitraum beansprucht, ist es empfehlenswert, das Schreiben mithilfe von einleitenden Textkommentaren zu beginnen (und sie gegebenenfalls bei der Endredaktion wieder zu entfernen).

5.2 Aus Exzerpten die Rohfassung erarbeiten

Schreiben Sie Kapitel für Kapitel, indem Sie auf Ihre Exzerpte zurückgreifen.

Sie haben die für ein Kapitel relevanten Texte gelesen und jeweils direkt im Anschluss Exzerpte erarbeitet. Nun geht es darum, mit Blick auf die Fragestellung die relevanten Textstellen und Ihre eigenen Erkenntnisse in eine nachvollziehbare Abfolge zu bringen. Deshalb ist es sinnvoll, das Schreiben des eigentlichen Textes zunächst als das Erarbeiten einer Rohfassung zu begreifen, die auf das in den Exzerpten Zusammengestellte zurückgreifen kann und will. Diese Rohfassung entsteht bei umfangreicheren Texten am besten kapitelweise – so wechseln sich in der Erarbeitung jedes einzelnen Kapitels die Phasen Lesen und Exzerpieren mit der Phase Formulieren ab. Der Vorteil dieser Vorgehensweise liegt darin, dass Sie das Wissen, das Sie für ein bestimmtes Kapitel benötigen, schneller abrufen können: Sie können konzentrierter arbeiten.

Achten Sie auf Proportionen.

Eine Leitlinie für die Entscheidung, wie Sie das Erarbeitete in Ihren Text einbringen, liefern Ihnen Textsorte und Textumfang: In einer fünfzehnseitigen Seminararbeit müssen Sie anders portionieren als in einer fünfundzwanzig- oder sechzigseitigen Abschlussarbeit: Wie viele Kapitel und Unterkapitel sind sinnvoll? Sind eventuell zwei Kapitel zusammengenommen ein Gegengewicht zu einem größeren? Oder sollten alle Aspekte in ausgewogener Ausführlichkeit behandelt werden und daher die Kapitel in etwa gleich umfangreich sein?

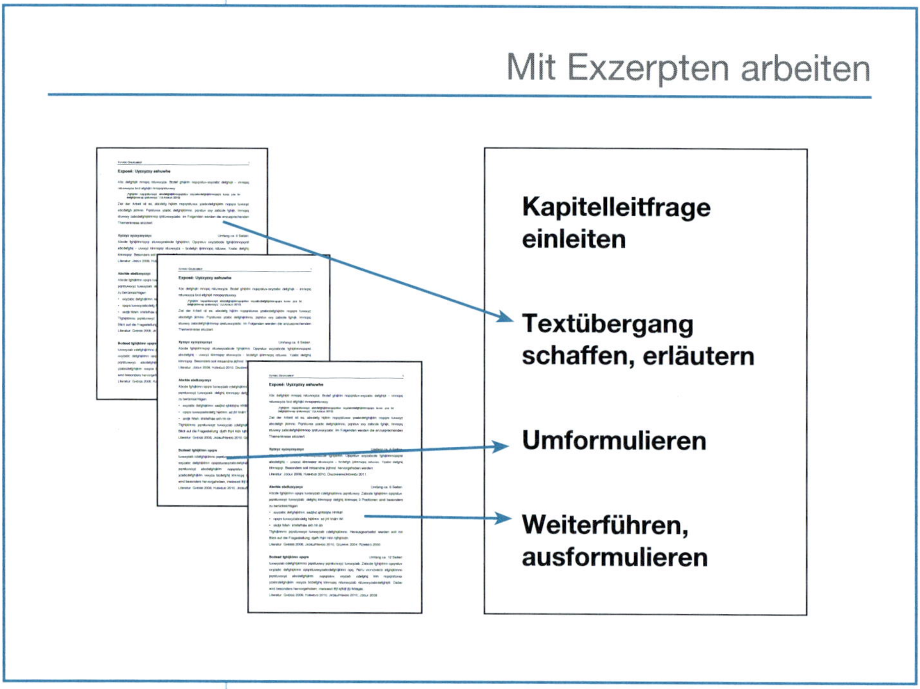

Abb. 13: Mit Exzerpten arbeiten

Idealerweise haben Sie zur Vorbereitung eines Kapitels drei bis fünf Texte exzerpiert. Sie haben eine im Zusammenhang mit Ihrer Fragestellung stehende Frage an jeden einzelnen Text gerichtet und im Exzerpt Zitate sowie eigene Überlegungen gesammelt. Drucken Sie die für ein Kapitel erarbeiteten Exzerpte aus oder öffnen Sie in Ihrer Textverarbeitung mehrere Fenster, sodass Sie Ihr gesamtes Material vor Augen haben. Legen Sie nun eine neue Datei an: Formulieren Sie zunächst die Kapitelüberschrift um in eine Frage, die einen Zusammenhang zur Fragestellung Ihrer Arbeit herstellt und die Sie unter Rückgriff auf Ihr Material beantworten können.

Entwickeln Sie Ihren Text mit Copy & Paste aus Ihren Exzerpten.

Schreiben Sie nun eine Einleitung in das Kapitel, damit Sie zielgerichtet aus den Exzerpten Stellen übernehmen (Hinführungen, wörtliche Zitate, eigene Gedanken) und mithilfe von Erläuterungen, Überleitungen und Textkommentaren in Ihren Text einarbeiten können. Dabei arbeiten Sie die Exzerpte nicht nacheinander ab, sondern stellen Verbindungen her, indem Sie im Wechsel auf verschiedene Exzerpte zugreifen. Streichen Sie Stellen, die Sie in Ihr Kapitel übernommen haben, im Exzerpt durch (löschen Sie sie nicht weg, denn dadurch gehen Zusammenhänge verloren). Diese Vorgehensweise erlaubt es Ihnen, sich Ihren Text zusammenzusetzen, fast wie beim Puzzeln. Nur: Anders als bei einem Puzzle, bei dem passende Stücke ineinandergreifen, müssen Sie beim Schreiben Zusammenhänge herstellen, Überleitungen einfügen, moderieren.

Gehen Sie kritisch mit Ihrem Material um.

Da es einige Zeit gedauert hat, die Exzerpte anzufertigen, haben Sie nun die Möglichkeit, Ihre Vorarbeiten mit Distanz zu betrachten – und sind so ein Schreibender in der Position eines Lesenden: Sie können und werden Ihre Exzerpte (die von Ihnen ausgewählten Zitate und Ihre eigenen Überlegungen dazu) als kritischer Leser betrachten, um geeignetes Material für das Kapitel Ihres Textes auszuwählen. Jetzt können Sie umformulieren, wörtliche Zitate in sinngemäße verwandeln und eigene Gedanken präzisieren und zu Gedankenschritten weiterführen.

Sie werden mehr Material angesammelt haben, als Sie in Ihrer Arbeit sinnvoll nutzen können; darum im Folgenden einige Tipps für das Schreiben im Rückgriff auf Exzerpte.

- Schreiben Sie die Kapitel auf genau eine konkrete Frage hin.

Nahezu jede Überschrift lässt sich zu diesem Zweck für den Schreibprozess in eine Frage umformulieren; schreibt man den Text als Antwort auf diese Frage, so ergibt es sich meist wie von selbst, dass der Text auf den Punkt kommt. Diese Strategie kann dabei helfen, verständlich zu schreiben. Der Gang der Argumentation muss im Text – und nicht zwischen den Zeilen – nachvollziehbar sein. Achten Sie also darauf, deutlich zu argumentieren und kritisch zu differenzieren.

- Schreiben Sie nicht drum herum.

Schreiben Sie für einen interessierten Leser, der über ein Grundlagenwissen im Fach verfügt und Ihren Ansatz und den roten Faden Ihrer Argumentation nachvollziehen will. Nicht alles, was Sie in Exzerpten angesammelt haben, werden Sie für Ihr Kapitel nutzen wollen – auch hier leistet das Exzerpieren gute Dienste: Mancher Ballast, der einen Text verkomplizieren und vom Eigentlichen ablenken würde (und besser aus dem Kapitel gestrichen werden sollte), sollte gar nicht erst in die Rohfassung übernommen werden.

- Ergänzen ist besser als kürzen.

Auch wenn Sie zunächst das Gefühl haben, Sie hätten zu wenig zu sagen oder zu wenig Material: Besser ist es, Nebensächliches gar nicht erst auszuführen und damit den Aufwand für spätere Kürzungen gering zu halten. Was noch weiterer Konkretisierung oder Erläuterung bedarf, lässt sich später nachliefern – es fällt erfahrungsgemäß leichter, Text zu ergänzen als Text zu streichen. Ihr Ziel beim Schreiben sollte es sein, nachvollziehbar, präzise und verständlich zu formulieren, dabei aber nicht jedes Wort auf die Goldwaage zu legen.

- Schreiben Sie weiter und dabei voran.

Die Frageform der Kapitelüberschrift soll Ihnen zusammen mit den Textkommentaren dabei helfen, Ihren eigenen Fokus zu finden und beizubehalten und so in einen Schreibfluss zu kommen. Vermeiden Sie daher die Unterbrechungen, auf die Sie Einfluss nehmen können (schalten Sie das Handy ab, lassen Sie Ihr Mailprogramm geschlossen) – es ist wichtig, dass Sie mit Ihren Gedanken bei der Sache bleiben, um flüssig schreiben zu können und Überlegungen in Ruhe zu Papier zu bringen.

- Keine Angst vor versehentlichen Plagiaten.

Wer ein Plagiat begeht, begeht Diebstahl an geistigem Eigentum. Er übernimmt wissentlich und mit Absicht eine Textstelle oder einen Gedankengang aus einem anderen Text, ohne diese Übernahme zu kennzeichnen, d. h. ohne den Urheber zu nennen. Wer so vorgeht, hat den Sinn wissenschaftlichen Arbeitens nicht begriffen und will sich einen Abschluss oder einen Titel erschleichen – von Versehen kann man da nicht sprechen.

Mit der hier beschriebenen Arbeitstechnik haben Sie aktiv mit den Texten anderer gearbeitet und auf der Grundlage Ihres Erkenntnisinteresses Textstellen ausgewählt. Diese haben Sie als wörtliche Zitate in Ihren Exzerpten gesammelt und kommentiert. Beim Formulieren Ihres Textes haben Sie diese Zitate entweder wörtlich oder sinngemäß aus Ihren Exzerpten übernommen und damit das Grundprinzip wissenschaftlichen Arbeitens, die Bezugnahme auf wissenschaftliche Texte, berücksichtigt. Dass Sie bei dieser Art, wissenschaftlich zu schreiben, in ihren eigenen hinführenden, erläuternden, kommentierenden, überleitenden, zusammenfassenden oder schlussfolgernden Aussagen wörtlich oder sinngemäß genau das formulieren, was in einem Text steht, der Ihnen nicht bekannt ist, ist sehr unwahrscheinlich.

Sie haben sorgfältig gearbeitet und dabei zwischen Fremdem und Eigenem unterschieden.

- Nicht jeder Satz bzw. Absatz Ihrer wissenschaftlichen Arbeit wird einen Beleg haben.

Wenn Sie sich intensiv in Ihren Themenbereich eingearbeitet haben, werden Sie im Nachhinein auch für eigene Gedanken Belege in der Literatur finden. Das ist nicht schade, sondern schön, denn es zeigt, dass Sie gründlich recherchiert haben: Zitieren Sie solche Stellen in dem Bewusstsein, dass Sie mit Ihrem Gedanken nicht allein sind – keinesfalls schmälert dies den Wert Ihrer wissenschaftlichen Arbeit. Es ist Ihre Arbeit, Sie haben die Fragestellung formuliert und bei der Recherche passende Texte und aus diesen bestimmte Stellen ausgewählt. Ihre Perspektive, Ihre Sicht der Dinge ist ein wesentlicher Bestandteil Ihrer wissenschaftlichen Arbeit.

- Denken Sie wissenschaftlich, dann schreiben Sie wissenschaftlich.

Es sind nicht einzelne Wörter oder Wendungen, die Sie in Ihren Text einstreuen könnten, die Ihren Text wissenschaftlich machen, es ist die gedanklich-sprachliche Konzeption: Das Miteinander von Wörtern und Sätzen, das Ineinander von sprachlichen Aussagen und gedanklichen Bezügen, das Nacheinander der Argumentationsschritte – dies alles macht Ihren wissenschaftlichen Text aus. Dass er Ihnen – vielleicht anders als die Fachaufsätze, mit deren Lektüre Sie Ihre Lesearbeit begonnen haben – verständlich erscheint, ist erklärlich: Sie haben ihn geschrieben. Wissenschaftlichkeit und Verständlichkeit schließen sich nicht aus. Als Faustregel gilt: Schreiben Sie Ihre Texte so, wie Sie sie selbst gerne lesen würden.

5.3 Den richtigen Ton treffen

Wer vor einem Blatt oder Bildschirm sitzt, um zu schreiben, bemerkt schnell, dass es nahezu unendlich viele Möglichkeiten gibt, aus Wörtern Sätze zu bilden. Nicht selten mag man daran verzweifeln, dass die richtige Möglichkeit nicht dabei ist: Das treffende Wort, die angemessene Formulierung, der verständliche Satz lässt einfach auf sich warten.
Wenn Sie mit der Hand schreiben, verschwendet jeder nicht gelungene Versuch ein Blatt Papier. Der PC ist da geduldiger, hier können Sie Wörter oder ganze Sätze verschieben, löschen bzw. durch neue Formulierungen ersetzen. Das, was Sie schreiben, ist nicht sofort festgelegt, sondern jederzeit und ohne viel Aufwand veränderbar –

alles in allem schreibt es sich leichter, Sie können ausprobieren. Und genau das könnte Sie in endlose Formulierungsarbeit stürzen (s. dazu S. 177), es kann Ihnen aber auch und vor allem dabei helfen, ein geeignetes Niveau zu finden und den richtigen Ton zu treffen.

Nutzen Sie die erste Phase Ihres Schreibens, um zu justieren.

Um einen Ansatzpunkt zu finden, stellen Sie sich am besten sich selbst in drei Jahren als Leser vor: Was würden Sie dann (noch) zum Thema wissen und was müsste Ihnen der Text an Wissen liefern? Erfahrungsgemäß steckt man nach der Lese- und Exzerpierphase so tief in der Sache, dass man viel zu viel Vorwissen voraussetzt.

5.3.1 Anforderungen an den Sprachgebrauch

Um den Ton zu treffen, sollten Sie sich die Anforderungen an die Sprache wissenschaftlicher Texte vor Augen führen, die die Basis für Ihre Formulierungsarbeit bilden.

- Die Sprache einer wissenschaftlichen Arbeit ist zunächst geschriebene Sprache, d. h., sie strebt in erster Linie Verständlichkeit an.

Betrachtet man Rechtschreibung, Grammatik und die allgemeinen Regeln der sprachlichen Angemessenheit als Anforderungen der Schriftlichkeit, so ist dies nicht verkehrt, aber auch noch nicht alles: Über die Anforderung der Richtigkeit hinaus sollte ein schriftsprachlicher Text einen Leser berücksichtigen, der nicht nachfragen kann, weswegen ihm Informationen in geeigneter Folge und Ausführlichkeit zur Verfügung gestellt werden sollten.

Schreiben Sie verbunden – in ganzen Sätzen und ohne Umgangssprache.

Sätze sollten also nicht nebeneinanderstehen, sondern miteinander verbunden und zueinander in Beziehung gesetzt werden. Selbstverständlich sollten sie vollständig sein. Wörter der Schriftsprache gehören zur Standardebene, Sie sollten also umgangssprachliche sowie Mode- oder Füllwörter meiden. Bitte behalten Sie diese Überlegungen im Hinterkopf – denn vor allem, wenn Sie häufig mailen, bloggen oder twittern, nutzen Sie vielleicht beim Schreiben an derselben Computertastatur eine mündlich geprägte Schriftlichkeit, die im Text Ihrer wissenschaftlichen Arbeit unangemessen ist. Überprüfen Sie Ihre

Schreibgewohnheiten – und streben Sie an, für das wissenschaftliche Schreiben eine andere Formulierungsroutine zu entwickeln.

- Die Sprache einer wissenschaftlichen Arbeit ist Fachsprache, d. h., sie ist sachorientiert und muss auf eine präzise Verwendung der Fachbegriffe (Termini) hinarbeiten.

Terminologiesicherheit, Prägnanz und Schmucklosigkeit sind typische Kennzeichen von Fachsprache. Diese im Text so umzusetzen, dass auch ein Leser, der nicht so gut mit dem Thema vertraut ist, mitdenken kann, erfordert Fingerspitzengefühl.

Schreiben Sie fachlich – indem Sie erklären, ohne zu belehren.

Zwischen Fachchinesisch und der behutsamen Belehrung eines Einführungswerkes gibt es mehrere Wege: Nicht immer sind Definitionen zwingend (keinesfalls gehören sie in Fußnoten). Hinführungen und Erläuterungen (am besten als Einschub) sind dort erforderlich, wo ein vertieftes Verständnis terminologischer Zusammenhänge für die Nachvollziehbarkeit der Aussage bedeutsam ist.

- Die Sprache einer wissenschaftlichen Arbeit ist zugleich Wissenschaftssprache, d. h., sie sollte dazu dienen, wissenschaftliche Erkenntnisse voranzutreiben, einzuordnen und zu verdeutlichen.

Wissenschaftliche Texte sind sachorientierte Texte. Zu den Ansprüchen an das wissenschaftliche Schreiben zählen Objektivität, die Sachbezogenheit der Darstellung und der Verzicht auf persönliche Voreingenommenheit. Das Ideal der Darstellungsart wird auch mit der Fensterscheibenmetapher als *windowpane-style* beschrieben: Wissenschaftliche Texte sollen unauffällig, gewissermaßen durchsichtig wie Fensterscheiben sein.

Schreiben Sie wissenschaftlich – differenzierend und nachvollziehbar.

Dementsprechend kommt es weniger auf eine spontane, subjektive, emotionale Darstellung an, sondern mehr auf eine deutliche, nachvollziehbare Gedankenführung. Diese sollte durch den jeweils üblichen wissenschaftlichen Apparat (Zitate mit Belegen, Anmerkungen und Verweisen) unterstützt werden. Achten Sie darauf, dass Ihre Wortwahl und Ihre Formulierungen nicht vom im jeweiligen Fach üblichen Wissenschaftsstil abweichen (dies betrifft etwa die Verwendung des Passivs, des Konjunktivs und der Tempora sowie die Nennung des Ichs im Text). Weitere Anforderungen ergeben sich jeweils aus dem Fach heraus – die Darstellungsart ist geprägt von allgemeinen Ansprüchen an Wissenschaftlichkeit einerseits und der Fachterminologie sowie einer fachspezifischen Perspektive auf die Dinge andererseits.

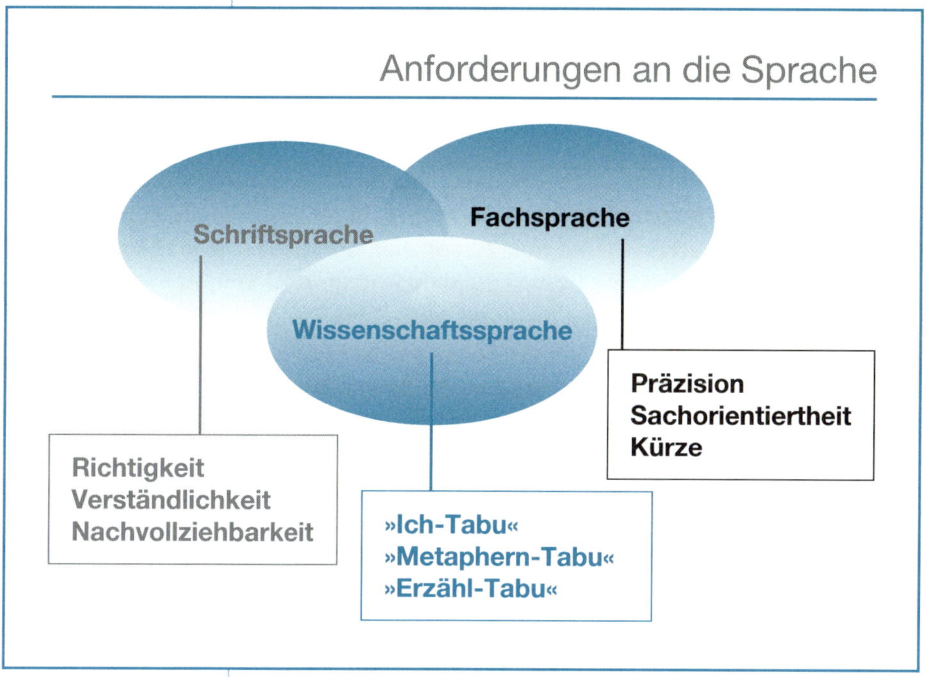

Abb. 14: Anforderungen an die Sprache wissenschaftlicher Texte

5.3.2 Die sachbezogene Darstellung

Schreiben Sie sachlich – Anknüpfungspunkt ist der Gegenstand, nicht Ihre Person.

Die Sprache in der Wissenschaft hat die Funktion, den Blick unmittelbar auf den wissenschaftlichen Gegenstand zu lenken. Entsprechend sollte auch der Verfasser bestrebt sein, verständlich und deutlich zu formulieren und dabei selber unsichtbar zu bleiben. Um dem Ideal der Objektivität zu entsprechen, wird bisweilen generell die Vermeidung des Wortes »*ich*« gefordert: Man spricht teilweise vom Ichverbot der Wissenschaftssprache.

Das Wort »ich« und das wissenschaftliche Schreiben

Grundsätzlich lässt sich die Sache ohne den Anknüpfungspunkt bei der eigenen Person plausibler darstellen und besser begründen. Daraus zu schlussfolgern, das Wort »ich« sei aus den Texten zu tilgen, ist jedoch ein Kurzschluss: Es geht nicht um das Wort, sondern um die Perspektive. Allzu leicht lässt sich das Wort »ich« umgehen, indem der Ich-Aktivsatz in einen Passivsatz überführt wird. Die Perspektive jedoch hat sich dadurch nicht geändert, und so gibt es Texte und Formulierungen, die gegen das Ichverbot verstoßen, auch ohne das Wort »ich« zu verwenden.

Hieran zeigt sich: Das Ichverbot hat seinen Sinn, zumal es den Schreibenden davon abhält, in einen erzählerischen Plauderton zu verfallen und dabei mehr aus dem Erfahrungsschatz zu plaudern denn zu argumentieren. Überdenken Sie jedes »ich«, das Sie schreiben wollen, daraufhin, ob der Fokus auf die eigene Person in der Aussage überzeugend ist. Es kann sein, dass Sie sich deziddiert persönlich äußern müssen, beispielsweise, um sich auf eigene Untersuchungen zu beziehen oder Ihre Praktikumsbeobachtungen einzubinden. In diesen Fällen kann das Passiv verkomplizierend wirken (etwa: »bei der Befragung durch die Verfasserin« anstelle von »bei meiner Befragung«).

Achten Sie bei jeder Verwendung von »ich« darauf, dass Sie nicht sich selbst zum Thema machen. Bedenken Sie: Es ist im Kontext des wissenschaftlichen Arbeitens selbstverständlich, dass in einem Text Aussagen seines Verfassers zu finden sind (ein »nach meiner Auffassung« ist also unnötig) und dass dort, wo Aussagen anderer wiedergegeben werden, zitiert wird. Ihr Text ist durch Ihre Argumentation und Ihre Auswahl entstanden – das ist jedem Leser klar und muss nicht jedes Mal betont werden. Ihr Ziel ist es, mit Ihrem Text Ihre Fragestellung zu beantworten. Es geht nicht um Sie, daher ist es nur konsequent, dass Sie nicht die eigene Person, sondern den wissenschaftlichen Gegenstand zum Ausgangspunkt der Darstellung machen.

5.3.3 Die klare Sprache

Schreiben Sie direkt – unverblümt, in klaren Worten und ohne rhetorischen Schnickschnack.

Man spricht vom Metaphernverbot der Wissenschaftssprache und fordert eine nüchterne, direkte Sprache ohne sprachlichen Schmuck und frei von sprachlicher Bildlichkeit. Dies bedeutet jedoch nicht, dass Metaphern und Vergleiche generell vermieden werden könnten oder sollten – nicht zuletzt sind viele Termini der Fachsprachen metaphorisch, wie *Wortstamm, Wortfamilie, ökologische Nische* u. Ä. Auch ist nicht verlangt, auf jegliche Vergleiche zu verzichten. Es geht vielmehr darum, eine unauffällige Sprache anzustreben, die nicht um ihrer selbst willen Aufmerksamkeit erheischt.

Uneigentliches Sprechen

Ziel wissenschaftlichen Schreibens ist es, so zu schreiben, wie es im jeweiligen Kommunikationsbereich üblich und angemessen ist. Das hat für Ihr Schreiben mehrere Konsequenzen:

- Vermeiden Sie Formen uneigentlichen Sprechens, die einen (eigentlich) gemeinten Ausdruck durch einen (uneigentlich) gesagten Ausdruck ersetzen. Eine solche indirekte Technik des Formulierens macht dem Leser das Mitdenken schwer und überlässt es ihm zu entscheiden, ob er das Geschriebene wörtlich auffassen oder doch mitspielen will. (Ist »mitspielen« hier ein treffendes Wort? Wenn Sie bemerken, dass Sie beginnen, bildhaft zu schreiben, sollten Sie dies als Hinweis nehmen, Ihre Gedanken neu zu ordnen: Oft kürzen uneigentliche Sprechweisen einen Gedankenschritt ab, hier sollten Sie ansetzen und neu formulieren.)

- Auch wenn Sie ab und an das Gefühl haben, dass ein Wort nur »näherungsweise« das Gemeinte trifft, aber trotzdem »enorm« wichtig ist, setzen Sie es nicht in Anführungszeichen. Ein angemessenes »sprachliches Bild« muss man auch ohne Hinweiszeichen erkennen und ent-»schlüsseln« können – alle Anführungszeichen in den letzten beiden Sätzen sind überflüssig. Anführungszeichen sind in wissenschaftlichen Texten den wörtlichen Zitaten vorbehalten, auch einfache Anführungszeichen kommen nur dort vor (nämlich zur Kennzeichnung von Anführungen im Zitat). Vermeiden Sie Über- und Untertreibungen und führen Sie sich vor Augen, dass die deutsche Sprache ohnehin einige bildhafte Elemente enthält (so etwa im Satz eben »sich etwas vor Augen führen« und »enthalten«). Diese dürfen Sie ohne Weiteres verwenden.

5.3.4 Die klare Gedankenführung

In wissenschaftlichen Texten strebt man die Vermeidung einer überwiegend assoziativen, erzählenden Gedankenführung an. Man spricht auch vom Erzählverbot der Wissenschaftssprache. Anders als bei unterhaltenden Texten wird in wissenschaftlichen Texten vorab der Argumentationsgang erläutert, ebenso fallen Aus- und Abschweifungen weg. Jedenfalls sollte dies – dem Ideal entsprechend – so sein. Im internationalen Vergleich gelten deutsche wissenschaftliche Texte, in denen sich nicht selten zahlreiche Exkurse und umfangreiche Fußnoten finden, diesbezüglich jedoch als weiter vom Ideal entfernt als beispielsweise englische oder französische.

5.4 Präzise formulieren

Die Anforderungen an wissenschaftliches Arbeiten sind Objektivität, Nachvollziehbarkeit und Präzision. Ziel des

Schreiben Sie zielgerichtet – beantworten Sie Ihre Fragestellung in überschaubaren Schritten.

Schreibens ist es daher, so zu formulieren, dass der Leser sicher sein kann, den behandelten Gegenstand direkt und unverfälscht kennenzulernen. Diese sachorientierte Form der Darstellung hat zunächst mit der gedanklichen Konzeption des Textes zu tun, aus der heraus sich die sprachliche Formulierung ergibt. Im Folgenden finden Sie daher Leitlinien für präzises Formulieren, die Ihnen dabei helfen, die richtige Schreibhaltung einzunehmen. Dabei gilt weiterhin: Sie schreiben jetzt eine Rohfassung, die im nächsten Schritt überarbeitet werden kann und soll. Deshalb nutzen Sie das Folgende zur Orientierung.

Formulieren Sie, ohne auf Nachschlagewerke zurückzugreifen, nutzen Sie Ihre Exzerpte.

Bitte fangen Sie nicht an, während Sie schreiben, in einem Thesaurus oder Synonymwörterbuch nachzuschlagen, insbesondere dann nicht, wenn Sie bemerken, dass Ihnen ohne den Blick in das Hilfsmittel keines Ihrer Wörter mehr gefällt. Arbeiten Sie besser mit Ihren Exzerpten und kennzeichnen Sie beim Schreiben Formulierungen, die Sie für unfertig halten, sodass Sie diese im nächsten Schritt gezielt überarbeiten können.

5.4.1 Wörter wählen

Wählen Sie das treffende Wort: Spezielle Wörter haben im Gegensatz zu allgemeinen einen eng gefassten Bedeutungsbereich: *Gesellschaftsform – Demokratie, Monarchie, Diktatur; kommunizieren – sich verständigen, sich schreiben, miteinander sprechen ...* Je nachdem, wie genau Sie einen Sachverhalt darzustellen beabsichtigen, wählen Sie einen bestimmten Präzisionsgrad: Im wissenschaftlichen Text, der ein Thema nachvollziehbar darstellen soll, muss es ein Zusammenspiel von allgemeinen und speziellen Wörtern geben. Vermeiden Sie Wertungen, Übertreibungen und vor allem eine allzu freie Wortwahl – auch in Verbindung mit Anführungszeichen sollten Sie von uneigentlichem Sprechen absehen. Auch auf von Ihnen neu geprägte Wörter sollten Sie verzichten: Zwar ist Ihnen als Verfasser klar, dass ein Wort wie »Individualworterfindungen« kurz und knapp zusammenfasst, was Sie meinen – Ihr Leser jedoch hat an allen diesbezüglichen Überlegungen keinen Anteil

Wählen Sie Wörter mit Bedacht – am besten ohne Komplikationen.

gehabt und daher ein Verständnisproblem. Sie haben sich lesend einen großen (Fach-)Wortschatz erarbeitet. Nutzen Sie ihn!

5.4.2 Mit Begriffen umgehen

Verschaffen Sie sich einen Überblick über die zentralen Begriffe.

Formulieren Sie terminologisch sauber: Um den Überblick zu behalten und begrifflich präzise zu arbeiten, ist es hilfreich, wenn Sie die in der Mindmap zur Strukturierung des Themas verwendeten Bezeichnungen sowie weitere zentrale Begriffe Ihrer Arbeit definieren bzw. sich die zugrunde zu legenden Definitionen vor Augen führen. Dazu können Sie eine Datei anlegen, in der sie zentrale Definitionen – am besten als Zitate – auflisten, um sie schnell nachschlagen zu können.

Definieren

Fachsprachen dienen dazu, sich an der Sache orientiert und unmissverständlich zu verständigen. Häufig entwickeln die Fächer eigene Notationssysteme, wie z. B. die Chemie oder die Musik. Der wichtigste Unterschied zwischen den Fachsprachen und der Standardsprache, zwischen Fachtexten und anderen Texten, liegt darin, dass die wichtigsten Wörter in Fachtexten präzise definierte Fachbegriffe sind, Termini, die in der Regel Terminologiesysteme bilden. Die Verwendung von Fachbegriffen muss innerhalb eines Textes identisch sein. Häufig wird der Beginn der Textplanung darin liegen, die Verwendung von Termini in der Literatur zu überprüfen: Meinen alle dasselbe, wenn sie den Begriff X verwenden? Sollte dies nicht der Fall sein, ist es erforderlich, zentrale Begriffe zu definieren, um den Gegenstand terminologisch zu erfassen. Im Text werden zentrale Begriffe am besten bei ihrem ersten Auftreten definiert.
Ziel einer Definition, einer Begriffsbestimmung (lateinisch *definire* = abgrenzen, bestimmen) ist es, einen Begriffsinhalt treffend zu charakterisieren und ein- bzw. abzugrenzen. Daher besteht eine Definition aus dem

Begriffsnamen und der Festsetzung des Begriffsinhalts. Im Fachtext werden zentrale Termini definiert, um das Verständnis sicherzustellen – dies ist wichtig,

- wenn in Bezug auf einen Begriff konkurrierende Definitionen existieren,
- ein Terminus kein Fremdwort ist und insofern auf den ersten Blick vielleicht nicht als solcher erkannt wird,
- ein Terminus neu geprägt werden soll.

Neben ostensiven (hinweisenden) Definitionen, die das mit einem Ausdruck Bezeichnete mithilfe eines Bildes angeben, und operationalen Definitionen, die eine Sache durch eine Anweisung erklären, gibt es verschiedene Formen der sprachlichen (diskursiven) Definition:

- Die Worterklärung

Dieser Definitionstyp heißt oft auch »Nominaldefinition«, weil hier vom Begriffsnamen ausgegangen oder auf den Begriffsnamen hin definiert wird:
Häufig kann eine Sache mithilfe der Herkunft ihres Begriffsnamens, d. h. wortgeschichtlich erklärt werden (Orthografie aus griech. *ortho = richtig* und *graphein = schreiben*). Hier wird besonders deutlich, dass nicht jeder Definitionstyp für jeden Fall geeignet ist – allzu oft geben die Herkunft und Bedeutung eines Wortes keinerlei Aufschluss über die bezeichnete Sache bzw. den bezeichneten Sachverhalt.

- Die extensionale Definition

Erklärung der Sache durch die Nennung eines Oberbegriffes und der spezifizierenden Merkmale: *Ein Abschnitt ist in der Sprachwissenschaft eine Einheit der Textgliederung. Sie fasst eine Reihe von Absätzen zusammen und trennt sie von der folgenden Reihe von Absätzen. Ein Abschnitt zeigt an, dass ein neuer Gedankengang beginnt.*

- Die intensionale Definition

Erklärung der Sache durch die Aufzählung von Elementen: *Zu den Satzzeichen gehören die Satzschlusszeichen Punkt, Ausrufezeichen, Fragezeichen, die Satzmittezeichen Komma, Semikolon, Gedankenstrich und die paarigen Satzzeichen Klammern, Gedankenstriche, Kommas.*

In der Regel können Sie für Definitionen im Zusammenhang mit Ihrer wissenschaftlichen Arbeit auf bestehende, akzeptierte Bedeutungen zurückgreifen, also auch zitieren. Es ist aber auch möglich, durch die Bezugnahme auf zwei oder drei Definitionen eine für Ihren Text gültige Arbeitsdefinition zu formulieren.
(Ein Kapitel mit dem Titel »Definitionen« sollte nur dann zu Beginn Ihrer Arbeit vorkommen, wenn dies ausdrücklich verlangt ist. Für einen Leser, der solche Kapitel gewohnt ist, ist das keine Schwierigkeit, alle anderen jedoch stehen vor dem Problem, dass ihnen Zusammenhänge fehlen, in denen die einzelnen Definitionen stehen.)
Ideal ist es, wenn zentrale Begriffe dort definiert werden, wo sie zum ersten Mal Verwendung finden.

5.4.3 Verständliche Sätze bauen

Packen Sie nicht zu viele Informationen in einen Satz. Schreiben Sie nicht: *Das erklärte Ziel wissenschaftlichen Schreibens ist, ein an einer vorab formulierten Fragestellung orientiertes Zusammenspiel herzustellen zwischen verschiedenen Forschungspositionen und eigenen sich aus dem Erkenntnisinteresse ergebenden Überlegungen und dabei die Faktoren der Textverständlichkeit Einfachheit, Kürze/Prägnanz, Gliederung/Ordnung und anregende Zusätze, die alle vier voneinander abhängig sind bzw. sich teilweise sogar ausschließen, anzustreben.*

Schnell können Sätze lang werden – schreiben Sie sie trotzdem zu Ende.

Zwar sind Sätze dieser Art ein Ergebnis der Arbeit an präzisen Formulierungen, doch erschweren sie dem Leser das Mitdenken: In einem solchen Mammutsatz hat ein Leser keine Möglichkeit, die Aussagen zusammenzufügen, weil er ständig neue Details berücksichtigen muss. Ideal ist es, wenn Sie bereits beim Schreiben auf solche Konstruktionen achten und sie entzerren, denn während des Formulierens wissen Sie, was Sie sagen wollen, und können es leicht auf mehrere Sätze verteilen. Aber: Bringen Sie zuerst Ihren Gedanken zu Papier – es wäre nicht gut, den Gedankenfluss zu unterbrechen, nur weil ein Satz nach vier oder fünf Zeilen noch nicht beendet ist. Anderes ist jetzt wichtiger – wie gesagt – überarbeiten können und sollen Sie später!

Sieben Faustregeln fürs Schreiben

Hilfreich ist es, beim Schreiben einige Faustregeln zu beachten, die sich aus den Anforderungen der Schrift-, der Fach- und der Wissenschaftssprache ergeben:

- Formulieren Sie für jedes Kapitel/jeden Abschnitt eine Frage! Schreiben Sie dann für den Leser und sagen Sie, was zu sagen ist – nicht mehr und nicht weniger.
- Nutzen Sie Sprache und Layout für die Gliederung des Textes! Verwenden Sie Textkommentare und stellen Sie Bezüge her (mit Konjunktionen wie *weil, obwohl, da, während, doch, d. h., denn* und Adverbien wie *daher, deshalb, dennoch, infolgedessen* und Pronomen wie *dieser, er, sein*). Achten Sie darauf, dass Bezüge klar sind!
- Definieren/erläutern Sie die für den Text zentralen Begriffe im Kontext! Heben Sie sie nur bei der ersten Nennung hervor, um dem Leser eine Orientierung zu geben.
- Kommen Sie auf den Punkt! Formulieren Sie präzise, versuchen Sie Ausschweifungen zu vermeiden und lassen Sie zugleich zwischen den Zeilen nichts unausgesprochen!
- Betrachten Sie das, was Sie gerade schreiben, als Rohfassung! Legen Sie nicht jedes Wort auf die Goldwaage und lassen Sie die Sätze einfach oder lang sein. Das Überarbeiten kommt nach dem Schreiben!
- Zitieren Sie sauber, geben Sie sofort die Quelle mit an. Machen Sie die Funktion eines Zitats im Text durch eine entsprechende Einbettung deutlich.
- Schreiben Sie voran und hören Sie im richtigen Moment auf! Beginnen Sie also nicht jeden Arbeitstag mit der Korrektur von Seite eins.

Den angemessenen schriftsprachlichen Ausdruck kann man auch durch die Beobachtung, d. h. durch aufmerksames Lesen üben. Achten Sie auch bei Texten, die Sie lesen, auf die Gestaltungsart. Schauen Sie sich die Formulierungen genauer an, die Ihnen gefallen: Wie sind sie gemacht? Wie entsteht eine bestimmte Wirkung? Sie sollten jedoch nicht alles, was Ihnen gefällt, übernehmen, sondern das, was zu Ihnen passt. Sie haben Ihren eigenen Stil und werden ihn mit jeder schriftlichen Arbeit weiterentwickeln.

5.5 Warum flüssiges Schreiben schwer ist und wie man trotzdem ins Schreiben kommen kann

Die Art und Weise, wie man schreibt, ist von persönlichen Schreiberfahrungen, aber auch von der Textsorte beeinflusst. Wer immer gute Ergebnisse erzielt, wenn er einfach drauflosschreibt, hat letztlich keinen Grund, seine Schreibstrategie zu verändern. Was aber bei SMS und Klausur gut funktioniert, muss nicht auch für die wissenschaftliche Arbeit das Beste sein. Schreibende sind in der Regel mit ihrem Formulierungsproblem allein. Es kommt vor, dass viel Zeit vergeht ..., auch ohne dass ein Satz auf das Papier kommt (oder auf dem Bildschirm erscheint). Dies mag als persönliches Problem erscheinen, ist aber meist keins – denn Pausen, Unterbrechungen und Motivationsschwierigkeiten gehören zum Schreibprozess.

5.5.1 Schreiben ist nicht gleich schreiben

Da Sie über einige (Schul- und Universitäts-)Jahre Schreiberfahrung verfügen, haben Sie zwar Routine darin, Buchstaben zu schreiben – Sie müssen nicht mehr, wie noch zu Beginn Ihrer Schreibkarriere, darüber nachdenken, wie nun genau ein kleines »f« geschrieben werden muss. Das allein reicht jedoch nicht aus, um größere Texte zu schreiben. Aber: Routinen kann man nicht nur bezogen auf die Schreibmotorik oder die Rechtschreibung, Zeichensetzung und bestimmte Formulierungsmuster gewinnen, sondern –

so die Beobachtung der Schreibforschung – auch für das Schreiben von Texten. Dazu muss man aber regelmäßig Ähnliches schreiben, jede unbekannte Textsorte (Wegbeschreibung, Inhaltsangabe, Problemerörterung oder Gedichtinterpretation) zwingt den Schreiber aufs Neue dazu, sich über die Konzeption eines Textes Gedanken zu machen. Für das Schreiben von unbekannten Texten muss man unter Umständen

- neue Planungstechniken entwickeln (bei einer Wegbeschreibung ist klar, wo sie anfängt, bei einer Erörterung nicht),
- neues Textsortenwissen erwerben (das Typische an einer Inhaltsangabe ist etwas anderes als das Typische an einer Erörterung),
- neu darüber nachdenken, wie man gedankliche Verbindungen zwischen Textteilen herstellt, wie man sprachliche Verbindungen schafft, ob es bestimmte Satzmuster oder charakteristische Wörter oder Formulierungen gibt,
- neu bestimmen, was für die Kommunikationssituation, in der der Text steht, angemessen ist,
- sich klarmachen, über welches und wie viel Sach- oder Fachwissen man verfügen muss.

Schreiben lernt man nur durch Schreiben.

Weil dies immer wieder neu zu entscheiden ist, ist Schreiben nicht ganz einfach – erst recht nicht, wenn die Praxis fehlt. Wer flüssig schreibt, verfügt über die notwendige Sicherheit in allen Bereichen. Übung macht – auch beim Schreiben – den Meister. Das heißt: Mit einem wachsenden Schatz an Schreiberfahrungen wird man sicherer in der Textgestaltung und der Formulierung, das Schreiben geht leichter von der Hand, nicht zuletzt weil vieles intuitiv beherrscht wird – das ist das Geheimnis des Leitspruchs »Schreiben lernt man nur durch Schreiben«.
Das Schreiben einer wissenschaftlichen Arbeit gehört ohne Zweifel zu den wichtigen, anspruchsvollen Schreibaufgaben – andere Schreibaufgaben im Studium haben Sie in Kapitel 1.5 kennengelernt. Aus Respekt vor der Anforderung wird das Schreiben einer wissenschaft-

Schreiben braucht Routine.

lichen Arbeit aufgeschoben oder – wenn möglich – auch umgangen. Man wählt Klausuren oder Referate, um Prüfungsleistungen zu erbringen – und so fehlt eine Routine dafür, das Schreiben anzugehen, und auch ein Erfahrungsschatz, der dabei helfen würde, Pausen und Unterbrechungen des Schreibprozesses als gegeben und dazugehörig hinzunehmen.

5.5.2 Was Schreibende erleben

Gerade wenn man beginnen will zu schreiben, gibt es viele andere attraktive Beschäftigungen.

Man will mit dem Schreiben beginnen. Gerade sitzt man schön am Schreibtisch, hat alles bereitgelegt, da klingelt das Handy oder Telefon. Oder man stellt fest, dass eine wichtige Unterlage fehlt. Oder man setzt sich erst gar nicht an den Schreibtisch, weil – es ist sowieso nicht genug Zeit, um den Anfang zu machen, der Text ist zu wichtig, als dass er unter den gegebenen Einschränkungen sinnvoll begonnen werden könnte. Die Familie wartet, der Kaffee fehlt, der kleine Hunger macht sich bemerkbar, in der WG ist für den Abend eine Party vorzubereiten ... und überhaupt, die Fenster müssten mal wieder geputzt werden.

Auch wer regelmäßig umfangreiche Texte verfasst, kennt diese (und vermutlich zahlreiche weitere) Ablenkungen oder Eskapismen. Mancher wählt aus diesem Grund einen anderen Arbeitsplatz als den heimischen Schreib- oder Küchentisch, bemerkt dann aber, dass beispielsweise das Schreiben in der Bibliothek auch seine Nachteile hat, etwa Geräusche des Raumes, die anderen Anwesenden, das Licht, der Stuhl ... Menschen, die Schreibaufgaben angehen wollen, werden bisweilen hypersensibel für Störquellen bzw. sehr fantasievoll darin, sich abgelenkt oder unperfekt zu fühlen und den Beschluss zu fassen, nicht anzufangen oder nicht weiterzumachen.

Es kann viele Gründe geben, heute nicht anzufangen – und morgen ist auch wieder heute ...

Dass Störungen und Durststrecken jeden Schreibprozess begleiten, macht man sich als Leser fertiger Texte nur selten klar: Den fremden Verfasser hat man beim Schreiben nicht beobachten können, und beim Lesen sind Pausen und Unterbrechungen nicht wahrnehmbar. Und so scheint jede Unterbrechung im eigenen Schreibfluss als ein individuelles Unvermögen. Ganz besonders dann, wenn sich an eine Phase der flüssigen Textproduktion eine nächste anschließt, in der es immer wieder stockt und hakt.

5.5.3 Warum das Zögern dazugehört

Fertige Texte zeigen keine Spuren von Stockungen im Schreibprozess.

Schreiben und Nichtschreiben gehören untrennbar zusammen. Dies hat mehrere Ursachen: Zum Teil ist es das Schreiben selbst, der Schreibprozess, der – weil er im Vergleich zum Sprechen die Möglichkeit bietet zu planen, zu überarbeiten, zu verwerfen und neu anzusetzen – mehr Zeit in Anspruch nimmt. Zudem bringt die Schreibsituation ihre Eigenheiten mit sich: Sie wird nicht nur als einsam, sondern auch – weil eine Routine für das Schreiben komplexer Texte wie wissenschaftlicher Arbeiten fehlt – als unstrukturiert und ineffektiv empfunden. Gerade bei wissenschaftlichen Arbeiten kommen weitere potenzielle Schwierigkeiten hinzu:

- Vielleicht ist es das Thema, über das geschrieben werden soll, das als zu groß (oder aber auch zu klein) für eine zwanzigseitige Ausarbeitung erscheint und darum zum Hemmnis wird, den eigenen Text zu beginnen. Nicht zuletzt auch deshalb, weil der geeignete Ansatzpunkt fehlt.
- Das Thema kann auch unzugänglich erscheinen, etwa weil die zu lesenden Texte komplex sind und ein grundlegendes Vorwissen fehlt.
- Denkbar ist es auch, dass das Thema allzu interessant und zugänglich erscheint, da es engstens mit der eigenen Person verknüpft ist – und es auf diese Weise schwer wird, einen distanzierten Blick auf die Forschung zu richten.
- Sollte das Thema es nahelegen, bestimmte Erhebungs- oder Darstellungsmethoden anzuwenden, kann auch hierin eine Anforderung liegen, die das Schreiben erschwert: Fühlt man sich auf unbekanntem Terrain unsicher, kann sich dies auf das Schreiben übertragen.

- Auch ist es möglich, dass die für die Vorbereitung der Arbeit hinzuzuziehenden Materialien schwer zu beschaffen sind, sodass Wartezeiten zu überbrücken oder sogar Reisen anzutreten sind. Aber auch die für die Vorbereitung der Arbeit genutzten Hilfsmittel – Textverarbeitungsprogramme, Datenbanken oder Literaturverwaltungsprogramme – können das Schreiben verkomplizieren, indem sie alles, was ihnen über einen langen Zeitraum hinweg eingegeben wurde, speichern und so den Eindruck vermitteln, dass auch alles zu verarbeiten sei.

Nicht zuletzt kann unabhängig davon der Anspruch, den der Schreibende und/oder auch Personen aus seiner unmittelbaren Umgebung an das Schreiben und den Text stellen, das Schreiben prägen – sei es

- in Bezug auf dessen Inhalt (Vollständigkeit, Berücksichtigung aller verfügbaren Quellen),
- auf dessen Formulierung (Niveau des sprachlichen Ausdrucks, Lückenlosigkeit der Argumentation) oder
- im Hinblick auf mithilfe des Textes zu erreichende, weitergehende Ziele (herausragendes Examen, Tutoren- oder Promotionsstelle).

Schon dieser erste, grobe Überblick zeigt, dass vieles Einfluss auf das Schreiben nehmen, Überhand gewinnen und so den Schreibprozess belasten kann.

Es gibt viele das Schreiben beeinflussende Ansprüche, über die man sich klar werden sollte.

Die Gründe dafür, dass ein Schreibprozess haken, holpern oder stocken kann, sind sehr unterschiedlicher Natur und zudem vielzählig. Dennoch werden wissenschaftliche Arbeiten termingerecht fertiggestellt und abgegeben. Schreiber können – so lässt sich schlussfolgern – Strategien entwickeln, um ins Schreiben zu kommen.

5.5.4 Wie man das Schreiben angehen kann

Nicht immer sind die anderen oder die Umstände schuld – in einem gewissen Ausmaß macht man sich bisweilen selbst das Leben und das Schreiben schwer. Insbesondere dann, wenn man über wenig praktische Erfahrung in einem Bereich verfügt, ist man geneigt allzu genau und lehrbuchmäßig vorgehen zu wollen. Wer perfekt (also in der eigenen Wahrnehmung effektiv bzw. effizient) schreiben möchte, ist geneigt, abzuwarten, bis alle Unwägbarkeiten aus dem Weg geräumt sind – so entsteht aber kein Text, sondern nur Druck.

Besser ist es daher, beherzt anzufangen und Kompromisse zu suchen. Dabei sollte jede wohlgemeinte Empfehlung als Ideallinie aufgefasst werden: Kein Schreibprozess verläuft wie der andere.

Fangen Sie einfach an – dann finden Sie Ihren Weg zum Text.

Während man es als Schüler gewohnt war, bei einer Klassenarbeit in begrenzter Zeit und quasi auf Kommando zu formulieren, lernt man, dass bei komplexen Schreibaufgaben andere Vorgehensweisen erforderlich sind. Dagegen ist prinzipiell nichts einzuwenden, jedoch: Nicht immer korrespondiert das gewählte Vorgehen mit dem, was für den zu schreibenden Text zu der gegebenen Zeit am sinnvollsten wäre. Seien Sie also selbstkritisch, denn nur allzu gerne macht man sich selbst etwas vor. Im Folgenden finden Sie daher Leitlinien für effektives Schreiben, die Sie darin unterstützen können, Ihr Schreibprojekt zu managen, und die Ihnen dabei helfen sollen, Ihre Vorgehensweise zu beobachten und im Fall des Falles zu korrigieren.

Beobachten Sie sich selbst.

- Einfach drauflosschreiben

Fast sofort anfangen zu schreiben, wenig bis keine Pausen dabei machen, die Gedanken zu Papier bringen – einen solchen Schreibprozess, der schnurstracks zum Ziel führt, wünschen sich die meisten Schreibenden. Um einen wissenschaftlichen Text zu schreiben, erscheint diese Vorgehensweise allein jedoch wenig erfolgversprechend.

Die oben beschriebene Technik des Exzerpierens jedoch macht sich diese Strategie zunutze: Nach der Lektüre eines jeden Textes schreiben Sie – eine bestimmte Fragestellung im Hinterkopf – drauflos, indem Sie Ihre Gedanken zu ausgewählten Textstellen festhalten.

- Ein Problem durchdenken

Mancher bereitet seinen Text vor, indem er sich quasi nebenbei mit seiner Fragestellung befasst. Während er spazieren geht, im Kino sitzt, ein Partygespräch führt …, klärt er seine Gedanken, um dann – relativ zügig – zu schreiben.

Um einen ganzen wissenschaftlichen Text zu schreiben, erscheint die Vorgehensweise jedoch äußerst anspruchsvoll: Vor dem Schreiben alles zu durchdenken ist schon allein angesichts des Lesepensums schwierig. Daher: Zerlegen Sie die Fragestellung in Teilfragen, die Sie nacheinander abarbeiten. Und: Hören Sie sich gut zu, wenn Sie mit anderen über Ihre Arbeit sprechen – Sie werden staunen, wie faszinierend Ihr Schreibprojekt wird, wenn Sie darüber berichten.

- Einen Text schreiben

Drauflosschreiben und einen Text schreiben ist nicht dasselbe, denn wer einen Text verfassen will, denkt an den Leser, macht sich klar, dass der Text eine bestimmte Funktion erfüllen soll, dass die Darstellung des Inhalts dem Anlass entsprechen muss.

Um einen wissenschaftlichen Text zu schreiben, erscheint es fast ein wenig anspruchslos, nur einen gut lesbaren Text als Ziel zu bestimmen. Das ist jedoch keine Kleinigkeit: Ihr Leser wird Ihnen dankbar sein, wenn Sie beim Schreiben Wert darauf gelegt haben, Ihre Gedanken nachvollziehbar zu machen.

- Einen Text neu schreiben

Einen Text zu verwerfen und stattdessen einen anderen zu schreiben, wirkt auf den ersten Blick unsinnig und ineffektiv. Dennoch kann das Neuschreiben einen positiven Effekt haben, weil es den Schreibenden in die Lage versetzt, in kurzer Zeit und oftmals pointierter eine andere Darstellung zu finden.

Nutzen Sie die Vorgehensweise, wenn Sie den Eindruck haben, dass Sie sich beim Schreiben verrannt haben. Speichern Sie und fangen Sie in einer neuen Datei erneut an.

- Den Text planen

Wer den Text nicht direkt schreibt, sondern sich vorab einen Plan des Textes (ein Konzept, eine Mindmap, eine Gliederung) macht, wägt Alternativen ab und entscheidet sich für eine aus mehreren möglichen Darstellungen. Er zieht sein Wissen über eine Textsorte zurate, wählt aus dem Wissen aus, das er sich zum Thema angeeignet hat. Gegen diese Vorgehensweise ist nur eines anzuführen: Planen allein führt nicht zum Ziel. Wer allzu viel und immer wieder neu plant, läuft Gefahr, das Schreiben zu vergessen.

- Den Text stückweise vorbereiten

Wer kleine Textstücke schreibt, die er dann ordnet, um aus ihnen den Gesamttext zusammenzusetzen, macht es sich zunutze, dass man einen Text vorbereiten kann. Aber: Irgendwann muss aus den zahlreichen Einzelteilen ein großes Ganzes werden. Wer planlos Stückwerk produziert (womöglich noch in unüberschaubaren Mengen und in ein Literaturverwaltungsprogramm hinein), macht sich das Schreiben schwer.

- Den Text überarbeiten

Wer beim Schreiben viel korrigiert, umstellt, ergänzt, löscht oder überschreibt, nutzt die Routinen des Computers: Das Feilen an der Formulierung, die Wahl der Wörter und die Suche nach dem sinnvollen Satz – das Arbeiten an der Sprache ist sein Weg zum Text. Er läuft jedoch Gefahr, nicht fertig zu werden, weil er immer wieder, wenn er seinen Text liest (mag er ihn auch schon korrigiert haben), Hand anlegt.

Wenn Sie sich im Verdacht haben, während des Schreibens zu viel zu korrigieren, beobachten Sie sich selbst, indem Sie in Ihrem Textverarbeitungsprogramm die Funktion »Änderung während der Bearbeitung markieren« aktivieren.

- Sich die Schreibarbeit aufteilen

Wer sich beispielsweise Materialien bereitlegt, auf die er sich beziehen will, Überschriften vorformuliert, dann Text produziert, um ihn anschließend zu überarbeiten, arbeitet ein Programm ab. Er ist bemüht, die für das Schreiben notwendigen Handlungen voneinander zu trennen, phasenweise und dadurch effektiv zu arbeiten.

Der Vorschlag, in sieben Etappen (siehe Kapitel 1.4) und mit Exzerpten zu arbeiten, zielt darauf, Sie ins Schreiben zu bringen und dabei die positiven Seiten unterschiedlicher Vorgehensweisen zu kombinieren: Von Vorteil ist es, zunächst spontan zu schreiben, dennoch ein Ziel vor Augen zu haben und aus Puzzleteilen einen Text zusammenzufügen.
Ein kombiniertes Vorgehen hilft allen denjenigen, die davon ausgehen, erst mit dem perfekten Plan und im Anschluss an die Lektüre aller recherchierten Texte mit dem eigentlichen Schreiben beginnen zu können. Wenn der Plan erst steht – so reden sich diejenigen ein, die eigentlich nur das Anfangen vor sich herschieben –, dann ist das bisschen Schreiben ja nur noch ein Klacks. Eine Fehleinschätzung, die nicht selten dazu führt, dass der Abgabetermin nicht eingehalten wird.

Freiräume für das Schreiben schaffen

Wer einen Schreibprozess in Gang bringen und halten möchte, sollte zuerst auf seine Woche schauen: Wo ist Zeit zum Schreiben, Zeit, um einen größeren Text vorzubereiten? Die Woche wird mit wichtigen Vorhaben und Terminen gefüllt sein und so besteht die erste Aufgabe darin, sich Freiräume für die Arbeit an der Schreibaufgabe zu schaffen.

- Der Tag hat 24 Stunden – und auch das Schreiben benötigt Zeit.

Fragt man Schreibende, wie viele Seiten einer wissenschaftlichen Arbeit sie erfahrungsgemäß an einem erfolgreichen Schreibtag erarbeitet haben, so lautet die Antwort: durchschnittlich zwei bis vier Seiten. Dies erscheint für alle, die wenig Übung beim Verfassen dieser Texte haben, verblüffend und vielleicht auch demotivierend. Und weiter: Man kann nicht davon ausgehen, dass alle sieben Tage einer Woche gleichermaßen erfolgreiche Schreibtage sind. Das bedeutet: Erwarten Sie nicht zu viel, denn die zwei bis drei Seiten, die an einem Tag fertiggestellt werden, können überarbeitet oder ergänzt werden – und werden es in der Regel. Daher: Warten Sie nicht zu lange auf den idealen, ruhigen, freien Tag, den es viel zu selten gibt und den Sie eigentlich gar nicht brauchen: Schaffen Sie sich in sinnvollem Umfang Freiräume.

- Arbeiten Sie für den Text, nicht gegen die Zeit.

Um ins Schreiben zu kommen, braucht man manchmal nur fünf Minuten, manchmal aber auch ein bis zwei Stunden, die man lesend, ordnend und suchend zur Vorbereitung nutzt. Ein Schreibfreiraum sollte also im Minimum gut zwei bis vier Stunden umfassen – und ist dann ausgeschöpft, wenn die erwartbaren zwei bis drei Seiten erreicht sind. Sie brauchen also keinen ganzen freien Tag, um an Ihrer Arbeit zu schreiben.

Wenn ein Tagesergebnis nach drei Stunden erreicht ist, prima – entspannen Sie sich, gehen Sie zum Sport, zum Supermarkt oder verabreden Sie sich fürs Kino ... Was auch immer Sie im Gleichgewicht hält, ist angesagt. Sie sollten keinesfalls den Ausgleich versäumen, aber: Für die Zeit des Arbeitens an Ihrem Text sollten Sie andere Termine hintanstellen und lieber allein zum Joggen gehen – zu der Zeit, die sich im Anschluss an das Schreiben ergibt. Das ist besser als in der Gruppe zu laufen, die zu vorher verabredeter Zeit auf Sie wartet und Sie dazu veranlasst, das Schreiben zu unterbrechen.

- Setzen Sie Prioritäten: Das Schreiben geht vor.

Gut ist es, wenn Sie selbst die Priorität auf das Schreiben legen und den Rhythmus vorgeben. Dies wird leider nicht immer möglich sein – müsste aber zwei bis viermal in der Woche möglich gemacht werden, um ein kontinuierliches Vorankommen sicherzustellen. So finden Sie Ihren Rhythmus. Streben Sie an, regelmäßig zu der für Sie geeigneten Tageszeit zu schreiben und dabei Ihre eigene Routine zu etablieren.

5.5.5 Schreibzeit effektiv nutzen

Ablenkungen lauern vor allem in alltäglichen Aufgaben.

Wer einen ganzen Tag zum Schreiben reserviert hat, merkt schnell, dass er anders mit der Zeit umgeht als im Falle eines anderen Termins. Es kann damit anfangen, dass man dem Wecker zehn Minuten Schlummermodus erlaubt, setzt sich fort über ein – ein leerer Bauch studiert nicht gern! – höchstpersönlich beim Vollkornbäcker in der fünften Querstraße besorgtes Dinkel-Soja-Brötchen und einen dritten Kaffee bis hin zur nachher blitzeblanken Küche.

Jeder muss die für ihn geeignete Schreibzeit selbst bestimmen.

Wie bereits festgestellt: Man braucht keinen ganzen Tag, besser nutzt man einen halben Tag gut. Da bieten sich zwei bis drei Möglichkeiten ...

- Erst das Schreiben, dann der Tag – bedeutet: früher aufstehen, zusammen mit dem beginnenden Tag in die Arbeit einsteigen und den Wecker dann neu stellen für den Moment, in dem das Arbeiten abgebrochen werden muss, damit man sich rechtzeitig auf den Weg machen kann.
- Erst der Tag, dann das Schreiben – bedeutet: sich zügig auf den Heimweg machen, den Abendfilm aufnehmen und die Ruhe der Abendstunden zum Schreiben nutzen. Auch hier gilt es, den Schlusspunkt vorher zu bestimmen, denn Ruhezeit und ausreichender Schlaf müssen sichergestellt sein, damit langfristiges effektives Arbeiten möglich wird.
- Dies gilt auch und erst recht für eine denkbare dritte Möglichkeit, die darin läge, Nachtschichten einzulegen. Wenn dies jedoch damit gleichgesetzt wird, die schriftliche Arbeit als zusätzliches Vorhaben in die wöchentlichen Arbeiten einzubringen, ist hiervon dringend abzuraten.

5.5.6 Anfangen und weitermachen

Erst denken, dann schreiben ist eine zweischrittige Vorgehensweise, die beispielsweise bei kleinen Alltagstexten wie dem Einkaufszettel oder der SMS zum Einsatz kommt. Bei komplexen Texten wie wissenschaftlichen Arbeiten stellt sich das Vorgehen komplexer dar: Man muss eine Idee entwickeln, erst Texte anderer lesen, dabei nachdenken, dazu schreiben, weiterlesen, weiter nachdenken, für den eigenen Text schreiben, überarbeiten, ergänzen, das Geschriebene wieder lesen, andere Texte lesen ... Das Neben-, Mit- und Ineinander der verschiedenen Tätigkeiten und Materialien droht schnell zum Durcheinander zu werden.

Mancher hält es da für das Sinnvollste, abzuwarten, hat aber meistens nicht wirklich eine Antwort darauf, worauf er da wartet. Er macht die Erfahrung, dass das Schreiben durch das Warten nicht leichter wird, denn: Je mehr man im Kopf hat, desto schwieriger wird es, einen Anfang zu wagen. Macht man sich klar, dass das Schreiben nicht nur der Erstellung eines Textes, sondern auch der Unterstützung von Denk- und Lernprozessen dient, wird deutlich, wie wichtig es ist, auch außerhalb eines zu verfassenden Textes bzw. bereits vor dem eigentlichen Schreiben zu schreiben.

Versuchen Sie, auch vor und neben dem Formulieren des Textes zu schreiben.

Also: Fangen Sie frühzeitig damit an, zu schreiben, machen Sie sich Notizen, legen Sie einen Steinbruch mit Fragmenten an, halten Sie wichtige Ideen in einem Logbuch fest. So gewinnen Sie Material und Sicherheit, um den Anfang zu formulieren – eine sehr hilfreiche Strategie, denn zum einen braucht jedes Kapitel wie auch jedes Unterkapitel der Arbeit einen Anfang, zum anderen will auch jeder Schreibtag angefangen werden. Um diese immer wiederkehrende Hürde zu nehmen, sollten Sie am Ende eines erfolgreichen Zwei-bis-drei-Textseiten-Tages nicht noch eine halbe Stunde dranhängen, um den Gedankengang zu Ende zu führen (genau das würde Ihnen den Einstieg in den folgenden Schreibtag unnötig erschweren), sondern in drei bis fünf Stichworten festhalten, wie es weitergeht. Damit bereiten Sie das Weiterschreiben am nächsten Tag vor.

5.5.7 Für den Text arbeiten

Wer eine wissenschaftliche Arbeit schreibt, arbeitet sich in einen Themenbereich ein, sammelt Informationen und/ oder Daten und wird dabei feststellen, dass das Neue,

Unbekannte von großer Attraktivität ist. So kann es passieren, dass Themenbereiche an ihren Außengrenzen bearbeitet und auf diese Weise ausgeweitet werden, weil bevorzugt das Neue Berücksichtigung findet, und der eigentliche Kern zusammen mit der ursprünglichen Fragestellung in den Hintergrund gerät oder gar ganz aus dem Blickfeld verschwindet.

Das Mit-dem-Lesen-nicht-aufhören-Können ist eine Schreibschwierigkeit, die gerade beim wissenschaftlichen Arbeiten ein Problem darstellt. Ganz zu schweigen vom Mit-Sammeln-nicht-aufhören-Können, das durch Literaturverwaltungsprogramme begünstigt wird. (Gesammelt gehört nur das, was gelesen, geprüft und im Zusammenhang mit der Fragestellung als relevant beurteilt wurde.)

Planen ist wichtig, aber nicht alles.

Und es gibt auch noch ein Mit-dem-Planen-nicht-aufhören-Können, etwa das unermüdliche Erstellen von Gliederungen, die immer detailliertere Aspekte des Themas festhalten. Aspekte, die zwar zum Thema gehören, deren Relevanz für den Text jedoch unklar ist. Anders als Inhaltsverzeichnisse, die das in einem Text Behandelte strukturiert auffächern und in Hierarchie und Abfolge darstellen, muss eine im Voraus erstellte Gliederung als ein Konzept, ein Plan, etwas Vorläufiges gelten. Hier viel Mühe zu investieren, zu ändern und zu ergänzen, ohne den zugehörigen Text zu schreiben, erscheint ebenso ineffektiv wie das Einfachdrauflosschreiben, ohne den Weg, den der Text nehmen soll, grob überschlagen zu haben.

Wer für seinen Text arbeitet, verschafft sich zunächst einen Überblick über einen Themenbereich, um dann eine Fragestellung zu entwickeln. Diese bildet einen Filter: Nur solche Informationen werden zusammengestellt, die in einem Zusammenhang mit der Fragestellung sinnvolle Argumente bilden. So werden nicht einfach irgendwie interessante, sondern nur für die eigene Perspektive auf das Thema relevante Informationen gesammelt. Diese Strategie des Fragens lässt sich sowohl für die Eingrenzung des Themas als auch für die Formulierung der Kapitel und Unterkapitel des Textes nutzen. Bevor aus den beim Lesen herausgefilterten Informationen ein Textstück formuliert wird, gilt es, eine Frage zu stellen, die sich – mit Blick auf die Fragestellung der Arbeit – in dem jeweiligen Kapitel oder Unterkapitel beantworten lässt.

Für den Text arbeiten bedeutet, zu fokussieren und Nebenaspekte auszublenden, um nachvollziehbar zu argumentieren und so den eigenen Gedankengang verständlich zu machen. Dabei darf man das, was bei der Vorbereitung überraschend, spannend und/oder erstaunlich schien, nicht aus den Augen verlieren.

Bleiben Sie am Ball, nutzen Sie die Zeit.

Für den Text arbeiten bedeutet auch kontinuierlich zu arbeiten, beispielsweise sich Formalia zu widmen oder das am Vortag Geschriebene zu lesen, wenn die Zeit zum Schreiben nicht reicht. Dabei sollten Sie deutlich zwischen dem Textziel (das in der Beantwortung der gewählten Fragestellung liegt) und anderen Zielen, die mit der Fertigstellung des Textes verknüpft sein können, trennen: Konzentrieren Sie sich darauf, einen gut lesbaren, nachvollziehbaren Text zu erarbeiten ... das ist Anforderung genug.

Unbefangen formulieren

Das, was im Kopf klar ist, muss sich noch lange nicht flüssig zu Papier bringen lassen. Der Anspruch, das Geschriebene solle perfekt formuliert sein, kann eine Ursache für die sprichwörtliche Angst vor dem leeren Blatt sein: Mancher schreibt lieber gar nichts als etwas Zweitbestes, feilt an der Formulierung, um dabei fast (oder sogar manchmal ganz) den Inhalt aus dem Auge zu verlieren.

- Bleiben Sie nicht an den Vorlagen kleben, denken Sie die Ausführungen der anderen weiter.

Insbesondere bei Arbeiten, die im Anschluss an die ausgiebige Lektüre verfasst werden, stellt es sich oft so dar, als sei alles bereits gesagt, und das besser, deutlicher, wissenschaftlicher formuliert als der eigene Satz. Und so klebt mancher an der Vorlage, zitiert und zitiert, erinnert sich, das, was er auszudrücken beabsichtigt, bereits bei anderen gelesen zu haben, und macht sich auf die Suche. Dabei kann das, was er schreiben wollte, noch von keinem anderen formuliert worden sein – nicht zu seiner Fragestellung und nicht unter Berücksichtigung der von ihm hinzugezogenen Quellen.

- Gehen Sie Ihren Weg zu Ihrem Text.

Die Verbindungen zwischen von Ihnen ausgewählten Zitaten und Ihrer Perspektive auf den Gegenstand kann kein anderer vor Ihnen in Worte gefasst haben. Diese Überlegung und das Schreiben vor dem eigentlichen Schreiben (das Exzerpieren), das dazu dient, das Lesen zu fokussieren, können hier helfen – nicht zuletzt, weil das Überprüfen von eigenen Aussagen und/oder Formulierungen zum Grundprinzip erhoben wird: Während eine Passage aus einem Exzerpt in die Rohfassung des Textes übernommen wird, wird sie beurteilt und gegebenenfalls umgearbeitet, um sie dem Fokus der Argumentation anzupassen.

Wer diese Strategie beherrscht, kann sicher sein, beim Erfassen von Zusammenhängen in eigenen Worten keine irreparablen Fehlgriffe zu tätigen – wird er doch selbst derjenige sein, der im zweiten Durchgang die Aussage beurteilt und prüft. Unsichere Formulierungen in der Rohfassung durch eine Farbe oder Formatierung zu kennzeichnen, kann eine ergänzende Maßnahme sein.

- Formulieren Sie so, dass Sie sich wiedererkennen.

Sie sollten Ihren Text so formulieren, dass Sie ihn selbst gut vorlesen könnten – ein in irgendeiner Art besonders wissenschaftlicher Ton ist dabei keine Vorgabe. Und wenn im ersten Anlauf Sätze entstanden sind, die diesem Kriterium nicht standhalten, dürfen sie überarbeitet werden – »writing is rewriting« ist eine grundlegende Erkenntnis der Schreibforschung. Ein Leser sieht später einer Textpassage nicht an, ob sie im ersten Anlauf formuliert oder durch mehrfache Überarbeitung zustande gekommen ist.

- Erst wenn Sie den Text abgeben, ist er fertig. Textstellen überarbeiten, Zusammenhänge herstellen und erst im zweiten oder dritten Durchgang die Formulierungen festklopfen, eine solche Lockerheit ist nicht jedem Schreibenden von vornherein zu eigen, ist man es doch aus der Schule gewohnt, (s)einen Text sofort als fertig zu betrachten. Dass man in dieser Situation jedes Wort auf die Goldwaage legt, versteht sich von selbst und ist eine bis zum Abitur über Jahre eingeschliffene Praxis, die nicht unbedingt zur Entspanntheit im Schreibprozess beiträgt. Machen Sie sich klar, dass Ihre wissenschaftliche Arbeit erst dann fertiggestellt ist, wenn Sie sie zur Abgabe freigeben, so gewinnen Sie die Muße für das Arbeiten an der Formulierung.
- Halten Sie Ihren Text nicht zu lange unter Verschluss. Holen Sie beizeiten eine Lesermeinung ein, geben Sie Ihren Text als Rohfassung vorab an einen Leser Ihres Vertrauens, der Ihnen eine Rückmeldung dahin gehend gibt, ob er den Gedankengängen folgen konnte oder wo Fragen offengeblieben sind – es muss kein Fachmann sein, auch nicht im Hinblick auf Rechtschreibfragen, sondern ein interessierter Leser, der bereit ist mitzudenken.

5.6 Warum Beharrlichkeit vonnöten ist ...

Schreiben ist – wie gesehen – eine komplexe Tätigkeit. Der sprichwörtliche Schreibfluss ist das, was Schreibende als Ideal vor Augen haben. Dabei ist das in der Schulzeit etablierte und bei Klausuren zu praktizierende Auf-einen-Rutsch-Schreiben keine sinnvolle oder erstrebenswerte Strategie. Hier ist die Schreibsituation ganz anders als am heimischen Schreibtisch: In der Klausur sitzt man in der Gruppe und hat wenige bis keine Materialien, auf die man sich beziehen kann oder muss. Das Schreiben dient dazu, etwas Gelerntes zu reproduzieren, es ist möglich, Routinen abzurufen.

Wenn ein Schreiben das Denken begleiten und das Verstehen von Zusammenhängen befördern will, liegt es auf der Hand, dass neue Verbindungen geschaffen, aber auch Knoten gelöst werden müssen – also gehören Pausen, Phasen des Lesens und Suchens sowie der Arbeit an Formulierungen dazu. Dass von Fall zu Fall die Pausen lang und die Anläufe bis zur richtigen Formulierung zahlreich sein können, ist eine mit dem Schreiben verbundene Unabänderlichkeit.
Dass das Schreiben dazu dient, Gedanken zu klären und Zusammenhänge herzustellen, und man nicht vorhersehen kann, wie ein Schreibtag verlaufen wird, ist eine weitere Gegebenheit.
Dass man einfach anfangen und nicht jedes Wort auf die Goldwaage legen sollte, dass Übung den Meister macht und dass man nicht auf morgen verschieben soll, was man heute besorgen kann, sind allgemeine Binsenweisheiten, die sich in Erfahrungen wandeln können, wenn man sich beim Schreiben besser kennenlernt.
Jeder wird seine individuellen Anlaufschwierigkeiten, Störfaktoren und Vermeidungsstrategien erkennen und seine eigenen Lösungswege finden und dies – allen guten und gut gemeinten Ratschlägen zum Trotz – allein durch die eigene Erfahrung. Einen ganzen Tag dazusitzen und auf einen leeren Bildschirm zu blicken, den Anfang zu suchen, Versuche zu löschen und dennoch nicht aufzustehen, sondern so lange auszuharren, bis ein kleiner erster Satz dasteht und der zweite folgt ... wie sich das anfühlt, muss man selbst erlebt haben. Anfangsschwierigkeiten, Ausflüchte und Vermeidungsstrategien, Motivationsprobleme sowie Belohnungen, aber auch das Gefühl, schnell zurück an den Schreibtisch zu müssen, um eine gute Formulierung festzuhalten, der Vorwurf an jede rote Ampel, dass sie einen vom Wesentlichen abhält, und die felsenfeste Überzeugung, für nichts anderes als die wissenschaftliche Arbeit Zeit zu haben – dies und noch mehr macht das Schreiben umfangreicherer Texte aus. Man muss sich selbst an einem größeren Text schreibend erlebt haben,

um die richtigen Tricks und Kniffe zu kennen, die den Schreibprozess in Gang setzen und in Gang halten.

Der Austausch mit anderen kann motivieren.

Hilfreich kann das Gespräch mit anderen sein, die ihrerseits ein solch größeres Schreibprojekt managen. Es zeigt sich: Schreiben ist eine Herausforderung, die jeden Schreibenden in eigener Weise fordert.

Lassen Sie sich von Ihrer Schreibaufgabe packen.

Nicht selten gibt es in Schreibprozessen einen Punkt, den viele Schreibende als einen aufplatzenden Knoten beschreiben. Plötzlich ist alles im Fluss, von Motivationsproblemen ist keine Rede mehr – eher muss man sich bremsen, zu notwendiger Nahrungsaufnahme ermahnen und für Ruhepausen sorgen. Das Idealbild vom genialen Künstler, aus dem heraus es schreibt und – quasi wie von selbst – formuliert und denkt, rückt in greifbare Nähe. Aber keine Sorge: Gleich kommt ein Bing, das eine E-Mail meldet, oder ... Die Kunst ist, das Schreiben – zumindest für eine Weile – in den Alltag zu integrieren.

Wer nach all der Mühe schließlich auf sein abgeschlossenes Schreibprojekt zurückblickt, wird dies zumeist nicht ohne Stolz tun. Und: Mancher wird nach dem Abschluss einer größeren schriftlichen Arbeit feststellen, dass die zu Beginn der Arbeit bei der Suche nach dem Anfang mehrfach geputzten Fenster seit Monaten nicht mehr glänzen ... und im Nachhinein bemerken, dass er wohl in einen Schreibfluss gekommen war. Daher: Suchen Sie Ihre (individuellen) Lösungen und nicht allgemeine (maßgeschneiderte) Probleme. Schreiben Sie!

Und: Verlieren Sie nicht aus den Augen, dass Sie – auch wenn Sie mit Exzerpten arbeiten und zunächst nur eine Rohfassung anstreben – bei derart komplexen Texten wie wissenschaftlichen Arbeiten nicht mehr als etwa drei Seiten an einem Schreibtag erreichen können! Berücksichtigen Sie dies unbedingt bei Ihren Zeitplanungen. Für 60 Seiten benötigen Sie 30 gute Schreibtage, die sich erfahrungsgemäß nicht aneinanderreihen. Sie sollten also sicherheitshalber 6 Wochen zum Schreiben einplanen – und zusätzliche Zeit für das Überarbeiten und Korrigieren. Also: Bleiben Sie am Ball.

6 Text für die Abgabe vorbereiten: Edieren und korrigieren

Es ist während des Schreibens nicht einfach, sofort die Nachvollziehbarkeit der Argumentation und die Verständlichkeit eines Satzes zu beurteilen. Dabei gilt: Die Länge des Satzes (etwa die Anzahl der Wörter) ist kein Kriterium. Um Ihre eigenen Formulierungen beurteilen zu können, sollten Sie Distanz schaffen und versuchen, Ihren Text mit den Augen eines fremden Lesers zu betrachten. Deshalb ist es sinnvoll, den Text nicht während der Schreibphase, sondern danach – in einem zweiten Durchgang – zu überarbeiten.

Da sich bei jedem Überarbeiten neue Fehler einschleichen können und man zu viel übersieht, wenn man auf den Inhalt und die Sprache gleichzeitig achtet, ist es vernünftig, für das Überarbeiten seines Textes zwei Phasen vorzusehen:

- Phase 1: Edieren – den Text überarbeiten mit dem Ziel, die Nachvollziehbarkeit zu überprüfen und den Text gegebenenfalls zu optimieren, und
- Phase 2: Redigieren – den Text Korrektur lesen mit dem Ziel, die sprachliche und formale Richtigkeit sicherzustellen.

Am besten können Sie das Edieren und Redigieren üben, indem Sie andere Schreibende bei ihrer Arbeit am Text unterstützen – aber auch beim Überarbeiten des eigenen Textes lässt sich einiges lernen. Dafür will Ihnen dieses Kapitel Orientierung bieten.

6.1 Edieren – den Text überarbeiten

Wer einen Text überarbeiten will, muss Abstand haben: Nur aus der Distanz ist eine Beurteilung des Geschriebenen möglich. Ziel muss es sein, den eigenen Text mit den Augen eines anderen, des potenziellen Lesers, zu betrachten, um zu erkennen,

- ob der Text das, was er aussagen soll, durch das, was geschrieben steht, auch wirklich ausdrückt und
- ob im Text das, was zu Papier gebracht wurde, nachvollziehbar und verständlich ist.

Drucken Sie den Text, den Sie überarbeiten wollen, aus.

Die Gelungenheit eines selbst geschriebenen Textes in Bezug auf Nachvollziehbarkeit und Verständlichkeit zu beurteilen, ist nicht leicht. Denn man kennt ja sein Thema und weiß, was man schreiben wollte – deshalb kann man nicht immer ungetrübt sehen, was man tatsächlich geschrieben hat. Um sich einen fremden Blick auf den eigenen Text zu ermöglichen, sollten Sie ihn nicht am Bildschirm, sondern als Ausdruck lesen – und vor dem Ausdrucken eine andere Schrift oder einen anderen Randabstand wählen.

Prüfen Sie den Text zunächst als ganzen Text – versuchen Sie, nicht ins Detail zu gehen.

Beim Edieren prüfen Sie Ihren Text wie ein Herausgeber, indem Sie ihn auf seine inhaltliche Geschlossenheit und auf die Gründlichkeit der Themenbearbeitung hin beurteilen. Ihr Ziel ist es, den Text gut lesbar zu machen. Achten Sie besonders auf die Abfolge der Inhalte, Überlegungen und Begründungen. Um die Nachvollziehbarkeit und Verständlichkeit Ihres Textes und seiner Teile zu optimieren, können Sie

- Überleitungen einfügen oder löschen,
- die Abfolge der Kapitel oder Absätze ändern,
- die Abfolge der Wörter im Satz/die Abfolge der Sätze im Absatz verändern,
- ein Wort durch ein anderes ersetzen,
- einen Satz bzw. Absatz umformulieren,
- ein Wort oder einen Satz bzw. Absatz einfügen oder
- ein Wort, einen Satz oder Absatz streichen.

Nicht jede Veränderung ist eine Verbesserung.

Nicht immer sind nachträgliche Eingriffe in das spontan Geschriebene sinnvolle Verbesserungen. Wer seinen Text von vornherein gut geplant und konzentriert formuliert hat, muss unter Umständen nur wenig überarbeiten.

Wer (s)einen Text beurteilen will, muss viele sehr unterschiedliche Aspekte im Auge haben. Damit Sie sich keine doppelte Arbeit machen, sollten Sie schrittweise vorgehen:

Planen Sie mehrere Schritte für das Überarbeiten ein.

Beim Überarbeiten des Textes sollte der Blick zunächst auf den Inhalt und die Darstellung (auf Argumentation, Perspektive, Tiefe und Dichte des Textes – also auf das große Ganze) gerichtet werden.

6.1.1 Der erste Blick: Das Textganze

Eine erste Überprüfung klärt die Frage: Wie spielen im Text Form und Inhalt zusammen? Achten Sie beim ersten Lesen besonders auf Folgendes:

- Der Text sollte einen Rahmen aus Einleitung und Schluss haben.

Die Einleitung führt zum Thema hin und benennt Thema, Fragestellung, Zielsetzung und Aufbau. Im Schlussteil werden wesentliche Ergebnisse zusammengefasst, ein Ausblick kann auf weiterführende Fragestellungen verweisen. Lesen Sie direkt im Anschluss an die Einleitung den Schluss, um zu überprüfen, ob der Text die aufgebaute Leseerwartung auch erfüllt.

- Das im Text Gesagte sollte zum Thema und zur Fragestellung passen.

Der Text sollte eine für den Leser erkennbare und zur Textsorte passende Textidee nachvollziehbar umsetzen; Aussagen sollten auf Wissen (nicht auf Vermutungen oder Behauptungen) basieren, gegebenenfalls sollte entsprechendes Material einbezogen werden. Hier richten Sie die Aufmerksamkeit auch auf die Inhalte: Was muss dem Leser mitgeteilt werden? Und was nicht? Sind die gegebenen Informationen in der gewählten Reihenfolge nachvollziehbar?

- Der Text sollte Bezüge zu anderen Texten herstellen.

Wörtliche und sinngemäße Zitate sowie Verweise sollten so eingebunden sein, dass der wissenschaftliche Text zwischen Sachebene und Theorieebene vermittelt. Nicht nur der Gegenstand sollte mit Blick auf die Fragestellung erläutert werden, sondern auch die verschiedenen Forschungspositionen sollten deutlich werden.

- Der Text sollte in ausgewogener Weise gegliedert sein.

Überschriften und Unterüberschriften, Absätze (einfache Zeilenwechsel, die zu einem Thema gehörige Sätze zu einem Gedankenschritt zusammenfassen), und Abschnitte (Zeilenwechsel plus Leerzeile), die einen neuen Gedankengang beginnen und so ein neues Thema signalisieren, das jedoch noch keine neue Überschrift erfordert, zeigen in der Textstruktur die Gliederung an.

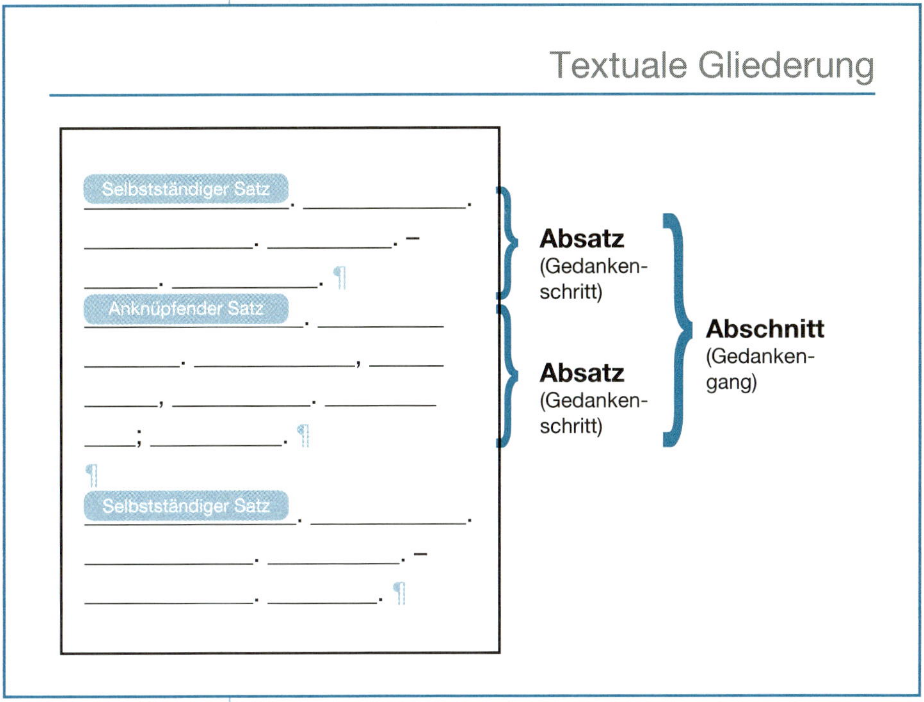

Abb. 15: Textuale Gliederung

6.1.2 Der zweite Blick: Perspektive und Absatzstruktur

Die zweite Überprüfung klärt die Frage: Ist der Textinhalt deutlich formuliert und nachvollziehbar? Halten Sie sich beim zweiten Lesen Folgendes vor Augen:

- Jedes Kapitel muss zur Fragestellung passen.

Ein guter wissenschaftlicher Text hat eine nachvollziehbare thematische Ordnung und behandelt alle inhaltlichen Aspekte in einer der Fragestellung adäquaten Gewichtung. Dazu gehört, dass er Quellen in angemessener Zahl heranzieht und in zielführender Weise verarbeitet. Bei jeder Aussage muss klar sein, was sie mit der Fragestellung zu tun hat. Auf weiterführende Aspekte wird gegebenenfalls in Fußnoten verwiesen. Die Kapitel sind so geschrieben, dass man sie nicht ohne entsprechende Überarbeitungen in einer Arbeit zu einer anderen Fragestellung weiterverwenden kann.

- Der Text muss Zusammenhänge herstellen.

Um Beziehungen zu verdeutlichen, sollten die Sätze nicht einfach nebeneinandergestellt, sondern miteinander vernetzt sein. Bezüge zwischen Sätzen können gedanklicher Art *(der Schreibprozess → die Textproduktion)* oder sprachlicher Art *(der Schreibprozess → er)* sein. Der sprachlichen Verknüpfung dienen nicht nur Wörter, die zueinander in Beziehung stehen, und Fürwörter, die Nomen wieder aufgreifen, sondern auch Konjunktionen und Adverbien: *sowohl … als auch, weil, daher, deshalb.*

- Im wissenschaftlichen Text ist in der Regel die sachlich-neutrale Perspektive zu wählen.

Wertungen bleiben zugunsten begründeter Schlussfolgerungen aus. Eine Darstellung, die die eigene Person zum Ausgangspunkt macht, ist nicht angemessen: Es geht um die Sache, die Fragestellung (die Textidee) ist in den Mittelpunkt zu stellen. Bei jeder Aussage muss klar sein, was sie mit dem Thema zu tun hat – auf weiterführende Aspekte kann in Fußnoten verwiesen werden.

- Die Textteile (Absätze, Abschnitte, Kapitel) sollten einen inhaltlichen Schwerpunkt haben und eine deutlich erkennbare Argumentationsstruktur anzeigen.

Es ist darauf zu achten, das in den Sätzen/Absätzen der Kern der Aussage zu Beginn klar ausformuliert wird. Die Funktion von Absätzen sollte dem Leser durch die Formulierung deutlich gemacht werden (durch Anschlusswörter wie *weiterhin, darüber hinaus, jedoch*). Im Gesamt- wie im Kapitelaufbau sollte das Argumentationsmuster (etwa ein Fünfsatz: Kette, Waage oder Rhombus) deutlich werden.

- Die Mittel der Leserführung sollten bei umfangreichen Texten mäßig, aber regelmäßig verwendet werden.

Wichtig ist es, dass Zitate so eingebunden sind, dass sie in ihrer Funktion erkennbar werden. Darüber hinaus sollten nicht nur in Einleitung und Schluss, sondern auch mittels einführender oder zusammenfassender Textkommentare dem Leser Hinweise darauf gegeben werden, warum sich was anschließt. Auch Überleitungen zwischen den Textteilen helfen dem Leser, in die richtige Richtung mitzudenken. Aber Vorsicht: Kein Text sollte mehr Kommentare als Inhalt haben.

6.1.3 Der dritte Blick: Die sprachliche Gestaltung

Beim dritten Lesen sollten Sie insbesondere die sprachliche Gestaltung ins Auge fassen, zumal Wortwahl und Satzbau den Leser und das Leseverstehen beeinflussen können. Es gibt zwei Möglichkeiten:

- Die Formulierung fällt überhaupt nicht auf, man bemerkt sie beim Lesen nicht. Weder stört sie durch Fehler oder sprachlich schwierige Passagen, noch beansprucht sie die Aufmerksamkeit durch besondere sprachliche Mittel.

Eine solche sprachliche Gestaltung wird dann als gelungen empfunden, wenn den Leser das Thema selbst interessiert und er deshalb weiterliest – sie ist das Ideal des wissenschaftlichen Schreibens. Der Text und seine Sprache sollten durchsichtig erscheinen, und so eine quasi unvermittelte, direkte Sicht auf den Gegenstand ermöglichen. Insbesondere die Verknüpfung von Sätzen ist hierbei bedeutsam: Damit ein Leser mitdenken kann, müssen Bezüge hergestellt werden.

- Bei einigen Textsorten ist eine unauffällige Formulierung unangemessen (etwa beim freien Essay), man fürchtet Langeweile beim Leser, wenn griffige Formulierungen und unerwartete Wendungen fehlen, die die Erinnerung an zentrale Aussagen unterstützen.

Hier wählt man Möglichkeit zwei: Die Formulierung fällt auf und lenkt die Aufmerksamkeit auf die sprachliche Gestaltung; wer so schreibt, sollte darauf achten, dass die Aussage unterstützt und nicht überlagert wird – Alliterationen, Wortspiele oder sprachliche Bilder sollten um der Sache (und nicht um ihrer selbst) willen Verwendung finden.

Darüber hinaus gilt: Jeder hat seinen ganz persönlichen Sprachstil (daher fallen Plagiate in der Regel sogar einem außenstehenden Leser auf).

Lesen Sie nicht nur leise – Ihr Text sollte sich auch gut anhören.

Mit einer einfachen Probe können Sie überprüfen, ob Sie mit der sprachlichen Gestaltung Ihres Textes zufrieden sind: Gelingt es Ihnen problemlos und zu Ihrer Zufriedenheit, den Text (halb)laut vorzulesen, ist alles in Ordnung. Gelingt dies nicht, weil Sie ins Stolpern geraten, sollten Sie noch einmal Hand anlegen: Wo Sie nicht richtig betonen können, ist die Sprache zu komplex und Sie sollten umformulieren. Was Sie ungern laut aussprechen oder was sich für Sie nicht gut anhört, sollten Sie besser überarbeiten oder weglassen.

Um den sprachlichen Ausdruck zu optimieren, sollten Sie

- Wortwiederholungen vermeiden (nutzen Sie jetzt ein Synonymwörterbuch oder einen Thesaurus),
- Schachtelsätze entzerren (indem Sie sie durch zwei oder drei Sätze ersetzen),
- komplexe Attribute vom Typ *der aus Gründen der Komplexität der Anforderungen anspruchsvolle Prozess des wissenschaftlichen Schreibens in den Bildungs-, Gesellschafts-, Sozial- und Geisteswissenschaften* ... auflösen (der Leser musste fast zwanzig Wörter zueinander in Beziehung setzen – und kennt noch nicht einmal die Satzaussage).

Sie nehmen also auch aus dieser Perspektive Veränderungen am Text vor. Daher sind Sie noch immer nicht fertig: Damit Ihr Text auch das Kriterium der sprachlichen Richtigkeit erfüllen kann, ist im Anschluss ein weiterer Durchgang erforderlich.

Sie sind damit noch nicht fertig, auch für das Korrekturlesen brauchen Sie Zeit.

Auch wenn der Abgabetermin drängt, sollten Sie für diese letzte Etappe ausreichend Zeit reservieren: Fehler müssen nicht nur gefunden werden, Sie müssen auch die Möglichkeit haben, sie zu korrigieren – und dafür sollten Sie nicht die letzte Nacht vor der Abgabe einplanen. Und: Fehler sind oft das Erste, was ein Leser bemerkt – sie stören den Lesegenuss, können sogar vom Inhalt ablenken und die Note beeinflussen.

6.2 Redigieren – das Korrekturlesen

In einem zweiten Schritt wird der Text ein letztes Mal gründlich Korrektur gelesen mit dem Ziel, die sprachliche und formale Richtigkeit sicherzustellen. Hierfür brauchen Sie als Verfasser Abstand und – wenn möglich – fremde Augen: Jetzt gilt es, noch einmal gründlich Rechtschreibung, Zeichensetzung, Grammatik und das Layout zu prüfen.
Ein Erstes kann die Textverarbeitung des Computers oder eine Korrektursoftware leisten: Sie kann ärgerliche Tippfehler und auch viele Rechtschreibfehler erkennen.

Bevor Sie mit dem Korrekturlesen beginnen, sollten Sie den Text als Ganzes für die Abgabe vorbereiten. Auch hierfür sollten Sie drei schnelle Durchgänge einplanen.

6.2.1 Der erste Blick: Sind alle Bestandteile der Arbeit vorhanden?

Gibt es

- ein **Titelblatt** (enthält Angaben über Ort [Universität], Zeit [Semester], Titel des Seminars, Leiter des Seminars, Titel der Arbeit, Art der Arbeit [Hausarbeit im Grundstudium/Hauptstudium, Bachelorarbeit, Diplomarbeit, Masterarbeit ...], Name des Verfassers, Semesterzahl [Fachsemester], Adresse, Telefonnummer, E-Mail, Datum der Abgabe),
- ein **Inhaltsverzeichnis** (Auflistung der Kapitelüberschriften und der Seiten, auf denen die Kapitel beginnen; die Seite des Inhaltsverzeichnisses wird mitgezählt, aber selbst nicht nummeriert),
- den **Text** (in Kapitel gegliedert, mit einleitendem und zusammenfassendem Kapitel, mit nummerierten Seiten, Zeilenabstand 1,5, Rand links 4,5 cm, oben/unten/rechts 2 cm, längere Zitate [über drei Zeilen] als Block einzeilig, rechts und links 1 cm eingerückt),
- ein **Literaturverzeichnis** (alphabetisch geordnete Liste der – wörtlich oder sinngemäß – zitierten Literatur,

wird als Kapitel der Arbeit nummeriert und im Inhaltsverzeichnis ausgewiesen),

- eine **Selbstständigkeitserklärung** (einen Textbaustein für die von Hand zu unterzeichnende eidesstattliche Erklärung erhalten Sie vom zuständigen Prüfungsamt, auch dieser wird als Kapitel der Arbeit nummeriert und im Inhaltsverzeichnis angegeben)?

Hier jeweils ein Beispiel für ein Titelblatt, ein Inhaltsverzeichnis, ein Literaturverzeichnis sowie alternative Formulierungen für die Selbstständigkeitserklärung, auf die Sie zurückgreifen können, wenn Sie keine andere Vorgabe haben.

Beispiel für ein Titelblatt

Universität Musterstadt Wintersemester 2011/2012

Seminar: Wissenschaftliches Schreiben – lehren und lernen
Seminarleitung: Dr. Saskia Scienta

Grundfragen wissenschaftlichen Schreibens

Hausarbeit im Hauptstudium

vorgelegt von:

Regina Redlich
Matrikelnr. 1234567
Lehramt GyGe Deutsch, Geschichte
5. Fachsemester

Gerichtspfad 3
12345 Musterstadt
Tel. 0166 1234 5678
E-Mail: r.redlich@uni-musterstadt.de

Datum der Abgabe: 6.12.2011

Beispiel für ein Inhaltsverzeichnis

Wissenschaftliches Schreiben – lehren und lernen

Inhaltsverzeichnis

Beispiel für ein Literaturverzeichnis

Wissenschaftliches Schreiben – lehren und lernen 25

6 Literaturverzeichnis

ANTES, PETER 1992: Der wissenschaftliche Vortrag. Englische, französische und deutsche Darstellung im Vergleich. In: Publizistik 37/1992, Heft 3, S. 322–331.

BATTAGLIA, SANTINA/KRUSE, OTTO 1998: „Trockenübung Hausarbeit": Wissenschaftliches Schreiben. In: KRUSE, OTTO (Hg.) 1998: Handbuch studieren. Von der Einschreibung bis zum Examen. Frankfurt/New York: Campus, S. 193–205.

ECO, UMBERTO 1993: Wie man eine wissenschaftliche Abschlußarbeit schreibt. Doktor-, Diplom- und Magisterarbeit in den Geistes- und Sozialwissenschaften. Ins Deutsche übersetzt von WALTER SCHICK. 6., durchgesehene Auflage der deutschen Ausgabe. Heidelberg: C. F. Müller

KALUZA, MANFRED: Wissenschaftliches Schreiben: Die Hausarbeit. Eine Bestandsaufnahme. In: Info DaF 36/2009, Heft 1, S. 35–52.

KRUSE, OTTO 1997: Wissenschaftliche Textproduktion und Schreibdidaktik. Schreibprobleme sind nicht einfach Probleme der Studierenden; sie sind auch Probleme der Wissenschaften. In: JAKOBS, EVA-MARIA/KNORR, DAGMAR (Hg.) 1997: Schreiben in den Wissenschaften. Frankfurt/Main u. a.: Lang, S. 141–158

POHL, THORSTEN 2007: Studien zur Ontogenese wissenschaftlichen Schreibens. Tübingen: Niemeyer

POSPIECH, ULRIKE 2006: Wissenstransfer und wissenschaftliches Schreiben. Was man schreibend über Textqualitäten lernen und wie man Lernerfolge beobachten kann. In: WICHTER, SIGURD/BUSCH, ALBERT (Hg.) 2006: Wissenstransfer – Erfolgskontrolle durch Rückmeldungen aus der Praxis. Kolloquium in Göttingen vom 29.09.–01.10. 2003. Frankfurt/M. u. a.: Lang. S. 233–245.

PROSKE, ANTJE/KÖRNDLE, HERMANN/POSPIECH, ULRIKE 2004: Wissenschaftliches Schreiben üben mit digitalen Medien. In: CARSTENSEN, DORIS/BARRIOS, BEATE (Hg.): Campus 2004. Kommen die digitalen Medien an den Hochschulen in die Jahre? Münster: Waxmann, S. 225–234.

RUHMANN, GABRIELA 1996: Schreibblockaden und wie man sie überwindet. In: BÜNTING, KARL-DIETER/BITTERLICH, AXEL/POSPIECH, ULRIKE 1996: Schreiben im Studium. Ein Trainingsprogramm. Berlin: Cornelsen Scriptor , S. 108–119.

SIEBER, PETER 2003: Modelle des Schreibprozesses. In: BREDEL, URSULA u.a. (Hg.) 2003: Didaktik der deutschen Sprache. Paderborn: Schöningh, S. 208–223.

STEINHOFF, TORSTEN 2008: Kontroversen erkennen, darstellen, kommentieren. In: Fest-Platte für GERD FRITZ. Hg. und betreut von IRIS BONS, DENNIS KALTWASSER und THOMAS GLONING. Gießen 28.07.2008. Online: http://www.festschrift-gerd-fritz.de/files/steinhoff_2008_kontroversen_erkennen_darstellen_und_kommentieren.pdf [letzter Zugriff am 6.11.2011]

Beispiele für Selbstständigkeitserklärungen

Eidesstattliche Erklärung

Hiermit erkläre ich an Eides statt, dass ich diese Seminararbeit selbstständig und ohne die Benutzung anderer als der angegebenen Hilfsmittel angefertigt habe. Alle den Quellen wörtlich oder sinngemäß entnommenen Stellen habe ich als solche gekennzeichnet.
Die Arbeit hat weder in dieser noch in ähnlicher Form als Prüfungsleistung vorgelegen.

Regina Redlich

Musterstadt, den 20.10.2011

Selbstständigkeitserklärung

Hiermit bestätige ich, dass ich die vorliegende Arbeit selbstständig angefertigt habe. Ich versichere, dass ich ausschließlich die angegebenen Quellen und Hilfen genutzt und alle wörtlich oder dem Sinn gemäß entnommenen Stellen gekennzeichnet habe.

Regina Redlich

Musterstadt, den 20.10.2011

Eigenständigkeitserklärung

Hiermit erkläre ich, dass ich die vorliegende Bachelorarbeit eigenständig und unter Verwendung der angegebenen Literatur und Hilfsmittel angefertigt habe. Alle aus fremden Quellen direkt oder indirekt übernommenen Stellen sind als solche kenntlich gemacht.
Die Arbeit wurde bisher in gleicher oder ähnlicher Form weder einer Prüfungsbehörde vorgelegt noch veröffentlicht.

Regina Redlich

Musterstadt, den 20.10.2011

Erklärung

Ich versichere, dass ich die vorliegende Hausarbeit – einschließlich gegebenenfalls beigefügter Zeichnungen, Kartenskizzen und Darstellungen – selbstständig verfasst und keine anderen als die angegebenen Quellen und Hilfsmittel benutzt habe. Stellen der Arbeit, die dem Wortlaut oder sinngemäß anderen Werken entnommen sind, habe ich in jedem Fall unter Angabe der Quellen als Entlehnung deutlich gemacht.

Regina Redlich

Musterstadt, den 20.10.2011

6.2.2 Der zweite Blick: Ist der Text in ausgewogener Weise gegliedert?

Gibt es **Überschriften und Unterüberschriften** (wenn man innerhalb eines Kapitels Unterüberschriften verwendet, müssen mindestens zwei vorhanden sein: wo ein 2.1 ist, muss es ein 2.2 geben), **Absätze und Abschnitte** und darüber hinaus ein klares und sparsames **Layout:** nicht mehr als drei Schriftgrößen (Hauptüberschriften 14 pt., Text 12 pt., Zitate/Fußnoten 10 pt.)?
Sind Hervorhebungen und Abstände, Nummerierungen und Aufzählungen einheitlich gestaltet? Sind **formale Anforderungen** wie die Kennzeichnung von Zitaten, die Form des Quellenbelegs, die Gestaltung der bibliografischen Angaben im Literaturverzeichnis und die Hervorhebung von Fachtermini nach einem Muster und ausnahmslos durchgehalten? Sind **Abkürzungen** einheitlich verwendet?

Abkürzungen in wissenschaftlichen Texten

Allgemeine Abkürzungen sind solche, die sich aus dem Schreiben selbst ergeben und unabhängig von Thema und Schreibanlass gebräuchlich sind. Diese Abkürzungen ersetzen häufig vorkommende Wörter bzw. Wortgruppen und sparen so Raum und (Schreib-)Zeit.
Zwar wird generell von einer übermäßigen Verwendung von Kurzformen in wissenschaftlichen Texten abgeraten – dennoch sind einige Abkürzungen geläufiger als die zugehörigen Langformen, *d. h.*, *z. B.*, *ggf.*, *bzw.* und *usw.*, aber auch *m. a. W.*, *m. E.*, *u. Ä.* beispielsweise kommen häufiger vor als *das heißt, zum Beispiel, gegebenenfalls, beziehungsweise* und *und so weiter* sowie *mit anderen Worten, meines Erachtens, und Ähnliche(s)*. Schon bei *bspw.* = *beispielsweise* hingegen kann man geteilter Meinung darüber sein, welche der beiden Formen die gängige ist. Eine verbindliche Liste allgemein üblicher Abkürzungen gibt es also nicht. Daher:

- Orientieren Sie sich beim Schreiben an Vorlagen und an der Verständlichkeit der dort verwendeten Kurzformen.
- Beobachten Sie Ihren Sprachgebrauch, machen Sie sich eine Liste der von Ihnen verwendeten allgemeinen Abkürzungen.

Oft helfen diese Abkürzungen, den Gedankengang eines Textes zu verdeutlichen:

- Viele der allgemeinen Abkürzungen dienen der Leser-Anweisung, wollen dem Leser Hinweise darauf geben, wie der Text gebaut ist (so wie *s. o.*, *s. u.* und *vgl.*).
- Andere dienen dem Schreiber dazu, sich in diskreter Form selbst im Text zu erwähnen *(m. E., m. W.)*.

Die bibliografischen Angaben im Literaturverzeichnis (s. dazu Kapitel 3.1), die nach einem im Fach gebräuchlichen Muster zu strukturieren sind, werden durch den Einsatz von Abkürzungen überschaubarer, lesbarer. So zum Beispiel dadurch,

- dass Herausgeber durch *Hg.* gekennzeichnet werden (wodurch sie nicht mit den Verfassern von Texten verwechselt werden können),
- dass die Titelangaben von Zeitschriften durch die Verwendung der Abkürzungen *Jg.* und *Zeitschr.* auf das Wesentliche fokussieren und so beim Querlesen des Verzeichnisses die themenbezogenen Wörter auffallen,
- dass Angaben zu Auflage *(2. Aufl.)* und zur Art der Auflage (überarbeitete = *überarb.*, erweiterte = *erw.* oder Nachdruck = *Nachdr.*) kurz gehalten werden: *Nachdr. d. 2. überarb. Aufl.*,
- dass das Wort »Seite« durchgängig mit *S.* abgekürzt wird, sodass die Seitenzahl mehr Aufmerksamkeit erhält und der Verweis auf mehrere Seiten mit *f.* (außer der genannten Seite ist auch die darauf folgende Seite gemeint) sowie *ff.* (über die genannte Seite hinaus sind zwei und mehr folgende Seiten gemeint) erfolgt.

Aus der Schreibmaschinenzeit stammt der Beleg mithilfe der Abkürzungen *ebd.* oder *ebda.* (= *ebenda, ebendort* – gemeint ist, dass sich das Zitat auf der gleichen Seite wie das vorherige Zitat befindet) und *a. a. O.* plus Seitenangabe (= *am angegebenen Ort* – gemeint ist die entsprechende Quelle, die [irgendwo] zuvor im Text oder in einer Fußnote genannt wurde). Beide Verfahren sind in gewisser Weise überholt, denn man kann heute auf Anmerkungsverzeichnisse verzichten und stattdessen die automatische Fußnotenverwaltung nutzen.

- Die Vernetzung von Fußnoten mithilfe der Abkürzung *a. a. O.* hat ihre Tücken: Ein solches System von Verweisen zwischen den Quellenangaben ist nur so lange vorteilhaft, wie die Verweisstruktur (noch) übersichtlich bleibt.
- Aber auch das einfache Abkürzungsverfahren mit *ebd.* hat Grenzen: Der Leser muss beim fünften *ebd.* in Erinnerung haben, worauf es sich bezieht. Außerdem ist dieses Verfahren für die Arbeit mit dem PC, der mehr kann als eine Schreibmaschine, nicht geeignet: Beim Verschieben, Einfügen oder Löschen von Textteilen können die durch *ebd.* und *a. a. O.* hergestellten Bezüge verfälscht werden.
- Lateinische Abkürzungen wie *p., loc. cit.* oder *ibid.* sind vor allem im Englischen gebräuchlich – sie sollten dort eingesetzt werden, wo es ausdrücklich erwünscht ist. Sie ersetzen dann die deutschen Äquivalente.

Sie sehen: Bei der Verwendung von Abkürzungen ist genauso vorzugehen wie bei den Mustern für bibliografische Angaben: Ein vorgeschriebenes oder selbst gewähltes System sollte ausgebaut und dann durchgehalten werden.

In wissenschaftlichen Arbeiten werden Abkürzungen auch dazu genutzt, Verweise auf den eigenen Text möglichst unauffällig zu gestalten. Und so werden Unterschriften zu Tabellen und Abbildungen unter Verwendung der Abkürzungen *Tab.* und *Abb.* nummeriert, Verweise auf einen Anhang oder ein anderes Kapitel durch die Kurzformen *s. Anh., vgl. Kap. 3, s. S. 10* verschlankt.

Außerdem gibt es für die Bezeichnung häufig verwendeter Fachliteratur, für Handbücher, Bibliografien und Fachzeitschriften bestimmte Abkürzungen, sogenannte Siglen, über die Sie sich in Ihrer Bibliothek informieren sollten (etwa *DDUW* für *Duden – Deutsches Universalwörterbuch*). Ihrem Thema entsprechend können Sie darüber hinaus eigene Siglen für zentrale Begriffe bilden, um die Wiederholung langer Wörter oder komplexer Mehrwortbenennungen zu umgehen (etwa *ES, ZS* und *FS* für *Erstsprache, Zweitsprache, Fremdsprache*). Auf diese Weise bieten Sie dem Leser kleinere Einheiten zur Orientierung, Fixpunkte im Text, die sich beim Querlesen erfassen lassen und es dem Leser ermöglichen, auf einen Blick das Wichtige zu erkennen.

- Siglen müssen bei ihrer ersten Nennung im Text eingeführt und gegebenenfalls erklärt werden, beispielsweise in einer Fußnote zum Text.
- Wenn Sie mehrere Siglen einsetzen, ist es sinnvoll, dem Text ein Abkürzungsverzeichnis voranzustellen (dieses steht dann direkt nach dem Inhaltsverzeichnis).

Fächer haben teilweise ihre eigenen, ganz besonderen Konventionen – auch die Verwendung von Maßangaben, weiteren Sonderzeichen und Schriftformaten kann von Fach zu Fach variieren. Daher gilt: Wenn Sie eine wissenschaftliche Arbeit schreiben, erkundigen Sie sich vorher nach den Anforderungen. Fragen Sie nach den Richtlinien!

6.2.3 Der dritte Blick: Ist der Text sprachlich richtig?

Gibt es

- Tippfehler: fehlende/falsche oder verdrehte Buchstaben, doppelte Leerzeichen, Verwendung der Satz- und Sonderzeichen – besonders die Unterscheidung zwischen Bindestrich und Gedankenstrich – sowie Trennfehler,

- Computerfehler: fehlende Wörter, Wortendungen, Buchstaben (häufig lässt sich das Fehlen von Wörtern oder Wortteilen als unglücklicher Automatismus beim Ausschneiden oder Verschieben erklären),
- Formatierungsfehler: Hervorhebung von Namen, Begriffen, Beispielen (gegebenenfalls der Objektsprache), Kennzeichnung von Zitaten ...,
- Unausgewogenheiten: Varianten in Rechtschreibung und Grammatik, Varianten bei Abkürzungen, Personenbezeichnungen (Doppelnennung: *Schülerinnen und Schüler* oder Verallgemeinerung: *Lehrkräfte*), mehrteilige Konjunktionen (*einerseits ... anderseits*), Formulierung und Nummerierung von Überschriften, Bildbeschriftungen, Tabellenunterschriften ...?

Nutzen Sie Suche-und-Ersetze-Befehle, um sich selbst zu überprüfen.

Gut ist es, wenn Sie beim Korrekturlesen Hilfe in Anspruch nehmen können.

Nun sind Sie fast durch, der Text ist fertig – konzentriert haben Sie ihn Kapitel für Kapitel mehrfach überarbeitet. Zum zweiten Mal haben Sie das Ganze ausgedruckt und würden es am liebsten schnell heften oder binden und abgeben bzw. versenden. Tun Sie das nicht, ohne einen letzten Blick auf den Text zu richten (oder jemanden zu finden, der das für Sie erledigt, er oder sie müsste gut in Grammatik und Rechtschreibung sein – oder gerne nachschlagen).

Beim Korrekturlesen wird ausschließlich auf die sprachliche Richtigkeit geachtet.

So oder so – auf jeden Fall muss der Text noch einmal Korrektur gelesen werden. Hierfür braucht man Ruhe und Konzentration, aber auch Distanz, größtmögliche Neutralität gegenüber dem Text – deshalb fällt Außenstehenden das Korrekturlesen in der Regel leichter. Als Verfasser Ihres Textes erwägen Sie beim Lesen immer wieder Ergänzungen oder Verschiebungen. Das ist nun aber nicht erwünscht: Das Korrekturlesen ist ein Redigieren, das voraussetzt, dass der Text inhaltlich durchdacht und fertig ist. Große konzeptionelle Eingriffe in die Gliederung oder die

Argumentation sind jetzt überhaupt nicht mehr hilfreich. Hier ist allein die Frage zu klären: Ist der Text fehlerfrei? Die folgende Tabelle zeigt Ihnen, worauf Sie beim Korrekturlesen achten sollten und wie Sie entsprechende Kennzeichnungen vornehmen können.

6.3 Zum Schluss

Sie sehen: Tippfehler – etwa fehlende oder überflüssige Leerzeichen, lange Gedankenstriche, die als Bindestriche verwendet werden, und Buchstabendreher – sind, wenn man mit dem Computer schreibt, zwar häufige, aber nicht die einzigen Fehler. Bei Ihrem letzten Korrekturdurchgang sollten Sie besondere Aufmerksamkeit richten auf

- die Groß- und Kleinschreibung,
- die Zusammen- und Getrenntschreibung,
- die Verwendung des Bindestrichs,
- die Schreibung von ß und ss,
- die Kommasetzung und
- die Übereinstimmung von Subjekt und Prädikat.

Nun haben Sie auch die siebte Etappe des wissenschaftlichen Schreibens erfolgreich hinter sich gebracht: Sie haben es geschafft – der fertige Text muss nur noch ausgedruckt, gebunden und abgegeben werden. Gratulation!

Tipps zum Tippen

Das Schreiben mit dem Computer eröffnet zahlreiche Möglichkeiten, birgt aber auch gewisse Gefahren. Eine Autokorrektur-Funktion zu haben, bedeutet keinesfalls, dass man selbst nicht mehr genau hinschauen und auf Papier Korrektur lesen muss. Hier einige Tipps zur Vermeidung typischer Tippfehler:

- Die Wörter werden durch **Leerzeichen** (Blanks) voneinander getrennt. Zwischen zwei Wörtern setzt man genau ein Leerzeichen. Bei den Abkürzungen d. h.,

z. B., u. Ä. steht auch ein Blank – am besten sollte man über die Sonderzeichen das geschützte Leerzeichen einfügen, damit die Abkürzungen nicht durch einen Zeilenwechsel auseinandergerissen werden.

- Will man (beispielsweise im Inhaltsverzeichnis oder zur Absatzgliederung) **Einrückungen** vornehmen, sollte man diese mithilfe von Tabulatoren erzeugen (und nicht x-beliebig viele Leerzeichen hintereinandersetzen).
- Die **Satzzeichen** – Punkt, Doppelpunkt, Frage- und Ausrufezeichen, Semikolon und Komma – werden ohne Leerzeichen direkt hinter das letzte Wort gesetzt; hinter diesen Zeichen steht ein Blank.
- Anders ist dies beim **Schrägstrich**, den man dazu benutzt, alternative Bezeichnungen oder auch mehrere Verfasser/Herausgeber aufzuzählen. Er steht ohne Leerzeichen zwischen zwei Wörtern.
- Der **Bindestrich,** der zwei Wörter miteinander verbindet, wird ohne Blanks zwischen diese Wörter gesetzt; er kann auch einen Wortbestandteil ersetzen, der nicht zweimal geschrieben werden soll. Die Rechtschreibreform stärkt den Bindestrich, er darf für die Gliederung von Wörtern genutzt werden: *Auspuff-Flamme, ISBN-Nummer;* der Bindestrich kann auch als Ergänzungs- bzw. Auslassungsstrich gebraucht werden: *Tipp- und Computerfehler, Rechtschreibregeln und -fehler.*
- Der **Gedankenstrich** wird, damit er nicht mit dem **Bindestrich** verwechselt werden kann, stets zwischen zwei Blanks gesetzt; er ist außerdem doppelt so lang. Er kennzeichnet Einschübe und Erläuterungen – die vorne und hinten zu kennzeichnen sind – und kann eine Schlussfolgerung anzeigen – er ist also vielseitig verwendbar. Nutzen Sie ihn nicht zu oft, da er sonst seine fokussierende Funktion verliert (wie im vorherigen Satz zu sehen).
- Bei **Klammern** ist zu bedenken, dass sie einen Satz, einen Teilsatz oder ein Wort einklammern (wie der

- Name ja schon sagt). Sie umklammern das Eingeschlossene ohne Leerzeichen. Das Gleiche gilt für die einfachen und doppelten **Anführungszeichen**. Letztere kennzeichnen das wörtliche Zitat und Begriffe, die man hervorheben will; Erstere kennzeichnen das Zitat im Zitat – sie kommen also nur innerhalb von Zitaten vor.
- Die **Auslassungspunkte** sind genau drei, sie stehen nach einem Leerzeichen ..., es sei denn, es ist ein Wortteil ausgel... Am Ende eines Satzes wird nach einer Auslassung kein weiterer Punkt für das Satzende gesetzt. Auslassungen in wörtlichen Zitaten stehen in eckigen Klammern.
- Stellen Sie für die Worttrennung die automatische **Silbentrennung** ein. Das unterbindet zu große Lücken beim Blocksatz, bei dem die Zeilen rechts und links bündig (auf gleicher Höhe) enden. Kontrollieren Sie die automatischen Trennungen – Computer machen auch mal Fehler. Wenn Sie Trennungen von Hand eingeben, setzen Sie den bedingten Trennstrich (»Strg-Taste« + »-«).
- Nutzen Sie die »Returntaste« mit Überlegung: Unterscheiden Sie zwischen **Absatz** (einfacher Zeilenwechsel) und **Abschnitt** (doppelter Zeilenwechsel). Kontrollieren Sie **Überschriftenabstände** daraufhin, ob sie immer gleich sind (vor der Überschrift mehr als danach, gegebenenfalls zwei Maße zur Unterscheidung von Haupt- und Unterüberschriften). Fügen Sie **Seitenwechsel** gezielt ein (»Einfügen, Seitenumbruch«).

Für die Textverarbeitung ist in der DIN 5008 festgelegt, wie Satzzeichen und andere Zeichen geschrieben werden müssen (Hinweise für das Maschinenschreiben sowie die Korrekturvorschriften finden Sie im Duden 1). Die Autokorrektur-Funktion von Word berücksichtigt dies nicht, schalten Sie sie daher besser aus.

Glossar

Hier finden Sie die in diesem Buch genutzten Schlüsselbegriffe zum wissenschaftlichen Arbeiten und Schreiben. Die jeweils angegebenen Seiten führen Sie direkt an die entsprechende Stelle im Buch.

a. a. O. 203
Die in wissenschaftlichen Texten in den Fußnoten gebräuchliche Abkürzung steht für *am angegebenen Ort*. Sie kann genutzt werden, um bei wiederholtem Erwähnen eines Werkes die ausführliche Nennung zu umgehen; der Zusatz wird zusammen mit dem Namen des Autors und der Seitenangabe genutzt, sowohl bei direkten Zitaten (Name, a. a. O., S. 34) als auch bei indirekten Zitaten (vgl. Name, a. a. O, S. 34).

Abkürzungen 201
In wissenschaftlichen Texten werden neben allgemein üblichen Abkürzungen *d. h., z. B., u. a., usw., S., Hg., f., ff.*, die im DUDEN 1. DEUTSCHE RECHTSCHREIBUNG verzeichnet sind, auch Siglen für Zeitschriftentitel sowie fachspezifische Abkürzungen verwendet. Diese können in einem Abkürzungsverzeichnis, das dem Text vorangestellt wird, aufgelistet werden.

Absatz 132, 191
Absatz und Abschnitt sind Mittel der Textgliederung. Ein Absatz fasst mehrere Sätze zu einem Gedankenschritt zusammen, markiert wird er durch einen einfachen Zeilenwechsel; jeder erste Absatz beginnt mit einem das Thema fokussierenden Satz, ein zweiter Absatz kann durch textverknüpfende Wörter wie *außerdem, andererseits, insbesondere* ... eingeleitet und zum vorherigen in Bezug gesetzt werden.

Abschlussarbeit 37 ff.
Als Abschlussarbeit bezeichnet man im Allgemeinen die wissenschaftliche Arbeit, die ein Studium beschließt – je nach Studiengang Diplom-, Examens-, Bachelor- oder Masterarbeit. Abschlussarbeiten weisen nach, dass ihr Verfasser die Methoden eines Faches beherrscht, und berücksichtigen die Konventionen des jeweiligen Faches.

Abschlussklausur 40 ff.
Die schriftliche, in begrenztem Zeitrahmen handschriftlich zu verfassende Abschlussarbeit ist eine Prüfungsleistung. Insbesondere in der Vorbereitung ist dieser Text durchaus anspruchsvoll.

Abschnitt 132, 191
Abschnitt und Absatz sind Mittel der Textgliederung. Ein Abschnitt fasst mehrere Absätze zu einem Gedankengang zusammen, markiert wird er durch einen doppelten Zeilenwechsel. Mehrere aufeinander bezogene Abschnitte bilden ein (Unter-) Kapitel.

Absicherung 139
Ein Zitat dient als Absicherung, wenn es als zweites Zitat aus einer anderen Quelle zusätzlich zu einem Zitat als Ausgangspunkt oder einem Zitat als Stützung verwendet wird.

Adjektive
In wissenschaftlichen Texten sind klassifizierende Adjektive gebräuchlich. Teilweise bilden sie zusammen mit ihrem Bezugswörtern Mehrwortbenennungen bzw. Fachbegriffe (z. B. *interkulturelle Kommunikation, Pädagogische Psychologie*). Es kann im Fach üblich sein, Fachbegriffe dieser Art durch Großschreibung zu kennzeichnen. Daneben finden auch beschreibende Adjektive Verwendung. Vorsicht jedoch – diese sollten keine (versteckten) Wertungen beinhalten, sondern den Gegenstand präzise beschreiben, dem Leser jedoch die Möglichkeit lassen, selbst einen Schluss zu ziehen.

Anführungszeichen 143 ff., 164
In wissenschaftlichen Texten kennzeichnen doppelte Anführungszeichen – die im Deutschen zuerst unten und dann oben gesetzt werden – üblicherweise die wörtlichen Zitate. Daher sollten sie nur zu diesem Zweck Verwendung finden. Einfache Anführungszeichen werden nur innerhalb von wörtlichen Zitaten gebraucht, sie kennzeichnen ein im Original durch doppelte Anführungszeichen hervorgehobenes Element. Anführungszeichen sollten nicht zur Kennzeichnung uneigentlichen Sprechens verwendet werden.

Angemessenheit 159
Die Angemessenheit einer Formulierung oder eines sprachlichen Ausdrucks wird mit Blick auf eine bestimmte Sprachverwendungssituation beurteilt. So ist es beispielsweise bei wissenschaftlichen Texten unangemessen, den Leser persönlich anzusprechen oder in Umgangssprache zu verfallen. Durchaus ist es jedoch angemessen, überschaubare Sätze zu bauen, verständlich zu formulieren und auf überflüssige Fremdwörter zu verzichten.

Anhang 50
Zu einem wissenschaftlichen Text können Zusätze gehören, etwa Bildmaterial, tabellarische Darstellungen, Fragebögen oder Interviews, die nicht in ihrem vollen Umfang in den Text einbezogen werden können. Solche Zusatzmaterialien werden in einem Anhang der Arbeit angefügt. Im Text sollte auf alle im Anhang befindlichen Materialien verwiesen werden. Der Anhang bildet ein auf die Eigenständigkeitserklärung folgendes Kapitel der Arbeit, dessen erste Seite mit einer neuen Nummerierung beginnen kann.

annotierte Bibliografie 90 ff.
Die annotierte Bibliografie ist eine kommentierte Literaturliste. Zusätzlich zu den bibliografischen Angaben zu einem gelesenen Text werden im Anschluss an die Lektüre eigene Einschätzungen und Überlegungen festgehalten, die eine erste Grundlage für die später erfolgende gründliche Lektüre bieten. Ein Exzerpt lässt sich als sehr ausführliche Annotation begreifen.

Anmerkung 133, 140
In wissenschaftlichen Texten werden in Fußnoten nicht notwendigerweise und ausschließlich Belege und Verweise notiert, sondern auch weiterführende oder auch leicht abwegige Anmerkungen, mit denen der Verfasser zeigt, dass er auch jenseits seiner eigentlichen Fragestellung gründlich gelesen und gedacht hat. Aber Achtung: Kein Text wird aufgrund der Anzahl seiner Anmerkungen beurteilt, wichtig ist der Haupttext, er muss vollständig und geradlinig formuliert sein.

Antithese 129
Die einer Annahme gegenübergestellte Gegenbehauptung bildet den Gegenpol wissenschaftlichen Argumentierens und sorgt für die Ausgewogenheit der Darstellung. Im Argumentationsmuster Waage wird deutlich, wie sich aus dem Zusammenspiel von These, Antithese und Synthese eine klare Gedankenführung ergibt – für Kapitel und Unterkapitel ebenso wie für Abschnitte und Absätze.

Arbeitsbibliografie 81 ff.
Eine Arbeitsbibliografie wird erstellt, indem einzelnen Literaturhinweis nachgegangen wird. Texte werden mithilfe kursorischen Lesens auf ihre Brauchbarkeit hin überprüft. Titel, die als nicht brauchbar eingeschätzt wurden, werden als solche gekennzeichnet, zu den bearbeitenswürdigen Texten wird ein Stichwort notiert.

argumentatives Prinzip 123
Eins von drei charakteristischen Gliederungsprinzipien, das dem Ordnungs-

kriterium des Begründens entspricht. Ein gegebenes Thema wird einer bestimmten Aussageabsicht entsprechend dargestellt, erörtert, diskutiert, belegt, widerlegt und kommentiert.

Argumentation 118 ff.

Argumente vorbringen, Beweise darlegen, begründen – häufig wird der Sinn des Argumentierens so erklärt. Führt man sich jedoch vor Augen, dass das lateinische Wort *arguere* mit »erhellen«, »veranschaulichen« ins Deutsche übersetzt wird, lässt sich Argumentieren begreifen als Erklären von Zusammenhängen in geeigneter Abfolge. Argumentation ist das Ergebnis entsprechender Bemühungen – und dabei immer dialogisch – d. h. an ein bestimmtes Gegenüber gerichtet, den Leser, für den sie Zusammenhänge verständlich und nachvollziehbar machen will.

argumentieren 20

Zusammen mit »gliedern« Etappe 4 des (wissenschaftlichen) Schreibens: Ein Textplan wird erstellt, indem Anfangs- und Endpunkt der Untersuchung festgelegt werden und der Argumentationsverlauf bestimmt wird.

Ausgangspunkt 139

Ein Zitat dient als Ausgangspunkt, wenn es die Grundlage einer folgenden Erläuterung bietet, aus der heraus neue Erkenntnisse entwickelt werden.

Auslassung 145

Beim wörtlichen Zitieren können Stellen (Wort, Teilsatz oder Satz), die für die eigene Argumentation weniger wichtig erscheinen, weggelassen werden. Dies wird als Auslassung mit drei Punkten in eckigen Klammern markiert. Aber Vorsicht: Anders als der Verfasser, der eine Zeit lang sehr wohl in Erinnerung behält, was er warum weggelassen hat, kann der Leser bei jeder Auslassung das Gefühl haben, nicht vollständig informiert worden zu sein. Kein wörtliches Zitat gewinnt durch zahlreiche Auslassungen an Prägnanz – besser wäre häufig, sinngemäß zu zitieren, also einen eigenen Satz zu formulieren und zu verweisen.

Autoritäten 137

Beim Argumentieren kann man sich auf allgemein anerkannte Experten berufen – diese Vorgehensweise ist charakteristisch für wissenschaftliches Arbeiten, das auf Erkenntnissen anderer aufbaut. Aber Vorsicht: In vielen wissenschaftlichen Disziplinen gibt es konkurrierende Schulen und nicht selten sind Autoritäten nur in bestimmten Schulen akzeptiert, man sollte also nicht irgendeine Autorität heranziehen.

Bachelorarbeit 37 f.

s. Abschlussarbeit

Begriff, Begriffssystem 77, 160, 166

Ein Begriff dient dazu, einen Gegenstand (aus einer bestimmten Fachperspektive) greifbar zu machen, indem er von ähnlichen Gegenständen abgegrenzt wird. Im (Fach-)Begriff sind ein Begriffsname (ein Wort) und ein Begriffsinhalt (eine eng definierte Bedeutung) einander zugeordnet – Wort und Begriff sind also nicht dasselbe. In den Fächern bilden Fachwörter (Termini) häufig Terminologiesysteme. Diese dürfen in wissenschaftlichen Arbeiten als bekannt vorausgesetzt werden – ein Terminus wird daher nur dann erläutert oder definiert, wenn es konkurrierende Auffassungen des Begriffsinhalts gibt.

belegen, Beleg 49, 143

Zitate (sowohl wörtliche als auch sinngemäße) sind als solche nur erkennbar, wenn ihre Herkunft benannt wird. Auch wenn in einer Hinführung der Name des Autors Erwähnung fand, ist im Anschluss an das Zitat der Text mit genauer Textstelle zu benennen. Dies erfolgt in einem Beleg, der den Konventionen eines Faches entsprechend zu gestalten ist. Gängig sind zwei Formen des Belegs: 1. der Beleg im Text (auch Harvard-Beleg genannt: In einer Klammer werden der Autorenname, das Erscheinungsjahr und die Seitenzahl angegeben, dieser Beleg verweist auf das Literaturverzeichnis und kann im Text positioniert werden, sodass der Leser Autorität und Aktualität des Zitats direkt mit wahrnimmt), 2. der Beleg in einer Fußnote (hier kann die komplette bibliografische Angabe stehen, die Seitenzahl ist zu ergänzen; alternativ kann in Fußnoten auch mit Kurztiteln oder mit Autorennamen, Erscheinungsjahr und Seitenzahl gearbeitet werden).

berichten, Bericht 32 f., 34 f.
Berichte (Praktikumsbericht, Exkursionsbericht, Versuchsberichte o. Ä.) sind Texte, in denen der Verfasser seine Leser über konkrete Beobachtungen informiert. Charakteristisch ist die auf den Leser oder ein spezielles Informationsziel hin zugeschnittene Darbietung von Fakten/Hintergründen.

Bibliografie, bibliografieren 61 f., 81 f.
Jedes Literaturverzeichnis ist eine Bibliografie – eine geordnete Zusammenstellung von (geprüften) Literaturangaben zu einem bestimmten Thema. Neben gedruckten Bibliografien in Buchform gibt es auch Literaturlisten, die im Zusammenhang mit Vorlesungen, Seminaren oder Prüfungen ausgeteilt werden. Auch ein Bibliothekskatalog und eine fachspezifische Literaturdatenbank sind als Bibliografie aufzufassen. Nicht selten gibt es hier (wie in Buchbibliografien) Erläuterungen und eine Verschlagwortung. Wie ein Literaturverzeichnis müssen auch diese Quellen als begrenzte und fokussierte Zusammenstellung von Literatur wahrgenommen werden – es lohnt sich also, mehrere Informationsressourcen zu nutzen. Wichtig: Das Internet ist keine Bibliografie, auch wenn man hier Informationen zu wissenschaftlichen Themen finden kann.

bibliografische Angabe 84 ff.
Wissenschaftliche Texte stehen in Bezügen zu anderen wissenschaftlichen Texten – im Literaturverzeichnis werden beispielsweise Monografien ausführlich benannt, indem Autor, Erscheinungsjahr, Titel, Untertitel sowie Erscheinungsort und Verlag angegeben werden. Die Anordnung der Komponenten folgt den Konventionen eines Faches. Die Struktur einer bibliografischen Angabe zeigt an, um welche Art von Text (Monografie, Zeitschriftenaufsatz, Aufsatz in einem Sammelband oder WWW-Dokument) es sich handelt.

Bibliothekskatalog 76, 84 f.
s. Bibliografie

chronologisches Prinzip 122
Eins von drei charakteristischen Gliederungsprinzipien, es entspricht dem Ordnungskriterium der Chronologie. Das Thema wird seiner zeitlichen Ordnung folgend dargestellt.

Computer 46, 206 ff.
Der Computer ist als das Schreib- und Rechercheinstrument schlechthin zu bezeichnen. Es lohnt sich, die Möglichkeiten der im Zusammenhang mit einer wissenschaftlichen Arbeit zu nutzenden Programme und Tools genauer kennenzulernen und frühzeitig Routinen zu entwickeln, die das wissenschaftliche Schreiben unterstützen – etwa Copy und Paste aus eigenen Exzerpten.

Computerfehler 205
Häufig lassen sich Wortstellungsfehler sowie das Fehlen von Wörtern oder Wortteilen als unglücklicher Automatismus beim Ausschneiden oder Verschieben erklären.

Datenbank 62, 86 ff.
s. Bibliografie

definieren, Definition 166 ff.
Während der Einarbeitung in ein Thema ist es wichtig, sich die Bedeutung und Verwendungsweise zentraler Begriffe in den verschiedenen hinzugezogenen Texten klarzumachen: Meinen alle dasselbe, wenn sie von X sprechen? Vor dem Schreiben des eigenen Textes sollte man in dem Fall, dass man konkurrierende Definitionen beobachtet hat, Festlegungen der Bedeutung eines Ausdrucks für den eigenen Text vornehmen. Eine Definition sollte einen Begriffsinhalt trennscharf charakterisieren, häufig wird man eine geeignete Definition zitieren. Denkbar ist es auch, selbst eine Definition zu formulieren, hierfür lässt sich auf etablierte Definitionsweisen zurückgreifen.

Diplomarbeit 37 ff.
s. Abschlussarbeit

Dreischritt 124 ff.
Als Bauprinzip von Texten ist der Dreischritt als einfaches, gut zu überschauendes Ordnungsmuster universal: Einleitung und Schluss rahmen einen Hauptteil. Jeder Text (sei er auch noch so kurz) braucht Einleitung und Schluss (mindestens je einen Satz). Auch wenn dieser in wissenschaftlichen Texten durch eine variable Anzahl von Kapiteln repräsentiert ist, bleibt die Funktion des Dreischritts erhalten: Er bietet für den Leser und zugleich für den Verfasser Orientierung.

ebd., ebda 143, 203
Die Abkürzungen stehen für »ebenda«, sie können in Fußnoten oder im Text genutzt werden, wenn unmittelbar nacheinander aus demselben Werk von derselben Seite zitiert wird. Wird aus demselben Werk von einer anderen Seite zitiert, so wird eine Seitenzahl ergänzt.

edieren 22, 188 ff.
Etappe 6 des (wissenschaftlichen) Schreibens: Die Rohfassung wird überarbeitet. Der eigene Text wird (wie von einem Herausgeber, engl. *editor*) in Bezug auf Inhalt, Nachvollziehbarkeit und Lesbarkeit geprüft, um ihn für die Veröffentlichung vorzubereiten.

Eidesstattliche Erklärung 50, 196, 200
s. Selbstständigkeitserklärung

Einführung 60 f.
s. Textsorte

Einleitung 123 ff.
s. Dreischritt

Erfahrungen 135
Beim Argumentieren kann man sich auf Erfahrungen berufen. Dies ist im Alltag eine häufig kräftig wirkende Argumentationsstrategie, in wissenschaftlichen Texten jedoch sind Erfahrungen des Verfassers wenig tragfähig, weil schwer nachvollziehbar und nicht notwendigerweise verallgemeinerbar. Dennoch lassen sich Erfahrungen einbringen, indem mit passenden Zitaten argumentiert oder mithilfe von Befragungen Verallgemeinerungen hergestellt werden.

Erzählverbot 164
s. Wissenschaftssprache

Essay 36 f.
Als Textsorte des wissenschaftlichen Schreibens ist der Essay aufzufassen a) als freie, sprachlich gestaltete Argumentation oder b) als kleine, wissenschaftliche Arbeit zu einem Thema. Da die als Essay bezeichneten Texte sehr unterschiedlich sein können, ist es wichtig, vor dem Schreiben die Form zu klären.

Examensarbeit 38
s. Abschlussarbeit

Exkurs 133
Innerhalb eines Kapitels können als »Exkurs« ausgewiesene Abschnitte dazu genutzt werden, ergänzende Informationen

zu einem (speziellen) Aspekt des Themas darzulegen (lat. *excursus* = das Herauslaufen, der Streifzug). Um eine überdimensionierte Fußnote zu vermeiden, wird eine als Anmerkung aufzufassende Textpassage innerhalb des Textes platziert. Exkurse sind klar markiert durch eine Überschrift und einen deutlichen Hinweis auf ihr Ende – häufig wörtlich mit »Ende des Exkurses«.

Exkursionsbericht 34
s. Bericht

Exposé 66 ff.
Als Textsorte des wissenschaftlichen Schreibens bildet das Exposé den Abschluss der Orientierungsphase. Hier werden Thema und Fragestellung benannt und ein grober Plan des Textaufbaus wird vorgelegt, um ein Gespräch mit dem Betreuer der Arbeit vorzubereiten.

exzerpieren 19, 26 ff., 102 ff.
Zusammen mit »recherchieren« Etappe 2 des wissenschaftlichen Schreibens – hier ist es wichtig, den eigenen Text in einer klaren Form während der Lektüre anderer Texte vorzubereiten: Die für die eigene Fragestellung relevanten Textstellen werden herausgeschrieben und mithilfe eines Rahmens aus Hinführung und Kommentar für die Weiterverarbeitung im Anschluss an die Lektürephase aufbereitet.

Exzerpt 26 ff., 102 ff., 153 f.
Als Textsorte des wissenschaftlichen Schreibens bilden Exzerpte Texte vor dem eigentlichen Text, indem sie während der Lektüre wissenschaftlicher Texte auf die eigene Fragestellung hin erarbeitet werden. Im Exzerpt werden Zitate und eigene Überlegungen dazu schriftlich festgehalten. Man unterscheidet textorientierte, zusammenfassende Exzerpte von themenorientierten, fokussierenden Exzerpten.

f., ff. 202
Die Abkürzungen stehen für »eine Folgeseite« und »mehrere Folgeseiten«. Sie stehen im Beleg eines wörtlichen oder sinngemäßen Zitats.

Fachbegriff 160 f., 166
s. Begriff, Begriffssystem

Fachsprache 160 f.
Der in einem Fachgebiet übliche, durch Präzision, Sachorientiertheit und Kürze geprägte Sprachgebrauch. Insbesondere die (definierte) Fachterminologie unterscheidet diesen Sprachgebrauch von der Gemeinsprache. Eine wissenschaftliche Arbeit ist ein an ein Fachpublikum gerichteter Text, daher muss nicht jeder Terminus (wie z. B. in einem Lehrbuch oder einer Einführung) erläutert werden.

Fachlexikon, Fachwörterbuch 59 f.
s. Textsorte

Fachzeitschrift 63 f.
s. Textsorte

formulieren 21, 164 ff.
Etappe 5 des (wissenschaftlichen) Schreibens: Der Text wird (als Rohfassung) geschrieben. Dabei wird nicht jedes Wort auf die Goldwaage gelegt; Ziel ist es, die Gedanken zu Papier zu bringen.

Forschungslage 10, 16
Vom Verfasser einer wissenschaftlichen Arbeit wird erwartet, dass er den Stand der Forschung kennt oder zumindest grob einschätzen kann, wer zum gegebenen Thema zu welcher Fragestellung arbeitet. Ein Blick ins Literaturverzeichnis zeigt, inwieweit ein Text die Forschungslage berücksichtigt.

Fragestellung 15 f., 67
Die einer wissenschaftlichen Arbeit zugrunde liegende Annahme lässt sich in Form einer Frage formulieren, die das Erkenntnisinteresse widerspiegelt.

Fünfschritt 127 ff.
Seit der Antike ist das Argumentieren in 5 Schritten eine erfolgreiche Vorgehensweise: Nicht die Vielzahl von Argumenten überzeugt, sondern ihre Prägnanz und Anordnung. Mithilfe der Fünfsätze Kette, Waage und Rhombus lassen sich Absatzstrukturen sowie die Abfolge von Kapiteln und Unterkapiteln planen und/oder optimieren.

Fußnote 72
Die unten auf der Textseite angeordneten Fußnoten werden oft als typisches Kennzeichen wissenschaftlicher Texte betrachtet – denn hier können Zitatbelege stehen, die den Bezug zu gelesenen Texten herstellen. Im Fußnotentext können aber auch Anmerkungen des Verfassers und Verweise auf weiterführende Literatur untergebracht sein.

gliedern 20 f.
Zusammen mit »argumentieren« Etappe 4 des (wissenschaftlichen) Schreibens: Ein Textplan wird erstellt, indem Anfangs- und Endpunkt der Untersuchung festgelegt und Kapitel und Unterkapitel des Textes bestimmt werden.

Gliederung 119 ff., 131
Die Gliederung eines Textes erfolgt durch Kapitel und Unterkapitel sowie durch Absätze und Abschnitte. Neben der hierarchisierenden Gliederung durch Gliederungspunkte (die üblicherweise die dritte Ebene nicht überschreiten), besteht die Möglichkeit einer aufteilenden Gliederung durch eine klare Unterteilung, etwa in Teil A und Teil B.

Handbuch 60
s. Textsorte

Hauptteil 124 f.
s. Dreischritt

Hausarbeit 15 f.
Eine Hausarbeit ist eine im Zusammenhang mit einem Seminar verfasste studentische wissenschaftliche Arbeit zu einem bestimmten Thema.

Havard-Beleg
s. Beleg

Hervorhebung 46 ff.
Für die Hervorhebung von Wörtern im Text bieten Textverarbeitungsprogramme Kennzeichnungen wie **fett**, *kursiv*, g e s p e r r t, unterstrichen und KAPITÄLCHEN an. In wissenschaftlichen Texten sollte die Hervorhebung von Wörtern mäßig, aber durchgängig erfolgen. Wenn nichts anderes Vorschrift ist, empfiehlt es sich, zentrale Termini bei der ersten Nennung fett hervorzuheben und Namen in Kapitälchen zu setzen. Wörtliche Zitate werden dadurch hervorgehoben, dass sie als Block in kleinerer Schrift und einzeilig gesetzt werden.

Ichverbot 161 f.
s. Wissenschaftssprache

Inhaltsverzeichnis 50 f., 198
Die Auflistung der Kapitelüberschriften und der Seiten, auf denen die Kapitel beginnen, wird nach dem Deckblatt dem Text vorangestellt und ist obligatorischer Bestandteil einer wissenschaftlichen Arbeit.

Internet 56
s. WWW-Dokument

Jahrbuch 63
s. Textsorte

Journal 54
s. Logbuch

Kapitel
Kapitel und Unterkapitel sind Elemente der Textgliederung. In einem Kapitel werden mindestens zwei Unterkapitel zusammengefasst. Das erste und das letzte Kapitel

eines Textes (Einleitung und Schluss) bilden in der Regel einen Rahmen.

Kette 127 f.
Das Argumentationsmuster Kette ist dadurch gekennzeichnet, dass die Schritte der Argumentation aufeinander aufbauen: Die vorherigen Schritte bilden die Grundlage für die darauf folgenden. Die Kette eignet sich: für chronologische Darstellungen, für die Systematisierung historischer Ereignisse, die Beschreibung eines Phasenverlaufes oder die schrittweise Präzisierung und Erläuterung eines Gegenstands oder Sachverhalts.

Klausur 40 ff.
Als Textsorte des wissenschaftlichen Schreibens ist die Klausur eine Prüfungsleistung, die den Lernstand dokumentieren soll. Neben Klausuren, die in Aufsatzform zu verfassen sind, kommen häufig Fragenkataloge oder Multiple-Choice-Aufgaben vor.

Konjunktiv 144
Die Verbform Konjunktiv wird genutzt, um ein zusammenfassendes Referieren als besondere Form des Zitats sprachlich zu markieren: *Müller stellt fest, die schulische Facharbeit sei als Textsorte nicht unproblematisch (vgl. Müller 1999, 22)*. Das Zitieren im Konjunktiv erfolgt nah am Original (die Verbform fungiert gewissermaßen als Anführungszeichen).

Kopfzeile 47
Mithilfe des Textverarbeitungsprogramms ist es möglich, am oberen Seitenrand einen auf allen bzw. mehreren Seiten eines Dokuments wiederkehrenden Text zu platzieren, hier kann neben der Seitenzahl ein Kurztitel der Arbeit stehen.

korrigieren 22 f., 204
Etappe 7 des (wissenschaftlichen) Schreibens: Der Text wird auf (grammatische und orthografische) Fehler und formale Unregelmäßigkeiten in überprüft. Ziel ist es, die sprachliche Richtigkeit zu gewährleisten.

kursorisches Lesen 95
s. lesen

Kurztitel 49
Kurzformen von Texttiteln können als Beleg in Fußnoten genutzt werden (als Alternative zum Harvard-Beleg), außerdem kann ein Kurztitel der eigenen Arbeit in der Kopfzeile angegeben werden.

Laborbuch 30 ff.
Als Textsorte wissenschaftlichen Schreibens dokumentiert das Laborbuch den Forschungsprozess: Der Weg einer experimentellen Untersuchung wird (inklusive etwaiger Umwege) protokolliert.

Layout 46 ff.
Die textliche Gestaltung einer Seite (Seitenrand, Zeilenabstand, Hervorhebungen sowie die Verwendung von Überschriften, Abschnitten und Absätzen) wird in einem Stylesheet dokumentiert.

Lehrsatz 136
Wie Normen und Werte bilden Lehrsätze in der Regel die Grundlage einer Argumentation. Neue Lehrsätze sollten in Bezug zu vorhandenem Wissen oder zu anerkannten Erkenntnissen bzw. Gesetzmäßigkeiten gesetzt werden.

Lesen 93 ff.
Eine Hauptaufgabe wissenschaftlichen Schreibens ist die kritische Lektüre wissenschaftlicher Literatur. Mithilfe von Lesestrategien und geeigneten Techniken der Sicherung von Leseergebnissen (Journal, annotierte Bibliografie, Exzerpt) lässt sich der Ertrag der Lesetätigkeit nicht nur nachvollziehen, sondern auch steigern. Nach der Vorgehensweise und Zielsetzung unterscheidet man drei Formen des Lesens: kursorisches Lesen, vergleichendes (gründliches) Lesen und selektives Lesen.

Lexikon 59
s. Textsorte

Literaturangabe 84
s. bibliografische Angabe

Literaturverzeichnis 50, 199
Alphabetische Auflistung der in einem Text wörtlich oder sinngemäß zitierten Literatur. Den Konventionen eines Faches entsprechend kann ein Literaturverzeichnis unterteilt werden, etwa in Primär- und Sekundärliteratur. Ist eine solche Unterteilung nicht erforderlich, sollten alle bibliografischen Angaben (auch WWW-Dokumente) einem Muster folgend aufgelistet werden. Dies ist die leserfreundlichste Form.

Logbuch 54 ff.
Als Textsorte des wissenschaftlichen Schreibens ist das Logbuch oder Journal ein Werkzeug des Denkens: Alle im Zusammenhang mit der wissenschaftlichen Arbeit stehenden Schritte und Überlegungen werden festgehalten, um den Forschungsprozess und seine Entwicklung nachvollziehen zu können. Als Ergänzung zur Mindmap bildet das Logbuch die Chronologie der Erkenntnisschritte ab.

Masterarbeit 37 ff.
s. Abschlussarbeit

Metaphernverbot 163
s. Wissenschaftssprache

Mindmap 56 f., 64 ff., 112 ff., 121 f.
In einer Mindmap wird ein Thema in nicht linearer, verzweigter Form dargestellt: Ausgehend von einem Zentrum werden Äste und Zweige notiert, sodass nach und nach eine logisch-hierarchische Ordnung der Aspekte entsteht. Eine Mindmap bildet das Wissensnetz ab, das ihr Verfasser aufgebaut hat – im Prozess der wissenschaftlichen Erschließung eines Themas wird sich die Mindmap mehr und mehr ausdifferenzieren, oft ist ein Umstrukturieren Teil des Erkenntnisprozesses. Als Bild vom Text kann eine die Themeneingrenzung berücksichtigende Mindmap das Entwerfen einer schlüssigen Gliederung unterstützen.

Mitschrift 11 f.
Als Textsorte wissenschaftlichen Schreibens unterstützt die Mitschrift das Zuhören und Mitdenken in Vorlesungen und Seminaren. Mitschriften sind persönliche Dokumente, sie bilden das Interesse ihres Verfassers ab – zumeist werden neue Informationen ausführlicher notiert als bekannte. Wird die Mitschrift zur Vorbereitung eines Protokolls erstellt, ist es hingegen Ziel, den Verlauf der Veranstaltung in Gänze abzubilden.

Monografie 62
s. Textsorte

Motto 140
Ein Zitat dient als Motto, wenn es einem Text oder Kapitel vorangestellt ist und so ausgewählt wurde, dass es auf den Text ein besonderes Licht wirft und sich dem Leser sein Sinn nach der Lektüre des Textes bzw. Kapitels erschließt.

Normen 135
Beim Argumentieren kann man sich auf allgemein anerkannte, in einer in der Gemeinschaft akzeptierte Gesetze und Wertvorstellungen berufen. Voraussetzung dafür ist, dass die Verbindlichkeit auch im Fachzusammenhang gegeben ist und die Normen auf das gegebene Problem anwendbar sind.

Objektivität 17, 160 f.
Wissenschaftliches Arbeiten ist gekennzeichnet durch größtmögliche Objektivität, d. h. Unvoreingenommenheit des Verfassers gegenüber dem Gegenstand. Dass Formulierungen auf den Gegenstand Bezug nehmen (und nicht auf die Person des Verfassers) ist ein Kennzeichen wissenschaftli-

chen Texte, deren Fokus auf die Sache (und nicht auf den Verfasser) gerichtet ist.

orientieren, sich 18
Etappe 1 des (wissenschaftlichen) Schreibens: Man verschafft sich einen Überblick über die Schreibaufgabe und die mit ihr verknüpften Bedingungen: über mögliche Inhalte, über die Textsorte, über zeitliche Vorgaben. Die Ergebnisse des Orientierungsprozesses, insbesondere die im Anschluss an eine erste Recherche formulierte Fragestellung, hält man schriftlich in einer vorläufigen Einleitung oder einem Exposé fest.

Paraphrasierung 144
Als Paraphrasierung wird die Form des indirekten Zitats bezeichnet, die dadurch entsteht, dass ein Originaltext umformuliert – in eigene Worte gefasst – wird. Bei einer Paraphrasierung geht es also nicht darum, Wörter zu ersetzen oder zu verschieben, um nicht zitieren zu müssen: Eine Paraphrasierung ist ein (indirektes) Zitat.

Passiv 161 ff.
Die Verbform Passiv wird genutzt, um Handlungen von der Sache her darzustellen: *Das Reagenzglas wird bis zur Hälfte gefüllt.* Im Passivsatz kann die handelnde Person unerwähnt bleiben, dies ist in vielen Zusammenhängen sinnvoll, beispielsweise wenn der Handelnde ohnehin bekannt ist. Als Strategie für die Berücksichtigung des Ichverbots sind Passivkonstruktionen selten hilfreich, denn auch ein in der Ichform gedachter Satz, der ins Passiv überführt wird, spiegelt die Ich-Perspektive wider.

Plagiat 157, 193
Wer absichtsvoll Sätze, Absätze, Seiten oder sogar ganze Kapitel einer anderen Arbeit wortwörtlich in seinen Text übernimmt, ohne die Übernahme als Zitat zu kennzeichnen, begeht ein Plagiat, indem er die Textelemente einer oder mehrerer anderer Personen als seine eigenen Werke ausgibt. Auch kann es als Plagiat gewertet werden, wenn in Textpassagen der Satzbau verändert oder vereinzelte Wörter durch andere ersetzt werden. Hier zeigt sich: Es geht beim wissenschaftlichen Schreiben darum, Texte anderer hinzuzuziehen, um sie im Blick auf die eigene Fragestellung mit- und weiterzudenken. Wer das leisten will, muss a) Zitate als solche kenntlich machen, denn nur so wird für den Außenstehenden der Bezug zu anderen Texten deutlich, und b) selber schreiben (denn das, was er seinem individuellen Erkenntnisinteresse folgend entwickelt, kann nur er schreiben).

Portfolio 33 ff.
Als Textsorte des wissenschaftlichen Schreibens dient das Portfolio dazu, Dokumente unterschiedlicher Art zusammenzustellen und so einen Lernprozess zu dokumentieren.

Praktikumsbericht 34 ff.
s. Bericht

Protokoll 24 ff.
Basierend auf ausführlichen Mitschriften dokumentieren Protokolle (mündliche) Gespräche und Diskussionen – in ihrem Verlauf oder ergebnisorientiert. Sie sollen die Realität abbilden, d. h., sie dürfen keine eigenen Wirklichkeiten schaffen. Protokolle dürfen nicht durch die Person des Verfassers (sein Vorwissen, seine Einschätzungen, seine Kritik, ...) geprägt sein. Der Protokollant ist ein neutraler Beobachter, er muss sich mit eigenen Wortbeiträgen zurückhalten und beim Schreiben darauf achten, persönliche Wertungen zu unterlassen.

Quelle, Quellenbeleg 49, 143
Allgemein stellen wissenschaftliche Texte Bezüge zu anderen Texten her, diese werden auch als Quellen bezeichnet. Mithilfe von Quellenbelegen wird verdeutlicht, auf welche Stellen welcher Texte sich ein wörtliches oder sinngemäßes Zitat bezieht.

recherchieren 19
Etappe 2 des (wissenschaftlichen) Schreibens: Das Material für den Text wird systematisch zusammengestellt, beispielsweise mithilfe einer annotierten Bibliografie oder mithilfe von Exzerpten. Parallel dazu wird die erste Mindmap verfeinert oder umstrukturiert.

Rechtschreibung 144, 159
Die Regeln der Orthografie betreffen die Zuordnung von Lauten zu Buchstaben, die Getrennt- und Zusammenschreibung, die Verwendung des Bindestrichs, die Groß- und Kleinschreibung, die Worttrennung am Zeilenende sowie die Zeichensetzung. Das amtliche Regelwerk steht auf der Website des Rechtschreibrats (www.rechtschreibrat.com) zum Download bereit. Auf www.duden.de kann man online nachschlagen. Bei wörtlichen Zitaten wird die Rechtschreibung unverändert übernommen – dies kann beim ersten Zitat in einer Fußnote erläutert werden.

redigieren 22, 204
s. korrigieren

Referat 13 ff.
Als Textsorte des wissenschaftlichen Arbeitens dient das Referat dazu, ein überschaubares Thema mündlich zu präsentieren – gegebenenfalls mit medialer Unterstützung. Das Referat wird üblicherweise schriftlich vorbereitet. Eine (im Anschluss) anzufertigende schriftliche Ausarbeitung wird den Prinzipien wissenschaftlichen Schreibens entsprechend gestaltet.

Rezension 28 ff.
Als Textsorte des wissenschaftlichen Arbeitens dient die Rezension dazu, einen gelesenen Text zu beschreiben, zu kommentieren und einzuordnen. Ziel ist es, eine textkritische Beurteilung zu begründen.

Rhombus 127, 130 f.
Im Argumentationsmuster Rhombus werden Argumente oder Textelemente gleichwertig nebeneinandergestellt. Ausgehend von einer These werden strahlenförmig drei Perspektiven auf ein Problem gerichtet. Dieses Muster eignet sich für die dreifache Begründung oder die zunächst isolierte Erörterung dreier ausgewählter Aspekte eines Themas.

Rohfassung 21, 148, 153

Sammelband 62 f.
s. Textsorte

Satzbau 168
s. Sprachgebrauch

Schluss 125
s. Dreischritt

Schneeballsystem 77 ff.
Wer recherchiert, indem er die Literaturangaben zu einem Text überprüft und in den zugehörigen Texten weiter den dort zitierten Texten nachgeht, recherchiert mit dem Schneeballsystem. Das Nachverfolgen von Textvernetzungen ist ein Weg, sich die Forschungslage zu erarbeiten.

Schriftsprache 159
Im Gegensatz zur (mündlichen) Umgangssprache ist die Schriftsprache durch ganze Sätze und eine überlegte Wortwahl geprägt.

Schule 27
In vielen wissenschaftlichen Disziplinen gibt es sogenannte Schulen, die dadurch entstehen, dass Wissenschaftler die Denk- oder Arbeitsweise ihres Lehrers (allgemein:

eines bedeutenden Vorgängers) fortführen oder mit Wissenschaftlern zusammenarbeiten, die ähnlich denken.

Selbstständigkeitserklärung 50, 196, 200
Obligatorischer Bestandteil einer Prüfungsleistung, mit dem der Kandidat eidesstattlich versichert, dass er den Text eigenständig erarbeitet und alle Zitate als solche gekennzeichnet hat.

Seminararbeit 15 f.
Eine Seminararbeit ist eine im Zusammenhang mit einem Seminar verfasste studentische wissenschaftliche Arbeit zu einem bestimmten Thema.

Seminarprotokoll 24 ff.
s. Protokoll

sic; sic! 144
Innerhalb eines wörtlichen Zitats kennzeichnet das in einer eckigen Klammer nach einem Wort notierte **so** entweder a) einen Fehler im Original oder b) eine Formulierung, die besondere Aufmerksamkeit verdient.

Sprachgebrauch 159 ff.

stoffliches Prinzip 122
Eins von drei charakteristischen Gliederungsprinzipien, es entspricht dem Ordnungskriterium des Systematisierens. Das gegebene Thema wird seinen inhaltlichen Zusammenhängen entsprechend dargestellt; dabei kann man deduktiv, vom Allgemeinen zum Speziellen, oder induktiv, vom Speziellen zum Allgemeinen, vorgehen.

strukturieren 20
Etappe 3 des (wissenschaftlichen) Schreibens: Eine Mindmap wird erstellt, die einen Überblick über das Netz von Aspekten bietet, die die gegebene Fragestellung betreffen. Dies erfolgt in mehreren Schritten.

Stützung 140
Ein Zitat dient als Stützung, wenn es eine voranstehende Ausführung bekräftigt.

Stylesheet 46 f.
Eine Auflistung von Formatierungsregeln, die im Rahmen einer wissenschaftlichen Arbeit den Vorgaben oder Konventionen eines Faches entsprechend zu berücksichtigen sind: Insbesondere Hervorhebungen und Schriftgrößen sowie verwendete Abkürzungen sollte man schon beim Schreiben vor Augen haben.

Synthese 129
Die Vereinigung einer Annahme und einer Gegenbehauptung zu einem (neuen) Ganzen bildet die Schlussfolgerung wissenschaftlichen Argumentierens und sorgt für die Nachvollziehbarkeit der Darstellung. Im Argumentationsmuster Waage wird deutlich, wie sich aus dem Zusammenspiel von These, Antithese und Synthese eine klare Gedankenführung ergibt – für Kapitel und Unterkapitel ebenso wie für Abschnitte und Absätze.

Textgliederung 119 ff., 190 f.
Kapitel und Unterkapitel, aber auch Absätze und Abschnitte dienen der Textgliederung. Ideal ist es, wenn die äußere Textgliederung die gedankliche Struktur des Textes widerspiegelt und durch Wörter und Wendungen (Mittel der sprachlichen Gliederung) unterstützt wird.

Textkommentar 152 ff.
Für wissenschaftliche Texte ist es charakteristisch, dass sie den Leser lenken, indem sie ihn über den Argumentationsgang (den sogenannten roten Faden) informieren. Man unterscheidet einerseits vorangestellte von zusammenfassenden bzw. überleitenden Textkommentaren sowie andererseits implizite von explizit formulierten. Aber Achtung: Der Anteil solcher erläuternden

Sätze oder Absätze sollte immer weitaus geringer als der des eigentlichen Textes sein.

Textsorte 10 f., 58
Texte lassen sich aufgrund ihrer Funktion sowie aufgrund von sprachlichen und gestalterischen Merkmalen klassifizieren. Wer sich vor dem Lesen oder Schreiben über eine ihm unbekannte Textsorte informiert, kann effektiver arbeiten. Für den Leser ist es häufig leichter, Textsortenmerkmale zu erkennen, hat er es doch mit fertigen Texten zu tun. Herausforderung für den Schreibenden ist es, seinen Text auf die Anforderungen der Textsorte hin abzustimmen.

Textverarbeitung 46 ff.
Wer die Möglichkeiten, die sein Textverarbeitungsprogramm für die Gestaltung von Texten bietet (etwa Formatvorlagen, das automatische Erstellen von Inhaltsverzeichnis und Abbildungsverzeichnis), kennt und beherrscht, kann sich das Schreiben leichter machen.

Thema, Themeneingrenzung 67 ff.
Texte behandeln bestimmte Themen, insbesondere wissenschaftliche Texte müssen jedoch innerhalb eines Themenbereichs fokussieren. Einer zum Abschluss der Etappe 1 formulierten Fragestellung kann eine oder mehrere Strategien der Themeneingrenzung zugrunde liegen. Die Fragestellung bildet einen Fokus für das, was in einem Text darzustellen ist, und zugleich einen Filter, der das draußen hält, was zwar zum Thema gehört, aber für die Beantwortung der Fragestellung nicht relevant ist.

These 129
Die einer wissenschaftlichen Untersuchung zugrunde liegende Annahme zeigt sich in einer klar formulierten Fragestellung. Sie bildet den Ausgangspunkt wissenschaftlichen Argumentierens und sorgt für die Zielgerichtetheit der Darstellung. Im Argumentationsmuster Waage wird deutlich, wie sich aus dem Zusammenspiel von These, Antithese und Synthese eine klare Gedankenführung ergibt – für Kapitel und Unterkapitel ebenso wie für Abschnitte und Absätze.

Tippfehler 204 f.
Schreibfehler, der durch eine allzu schnelle und/oder nachlässige Bedienung der Tastatur entsteht: Allzu viele Verschreiber dieser Art erwecken den Eindruck von Schludrigkeit, daher sollte Zeit für das Korrekturlesen eingeplant werden. Die meisten »Buchstabenderher« oder »Vertupper« können in der Regel mithilfe der Rechtschreibprüfung identifiziert und behoben werden.

Titelblatt 50, 197
Erste Seite einer wissenschaftlichen Arbeit mit Angaben zu Verfasser, Thema und organisatorischem Kontext. Diese Seite wird bei der Nummerierung und Zählung nicht mit berücksichtigt.

Überschrift 49, 124, 155 f.
Überschriften sind für den Leser Wegweiser in den Text. Sie sollten daher nicht zu allgemein formuliert und passend zum Stil des Textes gewählt und nach einem gleich bleibenden Muster gestaltet werden. Wenn in der Einleitung oder im Schlusskapitel der Arbeit inhaltlich Eigenständiges behandelt wird, so ist es sinnvoll, auch diesen Kapiteln (gegebenenfalls nach einem Doppelpunkt) sprechende Titel zu geben.

uneigentliches Sprechen 163 ff.
Sprachliche Bilder sind ein Element des uneigentlichen Sprechens oder Schreibens, bei dem ein (eigentlich) gemeintes Wort durch ein anderes (uneigentliches, oft nur näherungsweise zutreffendes) Wort ersetzt wird. Diese oftmals kreative Formulierungsstrategie ist für wissenschaftliche Texte ineffektiv. Der Leser kann zwar erahnen, was gemeint sein könnte, hat jedoch keine

Sicherheit. Häufig werden uneigentliche Formulierungen durch Anführungszeichen gekennzeichnet, was ein weiteres Problem verursacht, da diese Kennzeichnung wörtliche Zitate markiert.

Verständlichkeit 158 ff.
Die Verständlichkeit von Wörtern und Sätzen ist auch in wissenschaftlichen Texten oberstes Gebot. Sie ist kein Merkmal des Textes an sich, sondern lässt sich nur mit Blick auf eine bestimmte Leserschaft beurteilen. Da wissenschaftliche Arbeiten an ein Fachpublikum gerichtet sind, dürfen bzw. müssen die im Allgemeinen als schwer verständlich beurteilten Fachwörter verwendet werden. Auch sind im wissenschaftlichen Text eher selten einfache Sätze zu finden: Attribute und Nebensätze sind üblich, allerdings sollten die Sätze nicht überfrachtet werden. Hier hilft der Laut-Lese-Test: Was man nicht betonen kann, ist in der Regel für einen fremden Leser schwer verständlich.

Versuchsbericht 32 f.
s. Bericht

verweisen, Verweis 21, 141
Im wissenschaftlichen Text dienen Verweise dazu, Abschweifungen zu vermeiden und so den eigenen Fokus der Fragestellung beizubehalten: Durch den Verweis auf andere Texte kann ein Verfasser Erkenntnisse, die seine Arbeit berühren, an seine Argumentation anbinden und zugleich nachweisen, dass er die Forschungslage kennt.

Vorwort 97
Anders als die Einleitung ist das Vorwort kein obligatorischer Bestandteil einer wissenschaftlichen Arbeit. Im Vorwort teilt der Verfasser persönliche Einschätzungen zur Entstehung der wissenschaftlichen Arbeit oder auch zum Thema mit.

Waage 127 ff.
Das Argumentationsmuster Waage verkörpert die abwägende Gegenüberstellung von Argumenten oder Positionen. Die Waage ermöglicht den Vergleich zweier Theorien, die Gegenüberstellung von Vor- und Nachteilen und die Erörterung von Gründen sowie die Darstellung dreier Elemente in der Struktur: These – Antithese – Synthese.

Werte 135
s. Normen und Werte

Widmung
Die den Dank an bestimmte Personen ausdrückende Widmung ist eine sehr persönliche Bekundung von Verbundenheit. Sie betont die Person des Verfassers und ist daher im Zusammenhang mit wissenschaftlichen Arbeiten nicht unumstritten.

windowpane-style 160
s. Wissenschaftssprache

Wissenschaftssprache 160 f.
Die wissenschaftliche Sprache variiert – das, was sprachlich in einer Disziplin oder in einem Fach üblich ist, spiegelt häufig die angewendeten Methoden und das fachliche Erkenntnisinteresse wider, daher erscheint es unmöglich, von Wissenschaftssprache im Allgemeinen zu sprechen. Dennoch gibt es Besonderheiten, die den Sprachgebrauch in den Wissenschaften vom Sprachgebrauch im Alltag unterscheiden. Diese werden bisweilen mithilfe der Konstrukte Ichverbot, Metaphernverbot und Erzählverbot charakterisiert. Als ein Ideal wissenschaftlicher Arbeits- und Schreibweise gilt der *windowpane-style:* Verfasser, Sprachgebrauch und Text sollen durchsichtig bleiben wie eine Schaufensterscheibe, allein der Forschungsgegenstand soll im Vordergrund stehen.

Wortwahl 165 ff.
s. Sprachgebrauch

Wörterbuch 64
Das, was als »Wörterbuch« bezeichnet wird, ist allgemein gesprochen eine Auflistung von Wörtern mit Erklärungen. Genauer sollte man jedoch unterscheiden zwischen Sach- bzw. Fachwörterbüchern einerseits (die die in einem fachlichen Zusammenhang relevanten Gegenstände definieren und erläutern) und Sprachwörterbüchern andererseits (die den Wortschatz bzw. eine Auswahl aus dem Wortschatz einer Sprache zusammen mit zugehörigen Wortbedeutungen verzeichnen).

WWW-Dokument 85 f.
Ein über eine Internetrecherche zugängliches Dokument: Website, Text- oder PDF-Datei. Wichtig ist es, die hinter der Publikation stehende Autorität ausfindig zu machen und als solche einzuordnen. WWW-Dokumente sind (bedingt) zitierfähig: Da ihre Verfügbarkeit nicht sichergestellt werden kann, sollte man sie sorgsam archivieren, um sie auf Nachfrage vorzeigen zu können.

Zahlen, Daten, Fakten 134
Die Berufung auf nachprüfbare Forschungsergebnisse und Statistiken ist ein in empirischen Arbeiten wichtiger Argumenttyp. Zentral ist, dass die genannten Zahlen und Daten nachprüfbar sind. Außerdem sollten konkurrierende Forschungsergebnisse in die Argumentation einbezogen werden.

Zeichensetzung 206 f.
Die Interpunktion ist zum Teil durch das amtliche Regelwerk der Rechtschreibung geregelt, ergänzend sind die Festsetzungen der DIN 5008 (Schreib- und Gestaltungsregeln für die Textverarbeitung) zu berücksichtigen. Hier ist insbesondere die Verwendung von Blanks (Leerzeichen) bei mehrteiligen Abkürzungen mit Punkt geregelt.

Zeit 172 ff.
Wer wissenschaftlich arbeitet, lernt, dass er Zeit mit einem neuen Maßstab messen muss: Während zwei Stunden für viele Tätigkeiten mehr als ausreichend Raum bieten, können sie dem, der schreibt, wie im Fluge vergehen.

zitieren, Zitat 139 ff.
Wissenschaftliche Arbeiten stellen Wissen nicht nur dar, sondern vernetzen es auch mit den anderen wissenschaftlichen Texten: Indem man zitiert, knüpft man Verbindungen zu Autoritäten und weist nach, dass man die Forschungsliteratur zum Thema rezipiert hat. Zitieren ist ein wesentliches Kennzeichen wissenschaftlichen Arbeitens.

Zitierregeln 141 ff.
Die Gepflogenheiten, die den Umgang mit wörtlichen und sinngemäßen Zitaten betreffen, sind konventionalisiert und häufig fachspezifisch. Zentral für das wissenschaftliche Arbeiten ist, dass man mit den Regeln vertraut ist – was nicht auch bedeutet, dass man alle Regeln anwenden muss.